ビジネス極意シリーズ

エクセルでできる！
ビッグデータの活用事例

マイクロソフト　監修
富士ソフト　監修

「Power BI」で売上倍増！

アスキー書籍編集部　編

表紙デザイン／ワンズマーク

◆Microsoft、Windows、Excelは、米国Microsoft Corporationの米国およびその他の国における登録商標です。その他の製品名およびサービス名は、各社の登録商標、商標または商品名です。本書においては™、®、©マークは省略してあります。

◆本書は、2014年8月現在編集部で確認した情報をもとに掲載しています。なお、解説中の操作手順やその結果、または紹介している製品やその価格、サービス内容について、事前のお知らせなしに変更されることがあります。あらかじめご了承ください。

はじめに

皆さん「ビッグデータ分析」という言葉にどのようなイメージをお持ちでしょうか。「難しいツールを使うものや「専門家でないとできないこと」のようなイメージをお持ちではないでしょうか？　実際、ビジネスの世界におけるビッグデータ分析の主流はそういったものでした。しかしながら近年、コンピューターの処理能力の向上およびクラウドの登場により、ビッグデータ分析は身近なものとなりつつあります。本書は日頃、数値と格闘している営業や経理の方はもちろん、そうではない職種の方も含めたすべてのユーザーがいつも使い慣れたExcelを利用して手軽にトライ＆エラーを繰り返しながらビッグデータ分析をするための入門書です。データサイエンティストでなくとも、本書を手にすることで「ビッグデータ分析」というものを少しでも身近に感じていただき、皆さんのビジネスのお役に立てることを切に願っております。

富士ソフト株式会社
執筆スタッフ一同

　ビッグデータ活用は今や企業の重要な取り組み課題の1つです。
　企業内に蓄積されたデータはこの10年間で膨大化し、顧客の声もソーシャルネットワークを通じて取得できる時代となりました。データ活用の分野では、一部の専門家が行う高度な分析にのみ注目が集まることもありますが、これらの貴重なデータを活かすためには、専門家だけではなく、営業や販売員、サポートなどビジネスの現場で日々意思決定を繰り返す社員一人一人が自らの手でデータ活用できることが成功の鍵となります。そしてそのためには、誰もが手軽に扱えるシンプルな手法とツールが必要です。
　全世界10億人に利用されているExcelは、その使い慣れた操作性をベースにデータ分析機能を大幅に強化。さらにPower BI for Office 365というクラウド上のデータ活用サービスとも連携し、チームでのレポート共有や複雑な操作不要のデータ活用を実現。まさに誰もが手軽に使いこなせるデータ分析環境を提供しています。ぜひ本書を利用し、ビジネスの現場で活かせるデータ活用のきっかけとしていただけますと幸いです。

日本マイクロソフト株式会社
Office ビジネス本部
Office マーケティンググループ
シニアプロダクトマネージャー
輪島 文

本書の読み方

本書は、ビッグデータ活用の知識やノウハウを解説する「概要」と、その手法をExcelとPower BIで実際に操作し、実行する手順を解説する「操作事例」から構成されています。基本的には「概要」のあとに、それに関連する「操作事例」を紹介しています。

概要

ビッグデータの活用事例を紹介するにあたり、どのような場面なのかその背景を説明したり、分析を行うまでの考え方や、どのような進め方で分析を行うかなどを解説しています。

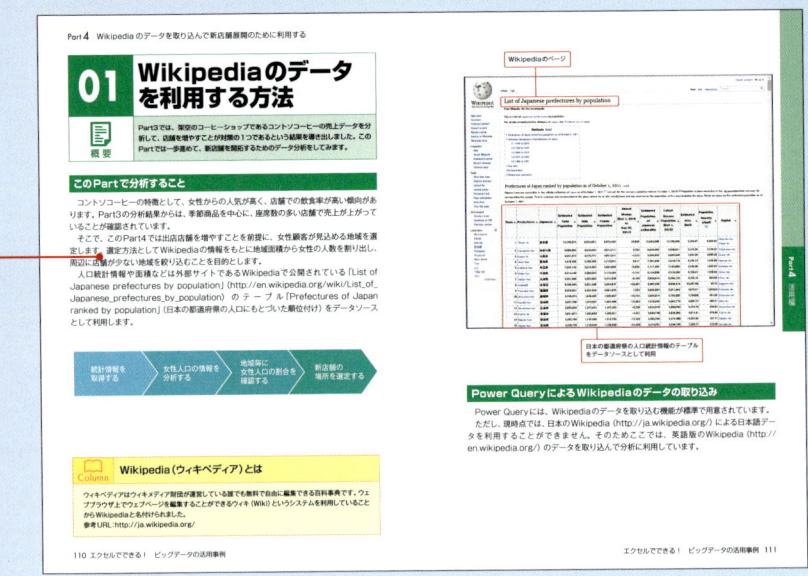

解説

活用事例ごとの考え方や利用場面、活用ポイントなどをわかりやすい言葉で解説しています。

【本文の表記について】
- 本書は、Excel 2013（Office 365）の画面で解説しています。画面はWindows 8.1上でのものですが、Windows 7でも操作は変わりません。
- お使いの（パソコンの）ディスプレイのサイズによっては、画面に表示されるボタンの種類や大きさが本書での表示と異なる場合があります。
- 重要な用語や、画面、ツール名など、強調したい用語は「 」（カギカッコ）で囲んでいます。
- 操作手順内で、選択（クリック）または右クリックするボタンやツール、コマンド名などについては [ ] で囲んでいます。
- 文章で操作を説明している場合に、連続する操作は［（ツール名）］→［（ボタン名）］のように、「→」（矢印）で項目名やボタン名をつないでいます。

操作事例

本書では、基本的に前の画面の操作で行った結果が、次の操作の画面となるように解説しています。ただし、最初の操作で作成した画面がわかりにくい場合は補足説明を入れたり、次の操作でこれまで解説した操作手順を繰り返す場合などは画面を省略するなどの解説方法をとっています。
操作手順をよくお読みになり、操作を進めてください。

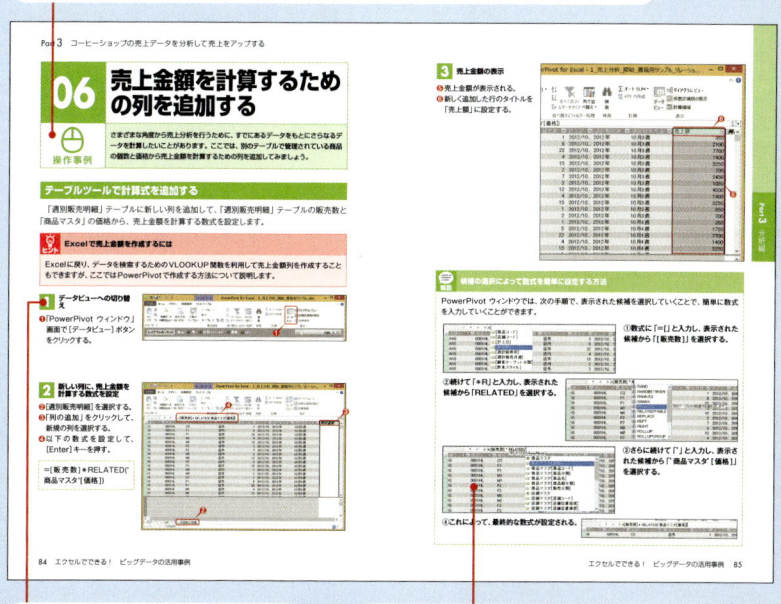

基本的には、概要説明のあとに、関連する操作事例を解説しています。

操作手順
画面とステップに沿って操作手順を解説します。

コラム
理解が深まる「解説」、関連する操作や情報を「ヒント」として紹介しています。「Column」では、さらに役立つ操作や情報を紹介しています。

エクセルでできる！　ビッグデータの活用事例　5

練習ファイルのダウンロード方法

本書で使っているファイルは、一部を除いてアスキーPCのウェブページからダウンロードできます。作例をそのまま使用したり、表を変更して使いまわしたりしてご活用ください。

1 練習ファイルをダウンロードする

練習ファイルは、ウェブブラウザーを使って「アスキーPC」のウェブサイト（ URL http://asciipc.jp/books/）からダウンロードできます。ここではWindows 8.1のパソコンで「Internet Explorer 11」を使ってダウンロードする方法を解説します。

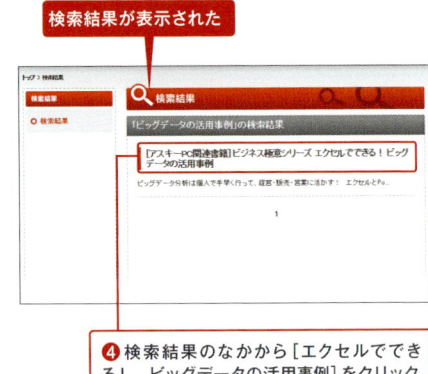

検索結果が表示された

❹ 検索結果のなかから［エクセルでできる！ ビッグデータの活用事例］をクリック

検索結果の表示は上図の通りにならないこともあります。必ず書名を確認してからクリックしてください。

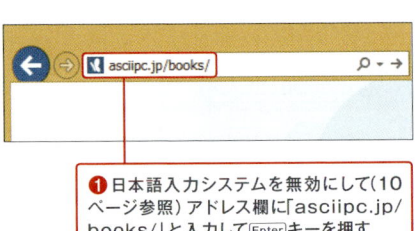

❶ 日本語入力システムを無効にして（10ページ参照）アドレス欄に「asciipc.jp/books/」と入力して Enter キーを押す

「アスキーPC」のウェブサイトが開いた

❷ 本書のタイトル「ビッグデータの活用事例」と入力

❸ ［検索］をクリック

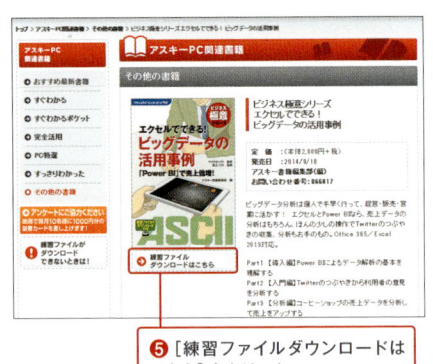

❺ ［練習ファイルダウンロードはこちら］をクリック

6　エクセルでできる！　ビッグデータの活用事例

❻半角で「exbigdata」と入力

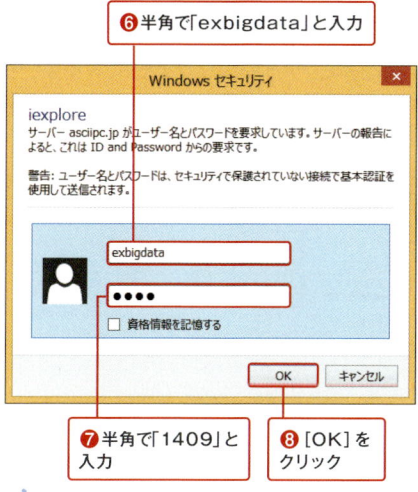

❼半角で「1409」と入力　❽[OK]をクリック

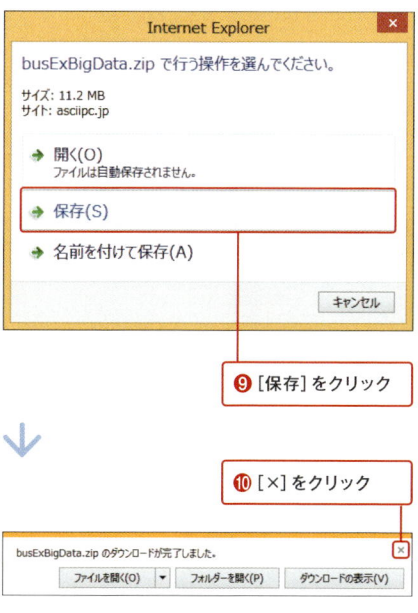

❾[保存]をクリック

❿[×]をクリック

ここで、[フォルダーを開く]ボタンをクリックすれば、次ページの手順❹から作業が始められます。また、Internet Explorer 8以前の場合は、「名前を付けて保存」画面が開くので、[保存]ボタン→[閉じる]ボタンの順にクリックしてください。

2 練習ファイルを展開する

ダウンロードしたファイルは圧縮されているため展開する必要があります。

❶スタート画面で[デスクトップ]をクリック

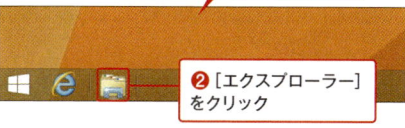

デスクトップ画面が表示される

❷[エクスプローラー]をクリック

Windows 7の場合

Windows 7でダウンロードしたファイルを表示するには、[スタート]ボタンをクリックして表示されたメニューからユーザー名をクリックし「ダウンロード」フォルダーを表示します。

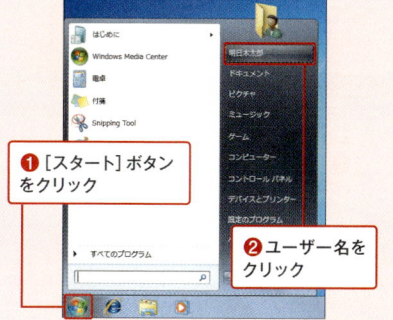

❶[スタート]ボタンをクリック

❷ユーザー名をクリック

次ページへ▶

エクセルでできる！　ビッグデータの活用事例　7

前ページから▶

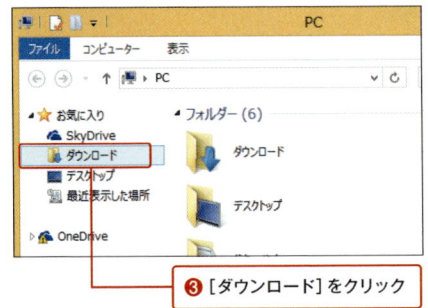

❸[ダウンロード]をクリック

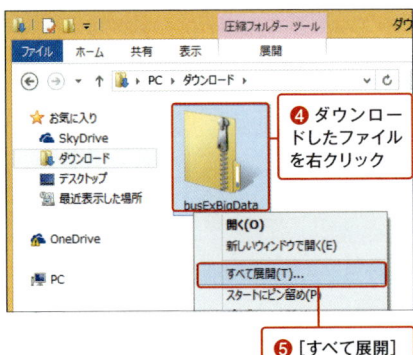

❹ダウンロードしたファイルを右クリック

❺[すべて展開]を選ぶ

❻[参照]をクリックして展開先を選ぶ

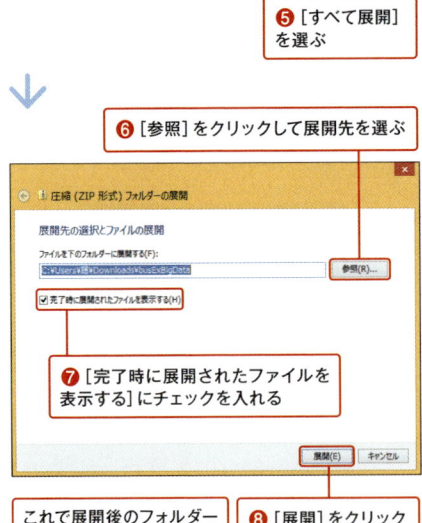

❼[完了時に展開されたファイルを表示する]にチェックを入れる

これで展開後のフォルダーが表示される。

❽[展開]をクリック

3 練習ファイルを開いて利用する

展開されたファイルはPartごとにフォルダー分けされ、そのフォルダー内にPartごとの練習ファイルが用意されています。

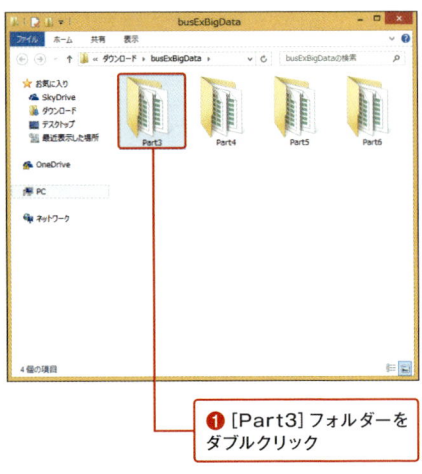

❶[Part3]フォルダーをダブルクリック

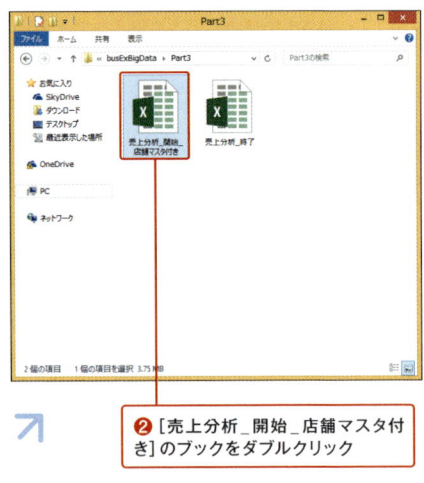

❷[売上分析_開始_店舗マスタ付き]のブックをダブルクリック

8 エクセルでできる！ ビッグデータの活用事例

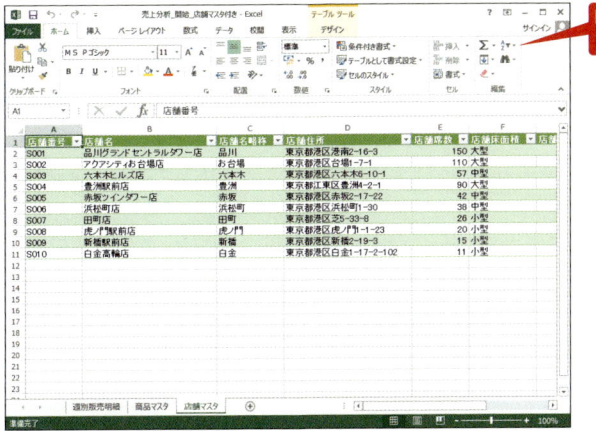

注意 「保護ビュー」や「セキュリティの警告」が表示されたら

セキュリティの設定によっては、ダウンロードして展開した練習ファイルを開くと、「保護ビュー」や「セキュリティの警告」のメッセージが表示されることがあります。リボンが表示されないので操作もできません。
これらは、インターネットなどの安全でない可能性のある場所にあるファイルから、パソコンを保護する目的で表示されます。練習ファイルはウイルスチェックを行った安全なファイルなので、❶[編集を有効にする]や❷[コンテンツの有効化]をクリックするとリボンが表示され、操作できるようになります。

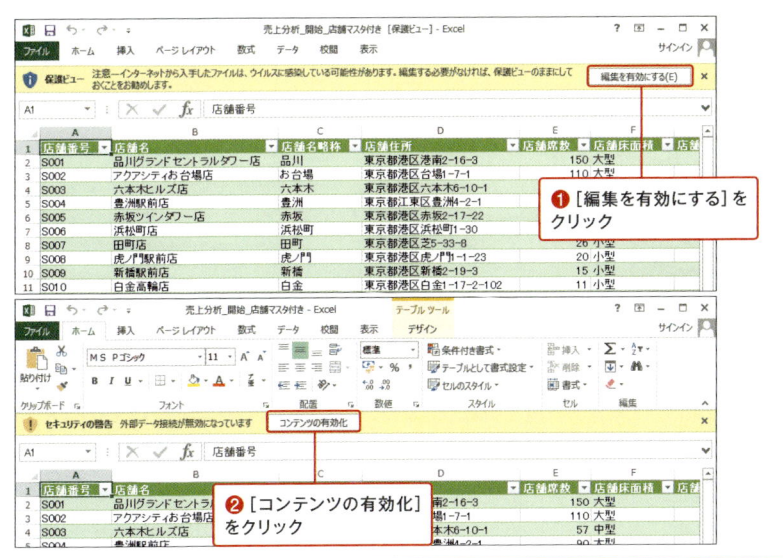

エクセルでできる！ビッグデータの活用事例 9

無料サポートのお問い合わせ方法

『エクセルでできる！ ビッグデータの活用事例』に関する疑問点を、インターネットで質問できます。以下の手順でお問い合わせフォームを開き、質問を書き込んでください。ただし、内容によってはお時間がかかる場合や、ご回答しかねる場合がございます。詳しくは、「お問い合わせフォーム」の最初に表示されるご了解事項をご覧ください。お電話でのお問い合わせは受け付けておりませんのでご了承ください。

1 ウェブブラウザーで「お問い合わせフォーム」を開く

ここでは「Internet Explorer」を使って、「お問い合わせフォーム」のページを開く方法を紹介します。

❶ 日本語入力システムを無効にして「asciipc.jp/books/」と入力し Enter キーを押す

日本語入力システムの確認方法

日本語入力システムが、下図のようになっていれば「無効」の状態で、半角英数字が入力できます。「A」の部分が「あ」になっていたら、半角/全角 キーを押して無効に切り替えてください。

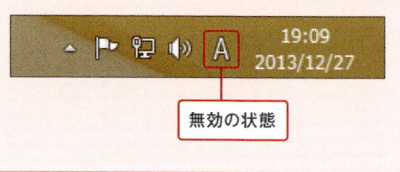

無効の状態

「アスキー PC」のウェブサイトが開いた

❷ スクロールして [お問い合わせはこちらから] を表示する

❸ [お問い合わせはこちらから] をクリック

なお、本情報は 2014 年 8 月現在のものです。「アスキー PC」および「お問い合わせフォーム」のページデザインや、その利用方法が予告なく変更されることがあります。ご了承ください。

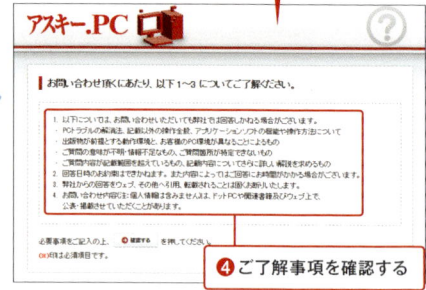

「お問い合わせフォーム」が開いた

❹ ご了解事項を確認する

お問い合わせフォームのいちばん上には、ご了解事項が書かれているので、必ずお読みください。こちらにご同意のうえ、ご質問を書き込んでください。

2 ご質問内容を書き込んで投稿する

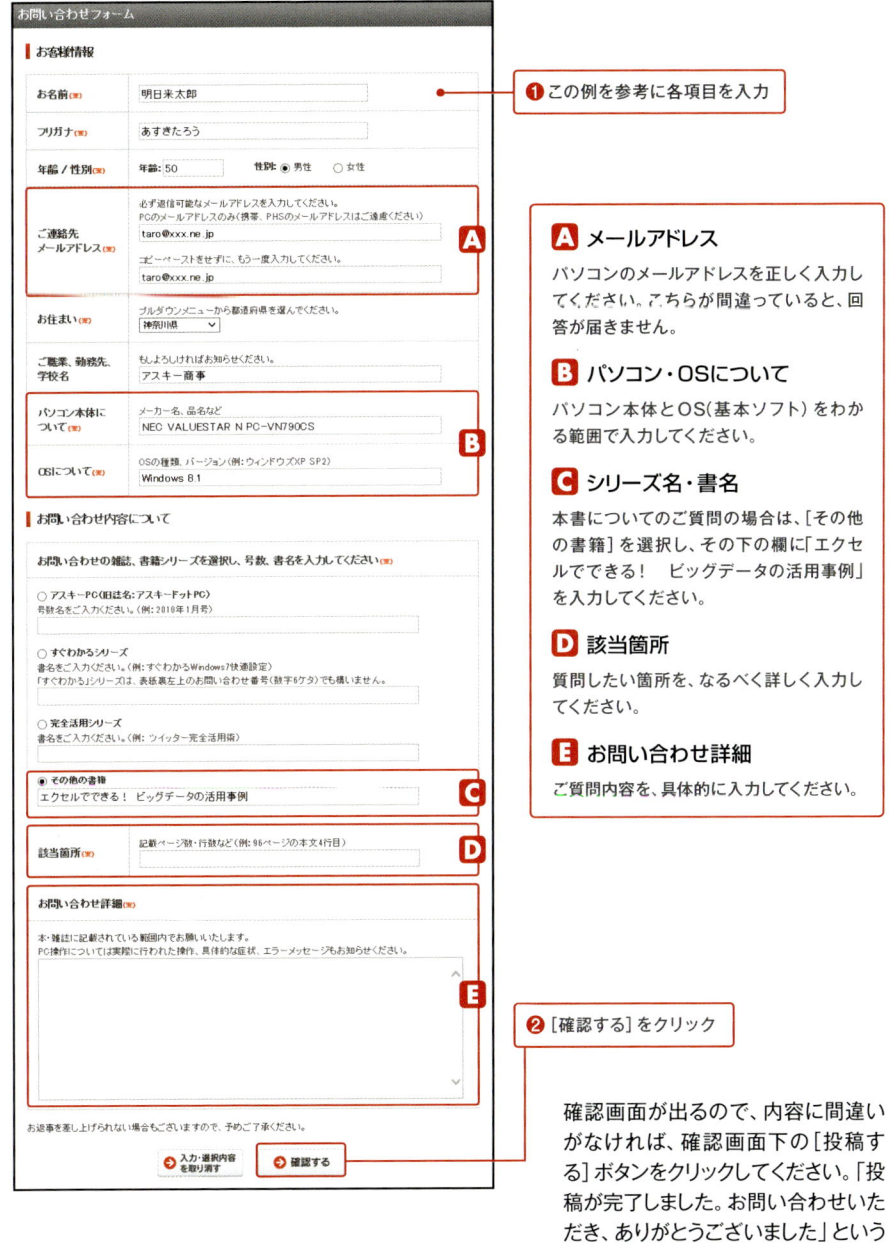

目次

はじめに……………………………………………………………3
本書の読み方………………………………………………………4
練習ファイルのダウンロード方法………………………………6
無料サポートのお問い合わせ方法………………………………10

Part 1 導入編
Power BIによるデータ解析の基本を理解する

- 01 [概要] ビッグデータとBIについて……………………………16
- 02 [概要] データ分析をめぐるトレンドの変化…………………18
- 03 [概要] Power BIのしくみ………………………………………22
- 04 [操作] Power BIのセットアップ………………………………28

Part 2 入門編
Twitterのつぶやきから利用者の意見を分析する

- 01 [概要] Twitter上の声をビッグデータとして利用する方法………44
- 02 [操作] ツイッター分析アプリのセットアップ………………48
- 03 [操作] 特定エリアのコーヒーショップの評判を分析する…52
- 04 [操作] Power Viewを利用して分析結果を視覚化する………62

Part 3 分析編
コーヒーショップの売上データを分析して売上をアップする

- 01 [概要] Power BIによる売上分析の基本………………………68
- 02 [概要][操作] Power Queryで読み込んだデータを確認する……70
- 03 [操作] 商品マスタのデータを編集して商品を細分類する…74
- 04 [概要][操作] データを関連付け用の領域に追加する………76
- 05 [操作] テーブル間のリレーションシップを作成する………80
- 06 [操作] 売上金額を計算するための列を追加する……………84
- 07 [操作] テーブル項目の階層を編集する………………………86

12　エクセルでできる！　ビッグデータの活用事例

08	操作	分析に使用しない項目を非表示にする……………………88
09	操作	Power Viewを用いて分析用のシートを作成する……………90
10	操作	管轄エリアの店舗の売上推移を確認する…………………92
11	操作	商品カテゴリによる売上傾向の把握………………………98
12	操作	地図上で店舗の規模を確認する……………………………104

Part 4 活用編
Wikipediaのデータを取り込んで新店舗展開のために利用する

01	概要	Wikipediaのデータを利用する方法………………………110
02	概要 操作	Wikipediaから人口統計情報を取得する…………………112
03	概要 操作	Wikipediaのデータソースから女性の人口密度を計算する・116
04	操作	関連付け用の領域でリレーションシップを作成する………118
05	操作	地図を作成して女性の人口密度を表示する………………122
06	操作	地図に店舗数を表示して今後の出店先を考察する……………126

Part 5 応用編
展示会データの分析と営業活動への利用

01	概要	展示会イベント来場者を分析する背景………………………132
02	概要	複数箇所で管理されていたデータを1つに集める…………134
03	操作	データを関連付け用の領域に追加する……………………140
04	操作	分析に使用するデータを連携させる………………………144
05	操作	名刺内訳と案件明細を比較するための列を追加する…………148
06	操作	展示会イベントの分析用シートを作成する………………150
07	操作	来場者の業種を調べる……………………………………151
08	操作	来場者数の推移を調べる…………………………………154
09	操作	確度の高い案件がどのようなものだったのかを調べる………156
10	操作	営業対応フラグごとの業種割合を分析する………………161
11	操作	レポートとしてPower Viewシートの見た目を整える………164

ダイエットサプリの広告展開を考える

- 01 [概要] このPartで解説する広告戦略分析の背景と概要……………168
- 02 [操作] 分析に必要なデータを確認する………………………………171
- 03 [操作] データを関連付け用の領域に追加する………………………175
- 04 [操作] 分析に使用するデータを連携させる…………………………191
- 05 [操作] 月別売上に売上合計額を計算する列を追加する……………194
- 06 [操作] 分析に使用するデータのデータ型を変更する………………195
- 07 [操作] 分析レポートを作成する………………………………………197
- 08 [操作] 商品の売上傾向を分析する……………………………………198
- 09 [操作] 年齢層による売上傾向の違いを分析する……………………201
- 10 [操作] 広告対象のメディアを分析する………………………………205
- 11 [操作] 分析結果と今後の対策…………………………………………207

Office 365と連携する

- 01 [概要] Office 365との連携のしくみ……………………………………216
- 02 [操作] Office 365 Enterprise E3とPower BIのセットアップ……218
- 03 [操作] ドキュメント共有用にPower BI用サイトを追加する………225
- 04 [操作] Power BIサイトにドキュメントをアップロードする………232
- 05 [操作] Power BIアプリをインストールしてドキュメントを参照する…236
- 06 [概要][操作] Power BI Q&Aを利用してデータを問い合わせる………242
- 07 [操作] Power BI Q&Aで質問する………………………………………246

索引……………………………………………………………………………253

導入編

Power BIによるデータ解析の基本を理解する

Part 1

この章では、売上や顧客分析を行う「BI」の概念を説明し、それを実際に行うツールとしてExcelにPower BIをセットアップする手順を紹介します。

01 ビッグデータとBIについて

概要 このPartでは、本書の目的であるデータ分析の手段「BI」の基本について説明します。また、ビッグデータにも対応したデータ分析ツールである「Microsoft Power BI」のしくみについても説明します。

ビッグデータとは?

　最近さまざまなメディアで目や耳にすることの多い「ビッグデータ」という用語は、蓄積された膨大なデータを分析して、活用するために使用されるキーワードです。一般的に企業などで使用されているリレーショナルデータベース管理システムやツールでは蓄積や処理が難しいほどの膨大なデータを指しています。たとえば、ゲノム科学や高エネルギー物理学、災害、気象などの解析・予測などで処理する膨大なデータはまさしく**ビッグデータ**と呼べるでしょう。

　スーパーコンピュータや何百台というコンピュータによる並列処理、特殊な解析ツールがないと処理できないほどのデータの集積を指してそう呼ぶという考え方もあります。分野によっては「データサイエンティスト」と呼ばれる専門家でないと、処理が難しいという側面もあります。

　しかし、実際には、どのくらいの大きさを指して「ビッグデータ」と呼ぶかについての基準は存在しません。個人レベルでは入手したり分析したりできないと思われがちなビッグデータですが、インターネット上に日々蓄積されていく**Twitter**のつぶやきや**Facebook**の投稿などは膨大なビッグデータだと言うことができます。

　ビッグデータとは、文字通りデータの集まりのことです。しかし、単にデータの量が多いだけではなく、その種類も多様である点と、次から次へとリアルタイムに新たなデータが生まれているという点で、従来の「大量データ」とは大きな違いがあります。

　たとえば、Web系のコマースサイトでは、購買履歴やアクセスログ、ユーザーの属性といったさまざまなデータを複合的に利用して、おすすめの商品や広告をユーザーの画面に表示したり、メールで送信したりします。SNSで発信された情報を分析して天気予報や株価予測に利用するシステムもあります。過去の災害時データと現在進行形で入ってくる災害情報、経路情報、地図、現在位置などを組み合わせて災害時における道路交通情報を提供するサービスなど、さまざまな分野ですでにビッグデータが活用されています。

●「3つのV」がビッグデータの特性

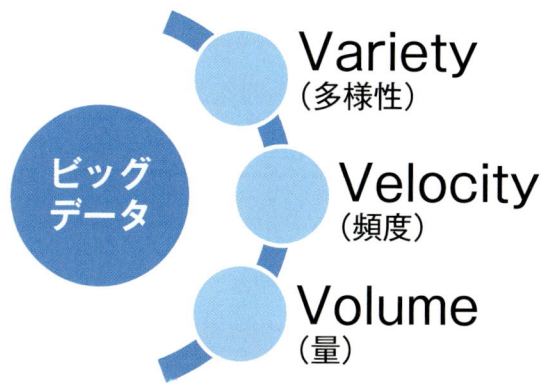

 ビッグデータの3要素

ビッグデータの"big"は量だけではなく3つの要素からできています。これをビッグデータの「3つのV」と言います。第一にVariety(多様性)のVがあります。ビッグデータでは音声、ビデオ、GPSの位置情報といったさまざまな種類のデータが存在します。次にVelocity(頻度)のVがあります。Twitter等は同時に世界中から投稿がなされており、これまではなかった頻度でデータが更新されています。最後にVolume(量)のVです。これは言うまでもなくデータそのものの大きさです。この「3つのV」がビッグデータの特性と言われています。

BI登場の背景と歴史

　企業内外にあるさまざまなデータを分析・活用し、経営を改善していく考え方は、インターネット誕生よりもはるか前である1970年代から今現在に至るまで企業の経営にとって永遠のテーマとなっています。

　そのデータ分析の手法と考え方は時代と共に変化しており、1980年代後半に初めてBI（**Business Intelligence：ビジネスインテリジェンス**）という概念が登場します。

　一般的にBIという言葉は、「営業・企画・経営者といったそれぞれの社員が専門家に頼ることなく、必要な時に、自らが売上や顧客のニーズなどのデータ分析を行い、迅速に意思決定を行うための考え方と、それを実現するためのシステムとして定義されています。1990年代になり、「**データウェアハウス（DWH）**」といった膨大なデータの格納庫や、「**OLAP**」、「**データマイニング**」といった蓄積されたデータを活用するための新しい技術なども登場してきましたが、これらは、データ分析における専門家の特殊なスキルがなくてはならないものであり、情報システム部門などの専門部門にデータの抽出や加工を委ねざるを得ない状況でした。やがて2000年代に入り、さまざまな**BIツール**の登場により、**BI**は企業における経営戦略においてブームとなりました。

02 データ分析をめぐるトレンドの変化

概要

BIについて知っている人も知らない人も、その来歴を振り返りつつ、しくみを見ていきましょう。これは、現在のビッグデータ時代に、過去のBIの失敗を繰り返さないためにも重要な手続きとなります。

従来のBIの課題とトレンドの変化

2000年代より、急速なITインフラの発展に合わせ、さまざまな**BIツール**と呼ばれるソフトウェアが登場し、多くの企業がBIツールを導入してきました。ただし、この時代のBIツールにおいても、**実際には専門知識が必要**であったため、専門家や情報システム部門のレポートに一任することで定型レポートの形式に依存せざるを得ず、不完全なデータや古いデータにもとづく意思決定が行われるなど、タイムリーな意思決定ができないケースが発生し、導入に失敗するケースが多く、爆発的なブームとまではいきませんでした。

しかしながら、2010年代になり、先にも述べた「**ビッグデータ**」時代が到来し、BIという言葉に再び注目が集まっています。この「**ビッグデータ**」という言葉の登場により、従来のBIにおけるトレンドも徐々に変化してきています。

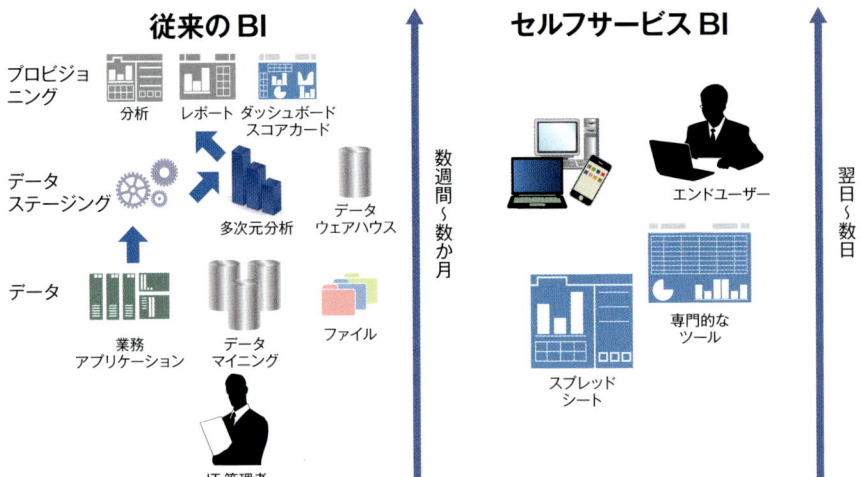

注目されるセルフサービスBI

BIへの関心の変化を示すキーワードとして「**セルフサービスBI**」という考え方が広まりつつあります。「セルフサービスBI」は簡単に言えば、「社員の一人ひとりが各現場で集められるデータそのものを簡易的に分析する、あるいは外部の市場データと照らし合わせて、たとえば売上が下がった要因を発見する」ことなどを指します。**データ分析という業務の中で重要なことは、言うまでもなくその分析の精度の高さ、そしてスピードです。**これを実施するメリットは現場間での判断を早め、ビジネスを進めるスピードを速められることです。もちろん徹底的に管理され整備された従来型のBIでしかできない高度な分析もあります。したがって、従来型のBIとこの「セルフサービスBI」の双方をデータ分析の両輪として共に活用していくことがこれからのBIにおける成功の鍵といえます。

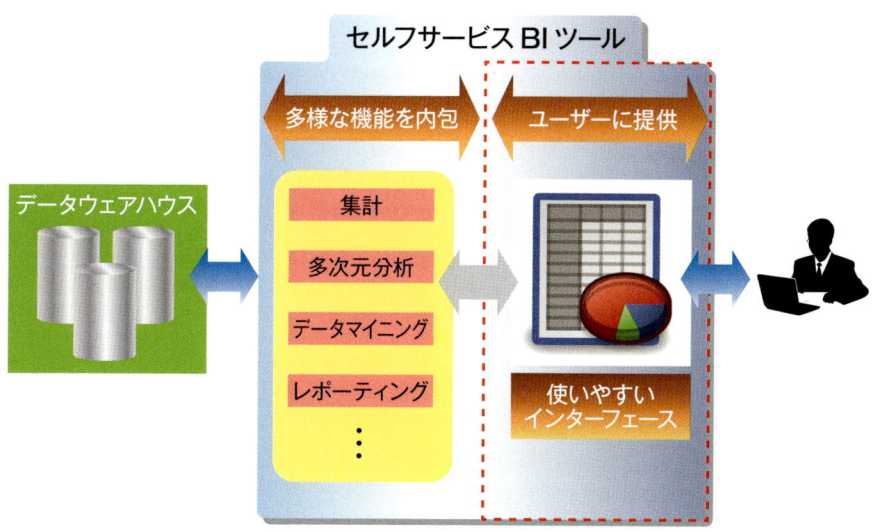

※ セルフサービスBIによって簡素化されたBIシステム

Part 1　導入編：Power BIによるデータ解析の基本を理解する

「今」データ分析ツールに何が求められるか

　データ分析を行う最初の切り口として、現場社員一人ひとりの今までの実務経験や直感に基づく仮説が非常に重要となってきます。その仮説もさまざまなレベルのものが存在し、不確実なものも多く「もしかしたらこうかもしれない。しかし違うかもしれない。もし違うのであれば別の角度で検証してみよう。」というさまざまな考察の上での仮説が出てくることが考えられます。こういったことが、現場はもちろんのこと、経営判断を下す場に至るまでに幾度となく繰り返されているのが現状であり、時間を要している大きな原因となっています。

　ではこういった細かい仮説検証をトライアンドエラーで繰り返すことで精度を高めていくためにITに何が求められるでしょう。これを実現するためには、情報システム部門からデータ分析を必要としている現場の部門の社員に対し、「いますぐ」「手軽」で「簡単」に使えるツールを提供することが不可欠となります。しかも、より迅速な判断を下すために、どこにいてもどのような端末からでも、簡単に参照したいというニーズもあり、このようなニーズに対応するためには、タブレットにも対応したものがこれからのBIツールには求められます。

誰もが使い慣れたExcelを利用した「セルフサービスBIツール」の登場

　2010年代に入り、セルフサービスBIという言葉に注目が集まる中、この2014年2月に、Excelで行うセルフサービスBIツール、「**Power BI**」がMicrosoft社よりリリースされました。この書籍では、この「Power BI」を中心として、実例に近い形でのさまざまなデータ分析をステップバイステップで体感していただきます。Part2では、ビッグデータの代名詞にもなりつつある「**Twitter**」からつぶやきを取得し分析を実施する「ツイッター分析アプリ」を併用した分析、Part3～4では、コーヒーショップの売上データの分析、さらにはPart5ではイベント結果の分析、Part6ではダイエットサプリのプロモーションに関する分析を行い、Part7で分析結果を共有します。

BIはどのように構成されているのか

BIは、BIという名前のシステムやサービスが存在するわけではなく、複数の機能によって構成されています。

一般的なBIは、データウェアハウス、オンライン分析処理（OLAP）ツール、レポート作成ツール、データマイニングツールなどによって構成されています。BIによる分析方法には、以下の図に示すようにいくつかの流れがありますが、まずは、「データを1カ所で集積するデータウェアハウス」と「それを分析するために使用するその他のBIツール」のように単純化して考えるとわかりやすいでしょう。

■BIによる分析の流れの例

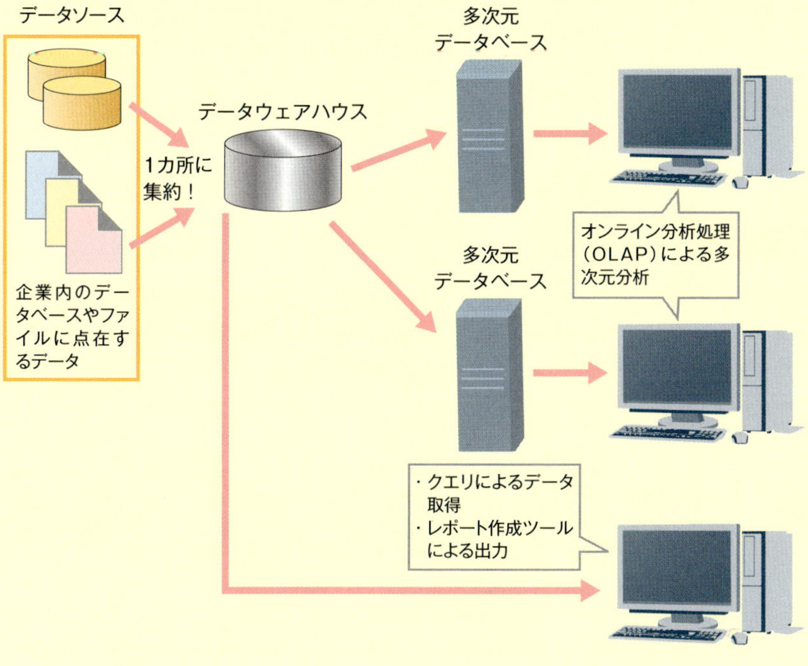

Part 1　導入編：Power BIによるデータ解析の基本を理解する

03　Power BIのしくみ

概要　ここでは、Power BIによるデータの収集から分析レポートの作成までの一連の手順で使用される機能について説明します。また、同じMicrosoftのOffice 365を利用して分析データをチームで効率的に共有するしくみについても説明します。

Power BIの基本構成

　Microsoftが提供する**Power BI**は、Excelの「**Power Query**」、「**PowerPivot**」、「**Power View**」、「**Power Map**」という4つのサービスで構成されています。

　Power Queryでさまざまなデータソースから取得したデータを、**PowerPivot**で1つの多次元データベースとして構築し、**Power View**によって多次元分析を行うというのがPower BIによる**セルフサービスBI**の基本的な流れとなります。これに、必要に応じて**Power Map**によって地図上に分析レポートを展開することができます。

ヒント　Power BIのデータウェアハウスは？

大規模なデータウェアハウスがなくても、多種多様なデータソースからデータを読み込んでExcel上に多次元データベースを構築できるというのが、セルフサービスBIツールであるPower BIの特徴のひとつです。

■Power BIの構成イメージ

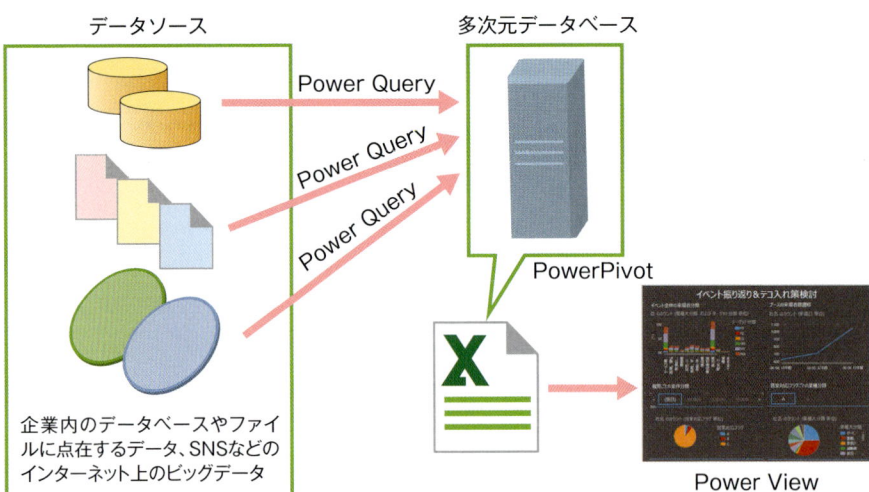

「Power Query」、「PowerPivot」、「Power View」の3つについては、どこまでがどの機能なのかを把握しなくても、Power BIは直感的に使えます。まず実際に動かしてみたい場合は、「05　Power BIのセットアップ」に進んで、Power BIをインストールしてください。

> 　**Power BIの連携機能**
>
> また、Power BI機能と連携して動作する、SharePoint Onlineの「Power BIサイト」、「Power BI Q&A」、「Query and Data Management」、「Power BI Windows Store App」などのさまざまな機能も利用することができます。本書では、これらのしくみや機能について、実際の手順で説明しています。SharePoint Onlineとの連携機能の操作手順については、Part7を参照してください。

Power Queryの概要

Power Queryは、多種多様なデータソースからデータを取り出してExcelに読み込む機能です。各種リレーショナルデータベース、ExcelやCSVなどのローカルファイル、Wikipediaなどの公開されているWebサービスやサイトといった、さまざまな種類の異なるデータソースを検索して、**データを抽出**したり、**結合したり**します。取り出したデータはクエリとして保存されます。

Power Queryでは、クエリは単に保存するだけではなく、「クエリエディター」を用いることで、データを整理して分析しやすいクエリを作成できます。

■ クエリエディターの表示例

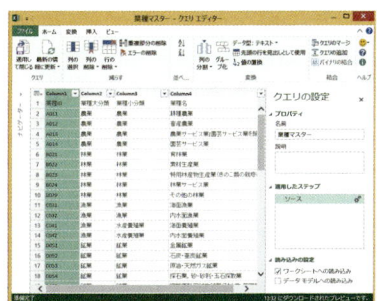

以下に、クエリエディターでできる主な機能を挙げます。

・クエリの追加とマージ
・行列の削除
・変換処理（列のグループ化、分割、値の置換等）
・行の並べ替え
・テーブルのフィルダー処理
・列データの集計
・数式によるカスタム列の追加

解説 クエリの更新

Power Queryでは、一度作成したクエリを最新の情報に更新することで、クエリを何度も作成しないで済むようになっています。

 ヒント クエリの共有

Power Queryで読み込んだクエリは、Office 365にログインすることで、組織内あるいは特定のユーザー間で共有することができます。これによって、データの分析を行うためにデータを再利用できるようになります。

PowerPivotの概要

　PowerPivotは、Excelに読み込んだデータを、関連性を持った複数のテーブルとしてデータモデル化する機能です。

　「PowerPivot」（強力なピボット）という名前のとおり、分析の手法は従来のピボットテーブルと似ています。読み込んだデータをセルフサービスBIで多次元分析できるようにするために、多次元データベースをExcel上に構築するというのが、PowerPivotの大きな特徴です。

　また、PowerPivotでは、Power Queryによってさまざまなデータソースから読み込んだデータは、インメモリ型のデータベースとして動作するため、通常のExcelでは扱うことのできない大量データの高速な分析が可能となります。

　PowerPivotにおける大きな役割は、読み込んだテーブル間で連携すること（リレーションシップの作成）です。多次元データベースでは、この組み合わせによる集計結果をあらかじめ計算しておくことで、高速化を実現しています。

■多次元データベースのしくみ

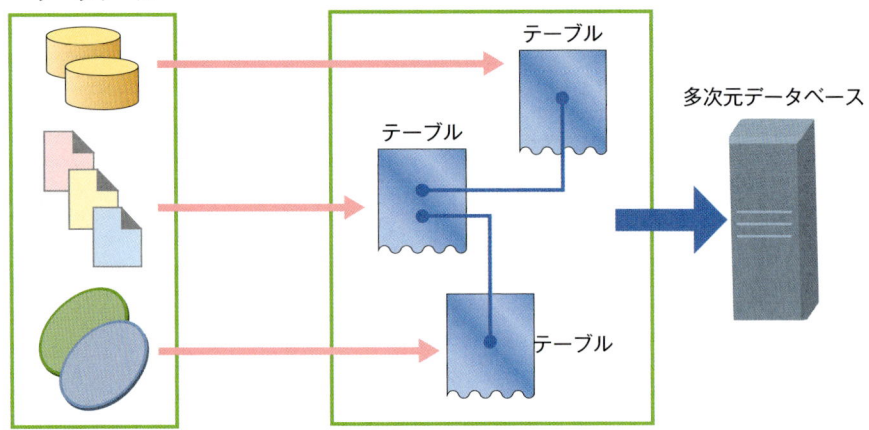

PowerPivotでモデル化されたテーブルデータは、ドラッグによる直感的な操作で連携させられます。

■PowerPivotによるリレーションシップの作成画面の例

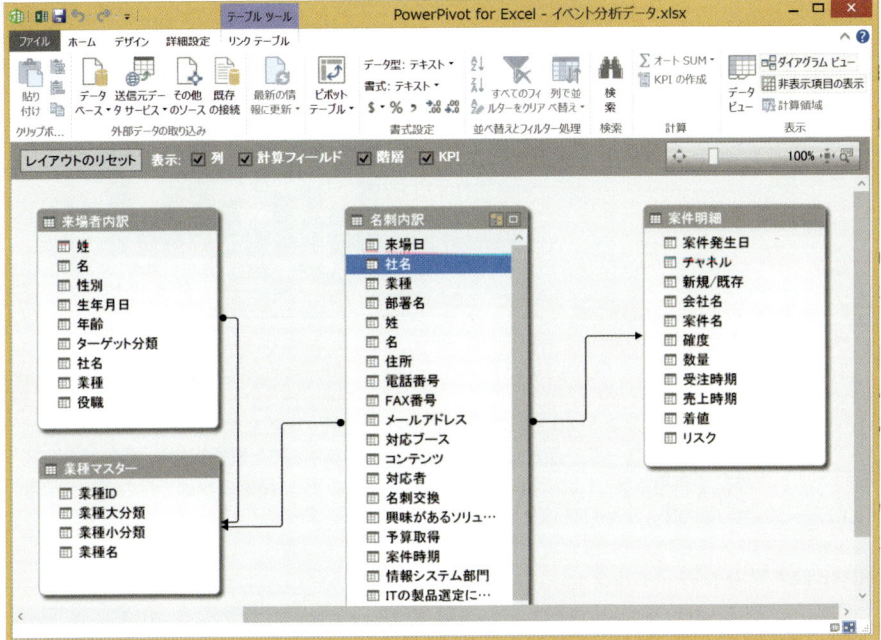

Power Viewの概要

　Power Viewは、分析した結果をグラフや地図で視覚的に表現するための機能です。リボンの［挿入］タブで［パワービュー］ボタンをクリックするだけで、PowerPivotのデータが解析され、Excelに分析のための新しい「Power View」シートが追加されます。

■Power Viewの視覚表現

　「Power View」シートでは、直感的な操作で、データをさまざまな表やグラフで表現できます。たとえば、グラフを作成するには、次の2ステップを実行するだけです。Power Viewによって、データに適したグラフ（円グラフ、棒グラフ、バブルチャートグラフなど）が自動的に描画されます。

Part 1　導入編：Power BI によるデータ解析の基本を理解する

Step1 フィールドリストでテーブルまたはフィールドを選択して、ビューにテーブルを作成
Step2 ビューに読み込んだテーブルをもとに、円グラフ、棒グラフ、バブルチャートを作成

■テーブルから棒グラフを作成する例

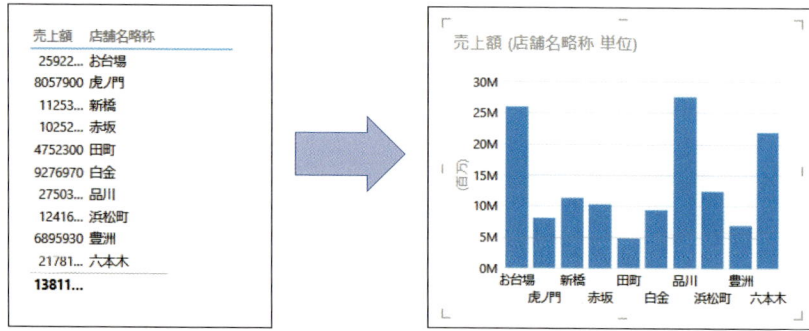

 Power Viewに用意されている視覚エフェクト

テーブル、グラフ以外にも、マップなどの視覚エフェクトを選択することができます。タイルを追加して、データを分類して、ユーザーが対話的に切り替えて表示することもできます。また、「スライサー」という機能を利用すると、次に紹介するフィルターのように、特定の視点でほかのグラフなどのデータを切り取って（スライスして）分析することも可能です。

■Power Viewのフィルター

　Power Viewでは、ビュー全体および視覚エフェクトごとにフィルター処理して、特定のデータに注目して分析を行えます。

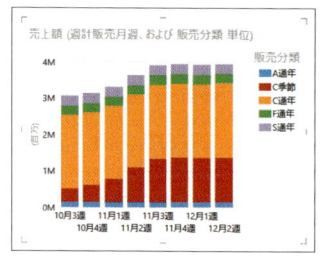  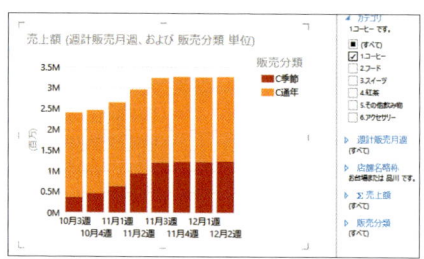

26　エクセルでできる！　ビッグデータの活用事例

高度なフィルター設定

その値を含む／含まない、その値より大きい／小さい、その日付以前／以降といったデータの内容でフィルターを設定することもできます。下の画面は、特定の売上金額に達しなかった商品カテゴリをフィルターとして設定した例です（Part3の11を参照）。

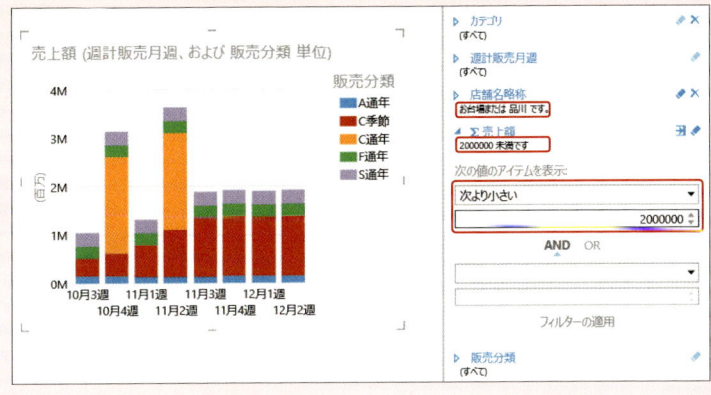

■Power Viewの視覚的なカスタマイズ

　Power Viewでは、見た目をカスタマイズしたり、説明用のテキストを追加したりすることで、会議やプレゼンテーションなどの資料でも利用可能な分析レポートとして作成できます。データを次々に切り替えて説明することができるのは、プレゼンテーションの場などで非常に有効です。

Power Mapの概要

　Power Mapは、地図上にグラフを配置して表現するためのExcelアドオンです。地域単位で集計した数値データを地図上にグラフ表示したり、レイヤーとして設定した複数のデータを重ねて表示したりすることで、ユーザーに対して、データの大きさや変化などを効果的に伝えることができます。直感的な操作で、強力なプレゼンテーションツールやデモンストレーションツールとして利用することが可能なツールです。

　複数のシーンとして設定したツアーをスライドショーとして再生することによって、地図上でデータの移り変わりを表現することもできます。ツアーをビデオ形式でエクスポートし、連続再生することも可能です。

04 Power BIのセットアップ

操作事例

Power BIを利用するのに複雑なセットアップは必要ありませんが、Excelに対していくつかの機能を追加したり有効化したりする必要があります。ここでは、Power BIのセットアップ手順について説明します。

セットアップを始める前に

Power BIを利用するには、以下の環境が必要です。セットアップに入る前に、OSやOfficeのバージョンを確認し、必要に応じて設定するようにしてください。

■Office 365の場合

Power Query	OS	Windows 7、Windows 8、Windows 8.1、Windows Server 2008 R2、Windows Server 2012
	Office	Office 365 各エディションに含まれる Office 365 ProPlus
PowerPivot	OS	Windows 7、Windows 8、Windows 8.1、Windows Server 2008 R2、Windows Server 2012
	Office	Office 365 ProPlus、Office 365 Midsize Business、E3、E4、A3、A4、G3、G4
Power View	OS	Windows 7、Windows 8、Windows 8.1、Windows Server 2008 R2、Windows Server 2012
	Office	Office 365 ProPlus、Office 365 Midsize Business、E3、E4、A3、A4、G3、G4
Power Map	OS	Windows 7、Windows 8、Windows 8.1、Windows Server 2008 R2、Windows Server 2012
	Office	Office 365 ProPlus、Office 365 Midsize Business、E3、E4、A3、A4、G3、G4

ヒント　Office 365を利用する場合は

Office 365を利用する場合は、Office 365にログインできるアカウントが必要です。また、SharePoint Onlineを利用する場合は、SharePoint Onlineも利用する権限が必要になります。1カ月の試用版もあります（Part7参照）。

■Office 2013の場合

Power Query	OS	Windows 7、Windows 8、Windows 8.1、Windows Server 2008 R2、Windows Server 2012
	Office	Microsoft Office 2013 Professional Plus、または Excel 2013 スタンドアロン
PowerPivot	OS	Windows 7、Windows 8、Windows 8.1、Windows Server 2008 R2、Windows Server 2012
	Office	Office Professional Plus 2013、Excel 2013 スタンドアロン
Power View	OS	Windows 7、Windows 8、Windows 8.1、Windows Server 2008 R2、Windows Server 2012
	Office	Office Professional Plus 2013、Excel 2013 スタンドアロン
Power Map	OS	Windows 7、Windows 8、Windows 8.1、Windows Server 2008 R2、Windows Server 2012
	Office	Office Professional Plus 2013、Office Standard 2013、Office Home and Business 2013、Excel 2013 スタンドアロン

■Office 2010の場合

Power Query	OS	Windows Vista（.NET 3.5 SP1 が必要）、Windows Server 2008（.NET 3.5 SP1 が必要）、Windows 7、Windows 8、Windows 8.1
	Office	ソフトウェア アシュアランス付きの Microsoft Office 2010 Professional Plus
PowerPivot	OS	Windows Vista SP2、Windows 7、MSXML 6.0 がインストールされている Windows Server 2003 R2（32 ビットのみ）、
	Office	Excel 2010（32 ビットまたは 64 ビット）

Part 1　導入編：Power BI によるデータ解析の基本を理解する

Power BI のセットアップの流れ

　Power BI の基本的なセットアップの流れは、以下のようになります。OS や Office の基本環境が整っていれば、それほど時間を必要とせずに使えるようになります。

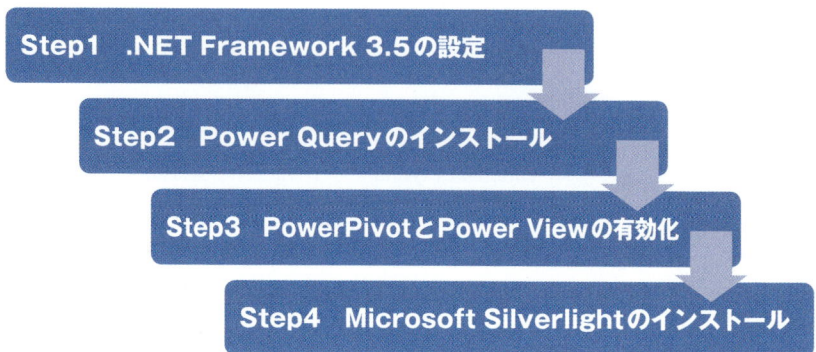

.NET Framework 3.5 のインストール

　以下は Windows 8.1 と Office 365 ProPlus の場合です。使用する環境によって手順が異なります。

　Microsoft の .NET 対応アプリケーションを動かすために、「.NET Framework 3.5」がインストールされているかどうかを確認します。インストールされていない場合はインストールする必要があります。

1　Windowsの機能の「.NET Framework 3.5」を有効化

❶「コントロールパネル」－「プログラムと機能」－[Windows の機能の有効化または無効化] をクリックする。

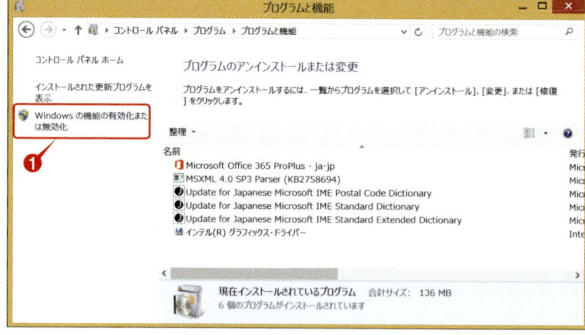

30　エクセルでできる！　ビッグデータの活用事例

❷「Windowsの機能」画面で、「.NET Framework 3.5（.NET 2.0 および 3.0 を含む）」にチェックがない場合、チェックを入れて、[OK]をクリックする。

❸有効に切り替えた場合、表示された「Windows Update」画面で、[Windows Updateからファイルをダウンロードする]をクリックして、.NET Framework 3.5をインストールする。

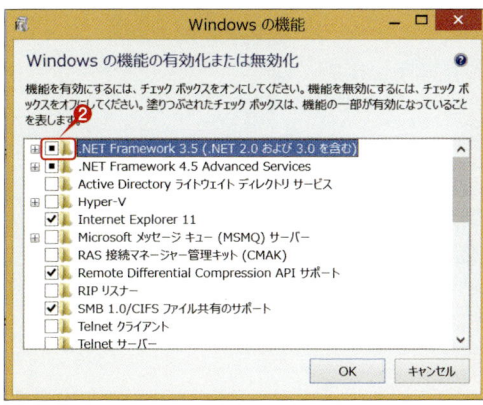

 インストール時間

インストールには、ネットワークの環境にもよりますが、しばらく時間がかかる可能性があります。100M回線では、10秒程度でダウンロードが完了します。

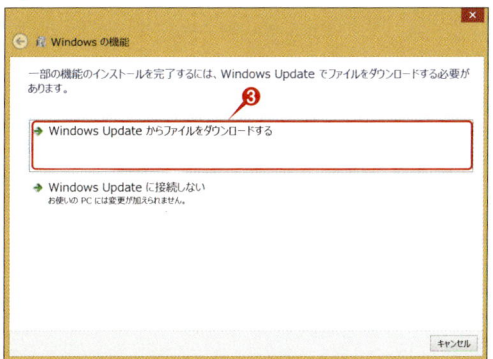

Power Queryのインストール

Excelアドインとして、Power Queryをインストールします。

1 Power Queryのダウンロード

❶ブラウザーでMicrosoftの「Download Center」サイト（http://www.microsoft.com/ja-jp/download/）を表示し、「Power Query」を検索する。

》次ページへ

エクセルでできる！ ビッグデータの活用事例 31

Part 1 導入編：Power BIによるデータ解析の基本を理解する

>> 前ページから

検索結果の[Microsoft Power Query for Excel]をクリックする。
[ダウンロード]をクリックする。
❹ダウンロードするプログラムにチェックを入れる。
[次へ]をクリックし、ファイルをダウンロードする。

解説 バージョンについて

インストールされているExcelに対応しているファイルを選択する必要があります。
たとえば、インストールされているのが32bit版のExcelに64bit版のPower Queryをインストールしようとすると、Excelがインストールされていないことを意味するエラーメッセージが表示されて、先に進めることができないため、注意が必要です。

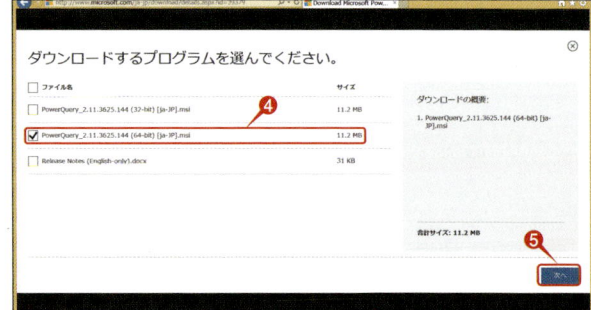

Column Excelのバージョンを確認する

Excelのバージョンを確認するには、「ファイル」タブ→「アカウント」→「Excelのバージョン情報」にて表示される「Microsoft Excelのバージョン情報」で確認できます。画面上部にビットが記載されています。ここでは64ビットを使用しています。

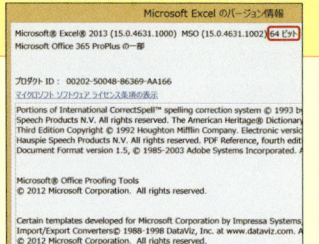

32　エクセルでできる！　ビッグデータの活用事例

**Power Queryの
インストール**

❻ 開いたメッセージで [実行] を
クリックし、ダウンロードした
ファイルを実行する。

> **解説　保存ファイルの実行**
>
> いったん保存したダウンロードファイルを実行することもできます。

❼「Microsoft Power Query for Excelセットアップ」画面が表示されたら、[次へ] をクリックしてインストールを開始する。

❽「使用許諾契約書に同意します」にチェックを入れて、[次へ] をクリックする。

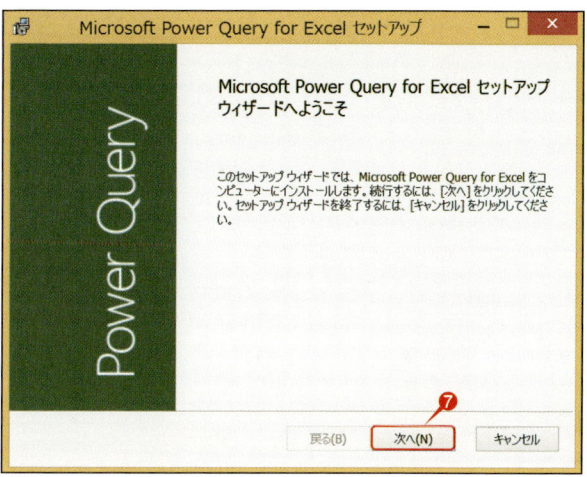

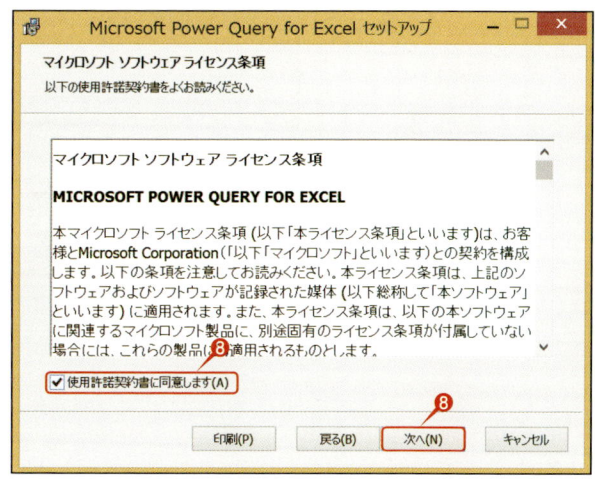

» 次ページへ

エクセルでできる！　ビッグデータの活用事例　33

Part 1　導入編：Power BI によるデータ解析の基本を理解する

》前ページから

❾インストール先を確認（通常は変更の必要はない）して、[次へ]をクリックする。

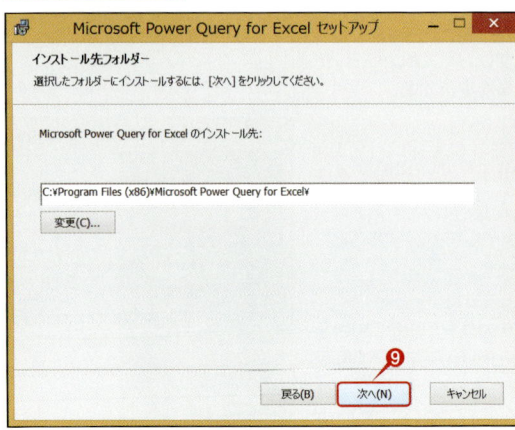

❿[インストール]をクリックして、インストールを開始する。

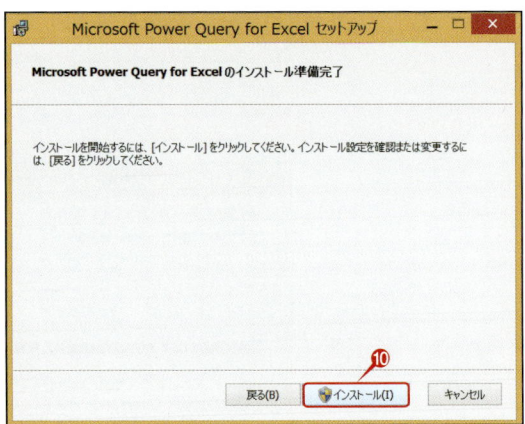

34　エクセルでできる！　ビッグデータの活用事例

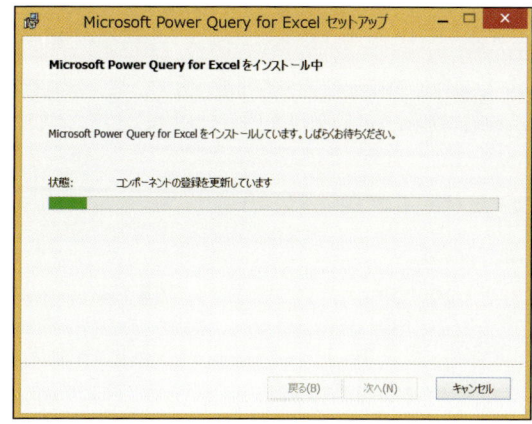

⓫インストールが終了したら、[完了]をクリックする。

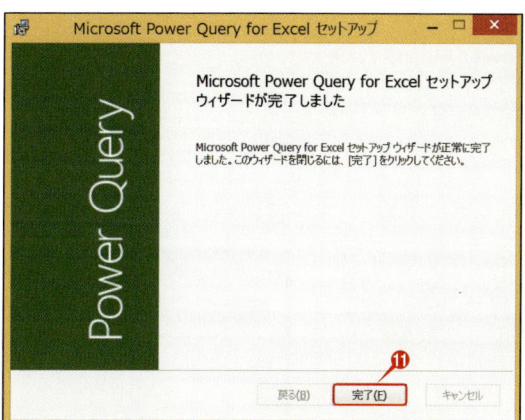

3 Power Queryがインストールされていることを確認

⓬Excelを起動し、リボンに[POWER QUERY]タブが追加されていることを確認する。

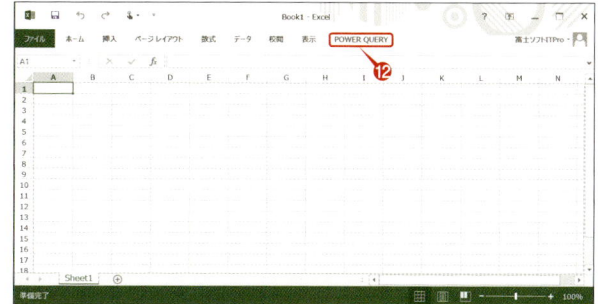

エクセルでできる！ ビッグデータの活用事例　35

Part 1　導入編：Power BIによるデータ解析の基本を理解する

Power Map for Excelのインストール（Excel 2013の場合）

　Power Mapは、Office 365を利用されている方は有効化、Excel 2013を利用している方はPower Map for Excel（プレビュー版）のインストールが必要です。

1 Power Mapのダウンロード

❶ブラウザーで「http://www.microsoft.com/en-us/download/details.aspx?id=38395」を表示し、[Download]をクリックする。

2 Power Mapのインストール

❷ダウンロードしたファイルを実行する。

↓

❸「Microsoft Power Map Preview for Excel」画面が表示されたら、[NEXT]をクリックしてインストールを開始する。

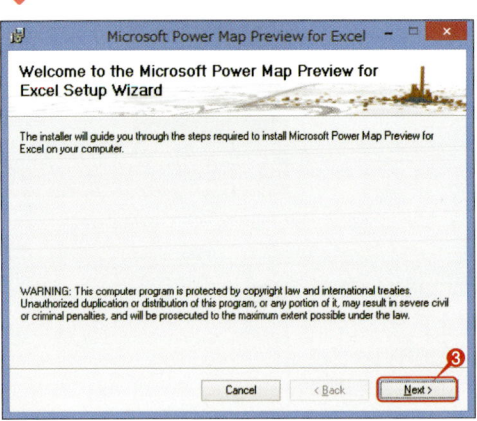

↗

36　エクセルでできる！　ビッグデータの活用事例

❹[Agree]を選択して、[NEXT]をクリックする。

❺インストール先を確認（通常は変更の必要はない）して、[Everyone]を選択して[NEXT]をクリックする。

❻[NEXT]をクリックして、インストール開始する。

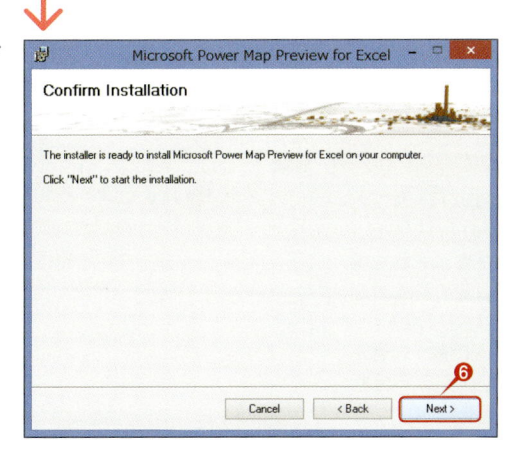

》次ページへ

エクセルでできる！　ビッグデータの活用事例　37

Part 1　導入編：Power BI によるデータ解析の基本を理解する

»前ページから

❼インストールが終了したら、[Close]をクリックする。

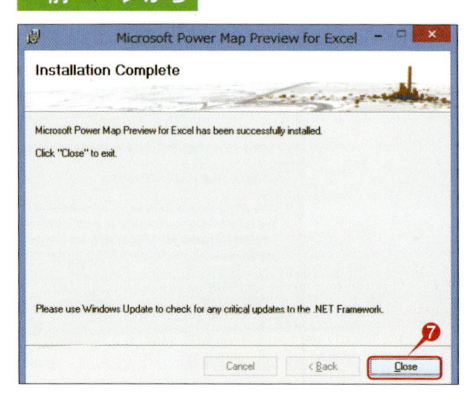

PowerPivotとPower Viewの有効化タブ

　PowerPivotとPower Viewが使えるようになっているかどうかを確認し、必要に応じて有効化します。手順1で、リボンに [POWERPIVOT] タブが表示されていない場合は、手順2へ進みます。

1　PowerPivotとPower Viewが利用可能かどうかを確認

❶Excelを起動し、リボンに[POWERPIVOT]タブが表示されているかどうかを確認する。
❷[挿入]タブをクリックする。
❸[パワービュー]ボタンが表示されているかを確認する。

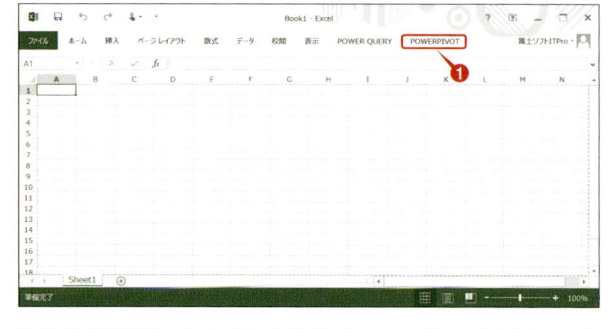

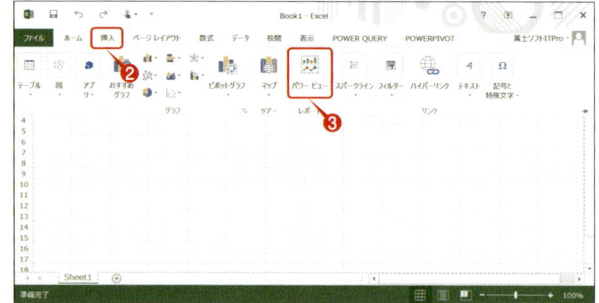

解説　表示された場合

[POWERPIVOT] タブと [挿入] タブの [パワービュー] ボタンが表示された場合は、これ以降の基本設定を行う必要はありません。Part2の「入門編」に進んで、Power BIによる分析を開始してみましょう。

38　エクセルでできる！　ビッグデータの活用事例

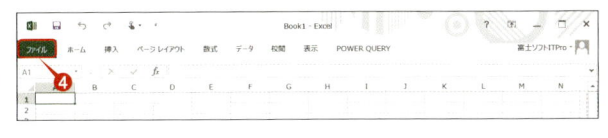

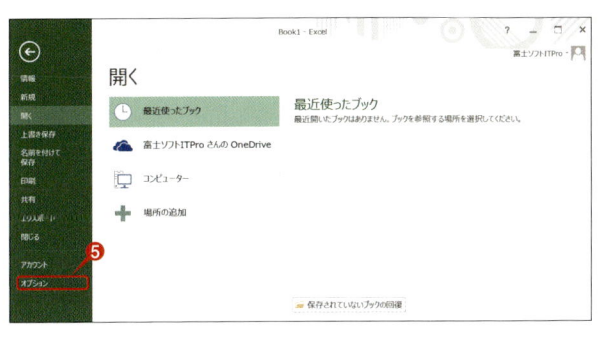

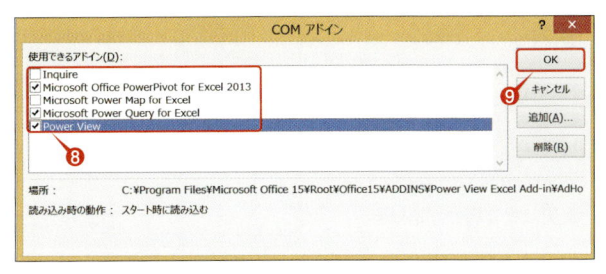

2 PowerPivotとPower Viewの有効化

❹[ファイル]タブをクリックする。
❺[オプション]をクリックする。
❻[アドイン]をクリックする。
❼「管理」欄で[COMアドイン]を選択して、[設定]をクリックする。
❽[Microsoft Office Power Pivot for Excel 2013]と[Power View]にチェックを入れる。

> **ヒント Power Mapの有効化**
>
> ここではまだPower Mapを有効にしないため、[Microsoft Office Power Map for Excel]にはチェックを入れていません。
> Power Mapを利用したい場合は、ここでチェックを入れて有効にしてもかまいません。

❾[OK]をクリックする。

エクセルでできる！ ビッグデータの活用事例 39

Part 1　導入編：Power BIによるデータ解析の基本を理解する

3 PowerPivotとPower Viewが利用可能になっていることを確認

❿リボンに[POWERPIVOT]タブが表示されているかどうかを確認する。

⓫[挿入]タブをクリックする。

⓬[パワービュー]ボタンが表示されているかを確認する。

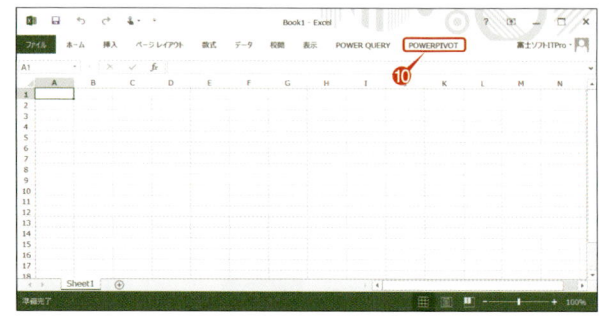

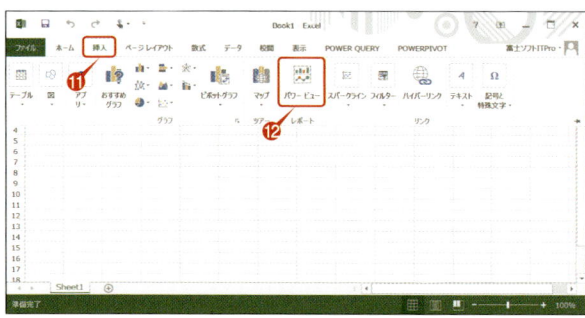

Microsoft Silverlightのインストール

　Power BIでは、動画やアニメーションを用いたコンテンツを表示するためのプラグインとして、Microsoft Silverlightを利用しています。インストールされていない場合は、この手順にしたがってインストールしてください。

1 Silverlightのダウンロード

❶ブラウザーでMicrosoft Silverlightのサイト（http://www.microsoft.com/ja-jp/silverlightdownload.aspx）から、Silverlightをダウンロードする。

解説　サイトについて

サイトのURLやデザインは変更になる場合があります。

40　エクセルでできる！　ビッグデータの活用事例

2 Silverlightのインストール

❷[実行]をクリックする。

解説　インストーラーの保存

[保存]をクリックしてハードディスクなどに保存してからインストールを実行することもできます。Internet Explorer以外のブラウザーでは、いったん保存してから実行してください。

❸[今すぐインストール]をクリックするとインストールが開始される。

❹[次へ]をクリックする。

解説　Microsoft Updateの有効化

[Microsoft Updateを有効にする]にチェックを入れてアップデートを行ってください。

❺インストールの完了メッセージが表示されるので、[閉じる]をクリックする。

エクセルでできる！　ビッグデータの活用事例

Part 1　導入編：Power BIによるデータ解析の基本を理解する

Power Queryのアップデート

　Power Queryの機能が更新された場合、次の手順で最新バージョンにアップデートすることができます。

1 Power Queryのダウンロード

❶[POWER QUERY]タブをクリックする。
❷「コンピューターの設定」グループで[更新]ボタンをクリックする。
❸ブラウザーで、新しくなったPower Queryの機能の情報（英語）が表示される。
❹Power Queryのダウンロードへのリンクをクリックする。

> **ヒント　ダウンロード開始ページ**
> このWebページのデザインや構成、リンクの場所等は変更になる可能性があります。

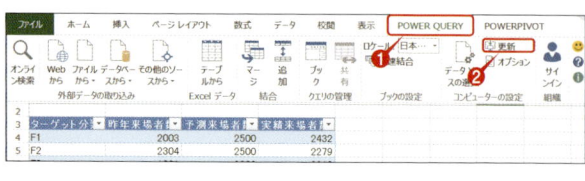

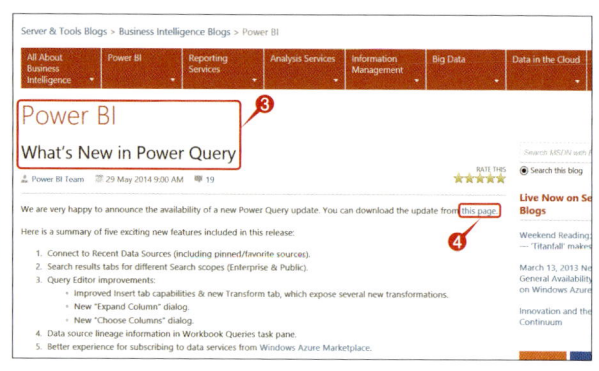

❺[ダウンロード]ボタンをクリックして、ファイルをダウンロードする。

> **解説　ファイルのインストールについて**
> ダウンロードおよびインストールの方法は、Power Queryを新規でインストールする際と同じ手順です。詳しくは、「Power Queryのインストール」（P.31）を参照してください。

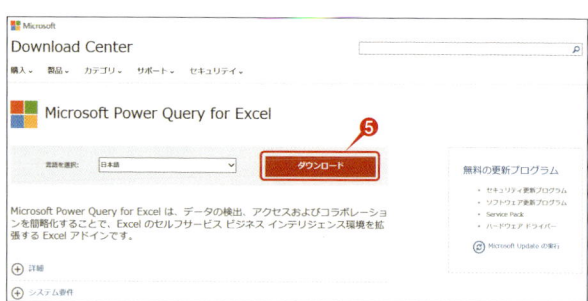

42　エクセルでできる！　ビッグデータの活用事例

入門編

Twitter のつぶやきから利用者の意見を分析する

Part 2

この章では、Tiwtter アプリケーションを利用して、利用者のつぶやきを BI として活用する方法について紹介します。

01 Twitter上の声をビッグデータとして利用する方法

概要 ビッグデータをマーケティングに活かすための第一歩として、Twitter上の膨大なつぶやきの中からキーワードを指定してデータを取り込み、気になる店舗や商品の評判を分析してみましょう。

女性に人気のコントソコーヒーの評判は?

　この章では、読者は「コントソコーヒー」という架空のコーヒーショップのエリアマネージャーSさんとして、データを分析していきます。Sさんは、エリアマネージャーとして、関東地方のショップを統括しています。

　コーヒーショップといえば、関東地方のみならず日本全国に店舗が乱立しています。それぞれのショップは独自のメニューやサービスなどで特長を打ち出し差別化を図っています。

　もちろんコントソコーヒーでも顧客を獲得するために、インテリアやメニュー、キャンペーンといったさまざまな試みを行っています。

　ただ、それらの試みが実際のところどのように思われているのか、売上などのデータだけでは本当に当たったのかまでは決定づけられません。もちろんSさんも、自身の打ち出した試みやショップ自体がどのように思われているか評判は常々気になっています。そこでSさんは少しでもお客様の声を収集しようと、最近コミュニケーションの主流となっているFacebookやTwitter、LINEといったSNSで検索をしていました。ですが、Sさんも店舗名や商品名などで検索してはみるものの、ブラウザーやアプリの操作性では、最新の検索結果を追うだけでせいいっぱいといったところです。

　他方で、関東地方の売上データを分析するためのツールも探していたSさんは、普段から使い慣れたExcelにアドインとして追加するだけで分析できる「Power BI」というツールを発見し、セットアップしてみました。さらに調べてみると、Power BIに「ツイッター分析アプリ」というツールを追加でインストールすれば、Twitterのつぶやきも分析できるようです。検索ワードとしてショップ名の「コントソコーヒー」と地域名を指定すれば、特定エリアの評判も検索できます。

　Twitterといえば匿名のユーザーも多いですが、その分お客様の生の声を知るには最適なSNSです。「これはいいぞ!」Sさんは、さっそく「ツイッター分析アプリ」でコントソコーヒーの関東エリアの評判を分析してみることにしました。

Twitterのつぶやきをビッグデータとして分析するには

　Power BIを始めたばかりで手元にデータが何もない場合でも、SNSのユーザーの生の声をビッグデータとして利用して適切な分析をすれば、自社あるいは自社製品などにとって有益な情報を入手することができます。

　Power BIでTwitterのつぶやきを分析するには、独自のOffice用アプリである「ツイッター分析アプリ」と連携します。このアプリはOfficeストアから無償でダウンロードして利用することができます。

　ツイッター分析アプリには、分析をスムーズに行うためのテンプレートが用意されていますので、Excelの基本的な使い方さえ理解していれば、簡単に分析手順を進めることができます。

■ツイッター分析アプリのしくみ

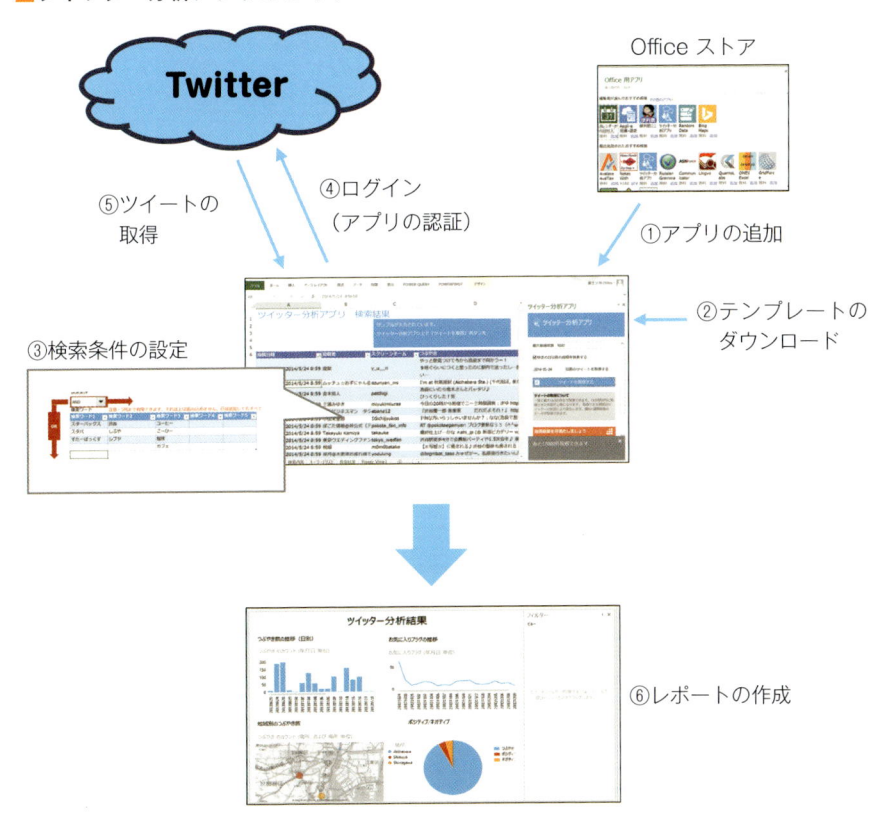

Officeストア
①アプリの追加
②テンプレートのダウンロード
③検索条件の設定
④ログイン（アプリの認証）
⑤ツイートの取得
⑥レポートの作成

エクセルでできる！　ビッグデータの活用事例

● ツイッター分析アプリができること

ツイッター分析アプリができることとして、以下の機能が挙げられます。

・複数の検索キーワードにAND／OR条件を設定して、ツイートを取得する。

・ポジティブキーワードを設定することで、プラス（よい）イメージのツイートにフラグをたてて、分析に活用する。

・逆に、ネガティブキーワードを設定することで、マイナス（悪い）イメージのツイートにフラグを立てて、分析に活用する。
ポジティブ／ネガティブ両方の意見を収集・分析することで、たとえば特定の商品や店舗などのマーケティングに活かすことが可能となる。

・Power BIのPowerPivot機能を利用して、取得したツイートを分析し、さらに、Power View機能を利用して、簡単にグラフィカルなレポートを作成する。

● ツイッター分析アプリに必要な環境

ツイッター分析アプリでTwitterのつぶやきを分析するには、次の環境が必要となります。

・Excel 2013
・Internet Explorer 9.0以降のWebブラウザー
・Twitterアカウント

解説 Twitterアカウントを用意する

ツイッター分析アプリを利用するためには、Twitterアカウントが必要となります。まだTwitterアカウントを持っていない方は、Twitterのサイト（https://twitter.com/）にアクセスして、アカウントを登録しましょう。

「名前」「メールアドレス」「パスワード」を入力して［Twitterに登録する］をクリックすると、画面の指示に従って、アカウントを登録できる

解説 ポジティブワードとネガティブワードの選択について

ポジティブフラグとネガティブフラグは、集計して円グラフなどのグラフを作成し、どちらの割合が多いかを分析するために使用することができます。

何を分析したいかによって、設定するポジティブワードとネガティブワードは変わってきます。たとえば、以下のように、対になるワードを設定しておくとよいでしょう。色々な言い回しを考えて、ポジティブ／ネガティブのそれぞれに追加していってください。

■メニューの味の評判を調べたい場合

分類	ワードの例
ポジティブワード	おいしい、美味しい、旨い、ウマい、絶品、いい味、いける、やばい、デリシャス、美味
ネガティブワード	まずい、不味い、マズイ、美味しくない、口にあわない、口に合わない、味気ない

■店舗の雰囲気の評判を調べたい場合

分類	ワードの例
ポジティブワード	広い、ゆったり、おしゃれ、オシャレ、お洒落、明るい、あかるい
ネガティブワード	せまい、狭い、ださい、ダサい、暗い、くらい

店の混雑具合に関する意見を分析したい場合やメニューの値段に対する意見を分析したい場合など、分析したい内容を考慮しながら検索ワードを設定します。分析を何度か繰り返して、結果を確認しながら、ワードを追加していってください。

ヒント SNSで使用されるネット用語について

FacebookやTwitterなどのSNSでは、独特のネット用語が使われています。したがって、「ツイッター分析アプリ」でできるだけ取りこぼさないように意見を抽出しようとした場合、検索ワードにはそれらのネット用語を加えておく必要があります。

しかし、世代によってよく使用されるネット用語は異なりますし、そもそもネット用語は日々新しいものが生まれてきています。現在では、ネット用語について解説したサイトも増えてきているため、「ネット用語」や「ネットスラング」などのキーワードでWeb検索してみることをおすすめします。

Part2　入門編：Twitterのつぶやきから利用者の意見を分析する

02 ツイッター分析アプリのセットアップ

操作事例

ここでは、OfficeストアからTwitter分析用のアプリをインストールして、テンプレートをセットアップするまでの手順について説明します。

ツイッター分析アプリをインストールする

Officeストアにアクセスし、Twitterのつぶやきを分析するためのOffice用アプリをExcelにインストールします。

1 Officeストアにアクセス

❶[挿入]タブをクリックする。
❷[アプリ]ボタンをクリックする。
❸[ストア]をクリックする。

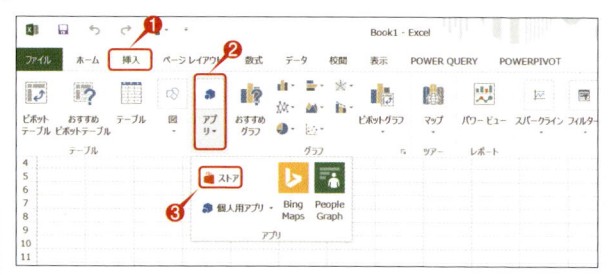

解説　ストアの場所がわからない場合

Excelの画面サイズが大きいときは下のレイアウトに変わります。

2 ツイッター分析アプリをダウンロード

❹検索欄に「ツイッター分析」というキーワードを入力して、アプリを検索する。
❺[追加]をクリックする。
❻[信頼する]をクリックする。

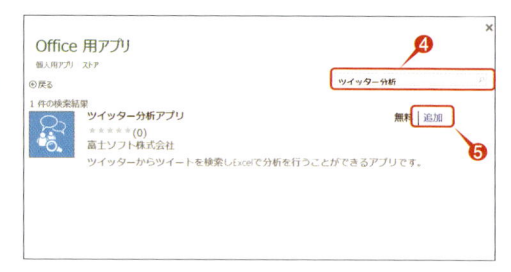

48　エクセルでできる！　ビッグデータの活用事例

解説　インストールの開始

[信頼する]を選択すると、プライバシーポリシーとアプリの使用条件に同意したことになり、アプリがインストールされます。
インストールが完了すると、Excelのシートの右側に、「ツイッター分析アプリ」が表示されます。

3 テンプレートをダウンロード

❼[Excelテンプレートをダウンロード]をクリックする。
❽「ダウンロードの表示」画面で、[保存]をクリックして、テンプレートファイルを保存する。

解説　保存先の選択

[名前を付けて保存]を選択すると、任意のフォルダーにテンプレートを保存できます。標準では、「TwittAnalyticsTemplate.xlsx」という名前で保存されます。

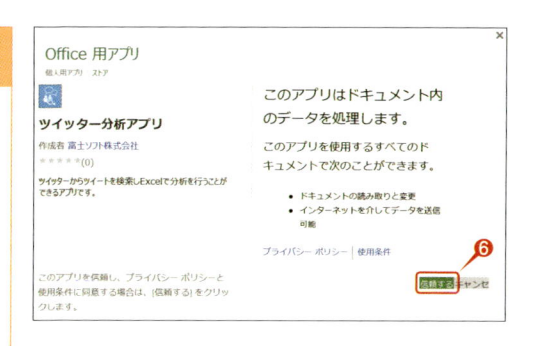

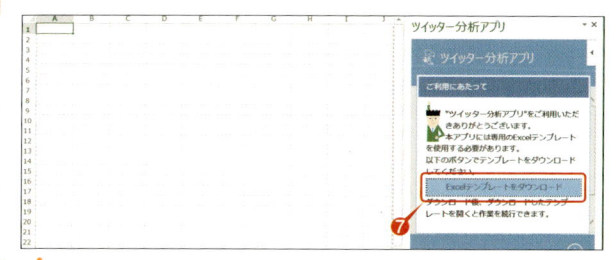

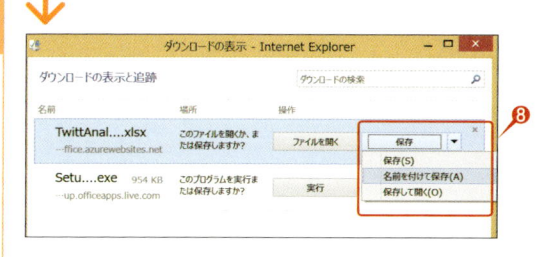

ツイッター分析アプリを表示する

ダウンロードしたテンプレートファイルを開いて、編集可能な状態に切り替えます。

1 テンプレートファイルの表示

❶「ダウンロードの表示」画面で[ファイルを開く]をクリックする。

解説　テンプレートの表示

保存したテンプレートファイル「TwittAnalyticsTemplate.xlsx」をダブルクリックすると、直接開けます。

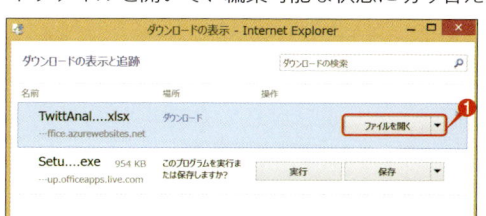

エクセルでできる！　ビッグデータの活用事例　49

Part 2　入門編：Twitterのつぶやきから利用者の意見を分析する

2 Excelを編集可能な状態に設定

❷画面上部に表示されている保護ビューの［編集を有効にする］をクリックする。

ツイッター分析アプリの基本画面構成

最初にツイッター分析アプリのテンプレートを開くと、次の画面が表示されます。

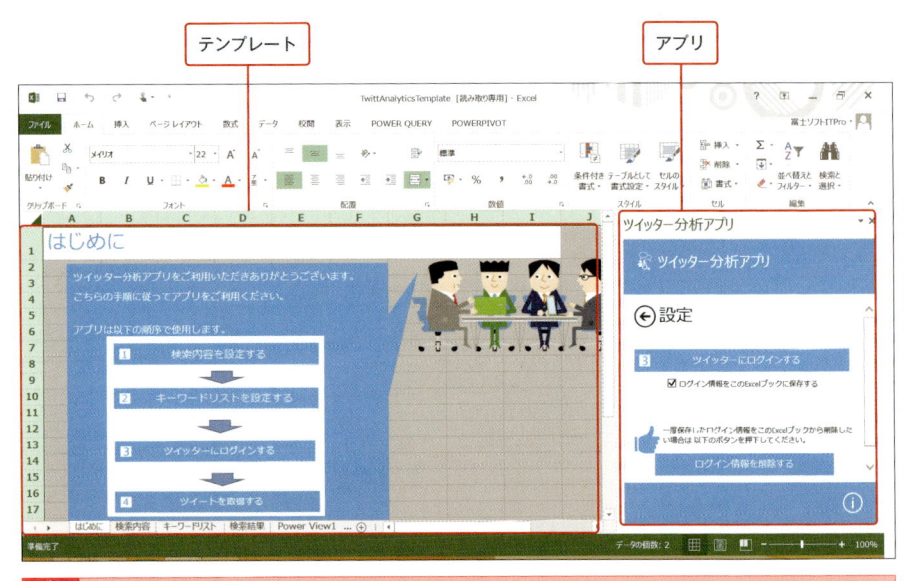

テンプレート　　　アプリ

ヒント　ツイッター分析アプリのマニュアルをダウンロードする

ツイッター分析アプリに表示されている「ご利用にあたって」画面のリンクをクリックすると、ブラウザーでサポートサイトが表示されます。このサイトから、『ツイッター分析アプリ利用マニュアル』（TwittAnalyticsManual.pdf）をダウンロードできます。

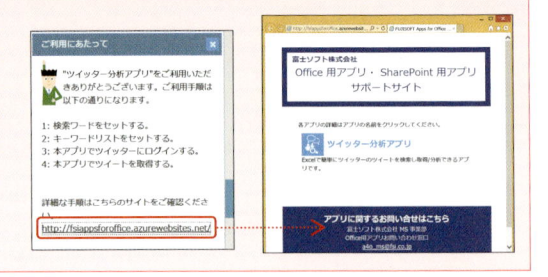

50　エクセルでできる！　ビッグデータの活用事例

● **テンプレートの構成**

テンプレートはいくつかのシートで構成されています。

シート名	概要
はじめに	アプリの使い方など、簡単な説明が表示される。
検索内容	Twitter上のつぶやきから検索するためのキーワードを設定する。
キーワードリスト	検索結果にフラグを立てるための「ポジティブキーワード」「ネガティブキーワード」「マイキーワード」を設定する。
検索結果	「検索内容」と「キーワードリスト」に基づいた検索結果が表示される。
Power View	Power BIのPower ViewとPowerPivot機能を利用して分析を行う。

● **アプリの表示／非表示**

Excelの右側に表示されているツイッター分析アプリを閉じて、分析結果を大きなスペースで閲覧したい場合などに便利です。

1 アプリを閉じる

❶ツイッター分析アプリの右上にある[×]をクリックする。

2 アプリを表示する

❷[挿入]タブをクリックする
❸リボンの[アプリ]→[個人用アプリ]をクリックし、「最近使ったアプリ」から[ツイッター分析アプリ]をクリックする。

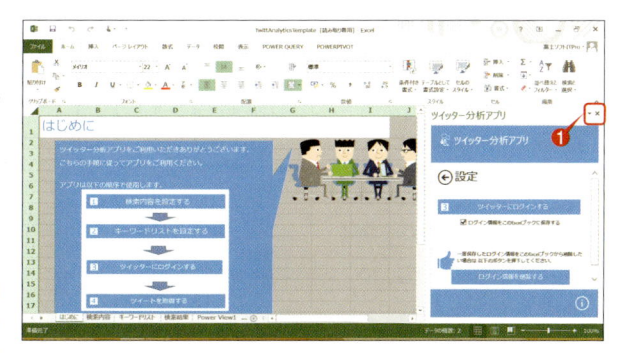

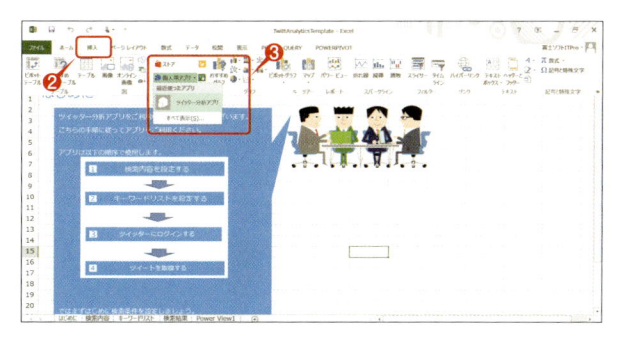

エクセルでできる！ ビッグデータの活用事例 51

Part 2　入門編：Twitterのつぶやきから利用者の意見を分析する

03 特定エリアのコーヒーショップの評判を分析する

操作事例

ここでは、あるコーヒーショップのエリアマネージャーの立場で、特定のエリアのショップに関するTwitter上のつぶやきを検索して、利用者の評判を調べる方法を例に、ツイッター分析アプリの利用手順を説明していきます。

Twitter上のつぶやきを分析する手順

ツイッター分析アプリによるTwitter分析の流れを以下に示します。

1. ・検索条件の設定　　　　　　　　　　　P.48
2. ・キーワードリストの設定　　　　　　　P.51
3. ・Twitterへのログイン　　　　　　　　P.52
4. ・ツイートの取得　・ツイートの検索結果の表示　P.54
5. ・レポートの視覚化　　　　　　　　　　P.58

検索条件を設定する

Twitter上の膨大なつぶやきの中から必要な情報を取得するための検索条件を設定します。

> **ヒント　AND検索とOR検索**
>
> Webの検索エンジンやシステムのデータベースなどの検索では、2つ以上の単語を入力した場合に、すべての単語を含むものを検索することを「AND検索」、いずれかを含むものを検索することを「OR検索」と呼びます。

1　設定画面の表示

❶テンプレートの［検索内容］シートをクリックする。

> **ヒント**
>
> この時点では、ツイッター分析アプリは起動していなくてもかまいません。

❷画面を下にスクロールして、検索条件を設定するための欄を表示する。

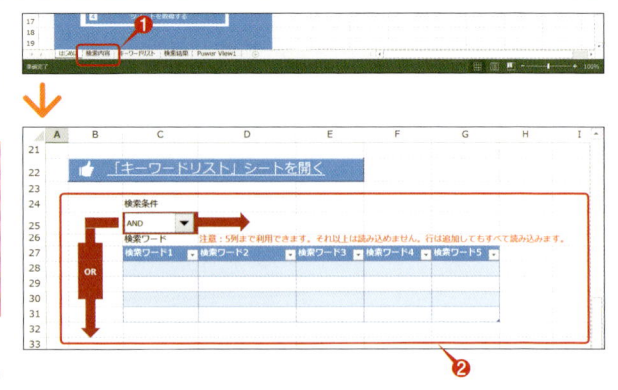

2 検索ワードの設定

❸「検索ワード1」列に検索したいキーワードを設定する。

> **解説**
>
> 「検索ワード1」には、OR検索が適用されます。たとえば「コーヒー」「こーひー」「珈琲」という3つのキーワードを入力した場合、いずれかのキーワードにマッチしたツイートが抽出されます。キーワードを入力する行数に制限はありません。

3 複数の検索条件の設定

❹ ドロップダウンリストから、検索方式を選択する。
❺「検索ワード2」列に検索したいキーワードを設定する。

> **解説**
>
> 標準では、「AND検索」が設定されています。この例の場合、「検索ワード1」のいずれかのキーワードにマッチし、さらに「検索ワード2」のいずれかのキーワードにマッチしたツイートが分析結果として抽出されます。
> 検索条件の詳細については、次ページを参照してください。

❻ 必要に応じて、「検索ワード3」以降の列に検索条件を入力する。

> **解説**
>
> 検索条件として設定できるのは「検索ワード1」～「検索ワード5」までの5列のグループです。列を増やしても、読み込まれないので、注意してください。

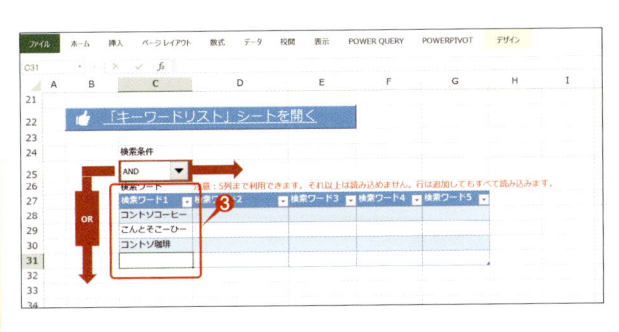

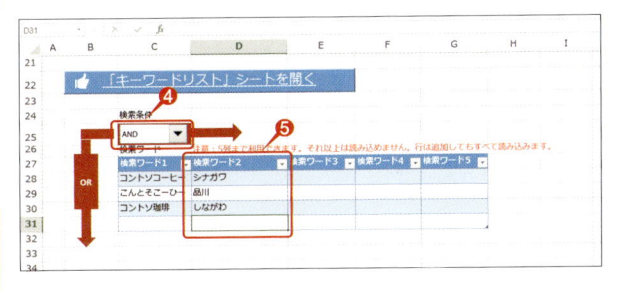

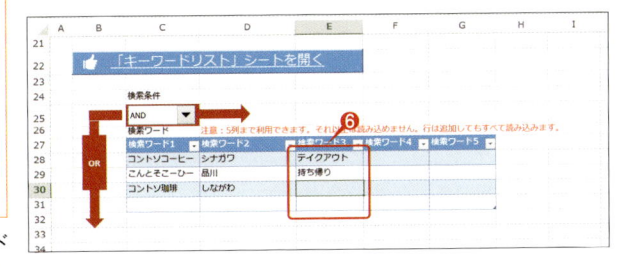

エクセルでできる！ ビッグデータの活用事例 53

解説 検索条件とは？

ツイッター分析アプリでは、縦方向に伸びる検索ワード列を、検索条件を設定するグループとして扱います。以下の例の場合、2つのグループがあります。「検索条件」からは、検索する際に、このグループをどのように連結するかを選択します。

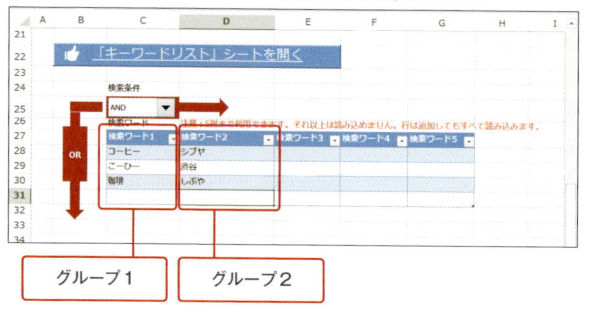

AND検索：
検索ワードのグループのキーワードをすべて含むように検索します。ただし、グループ内はOR検索になるため、次のように展開されます。

（コーヒー　OR　こーひー　OR　珈琲）　AND　（渋谷　OR　しぶや　OR　シブヤ）
　　　　　グループ1　　　　　　　　　　　　　　　　　　　　　グループ2

たとえば、上記の図のように、検索ワード1に商品名を、検索ワード2にエリアを入力すると、「渋谷駅前にあるコーヒーショップ」や「しぶやの近くの珈琲が美味しい店」のように、絞り込んで検索することが可能となります。

OR検索：
検索ワードのグループのキーワードのうちいずれかを含むように検索します。グループ内もOR検索になるため、次のようにすべてOR検索として展開されます。

コーヒー　OR　こーひー　OR　珈琲　OR　渋谷　OR　しぶや　OR　シブヤ

したがって、「渋谷駅のジューススタンド」や「秋葉原のコーヒー店」などのように、非常に多くのツイートがマッチする結果となります。
たとえば、次のように、キーワードをグループに分類して管理したい場合には便利です。

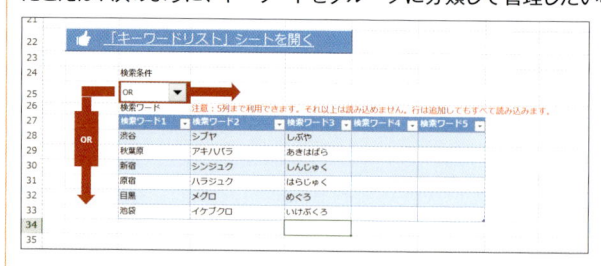

54　エクセルでできる！ビッグデータの活用事例

キーワードリストを設定する

キーワードリストに設定したキーワードが検索結果にマッチした場合、検索結果にフラグを立てられます。適切なキーワードを設定しておくことによって、評判のよいツイートやよくないツイート等を特に目立たせて表示できます。

1 設定画面の表示

❶ テンプレートの[キーワードリスト]シートをクリックする。

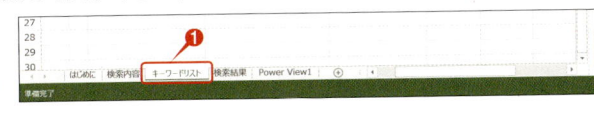

↓

❷ 画面を下にスクロールして、キーワードリストを設定するための欄を表示する。

> **ヒント サンプルの利用**
>
> テンプレートには、サンプルのキーワードが入力されているため、このリストを編集して使用できます。

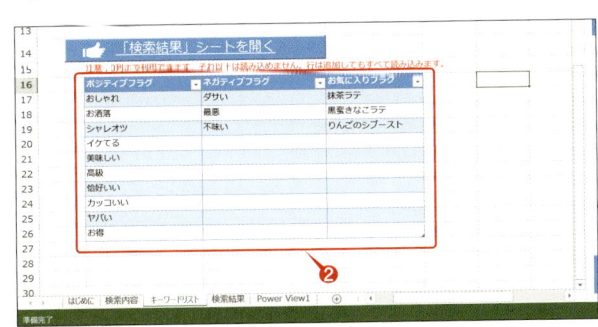

2 フラグを立てるキーワードを設定

❸「ポジティブフラグ」列に、プラス(よい)イメージのツイートにフラグを立てるためのキーワードを入力する。

❹「ネガティブフラグ」列に、マイナス(よくない)イメージのツイートにフラグを立てるためのキーワードを入力する。

❺「お気に入りフラグ」列には、任意の商品名などを含むツイートにフラグを立てるためのキーワードを入力する。

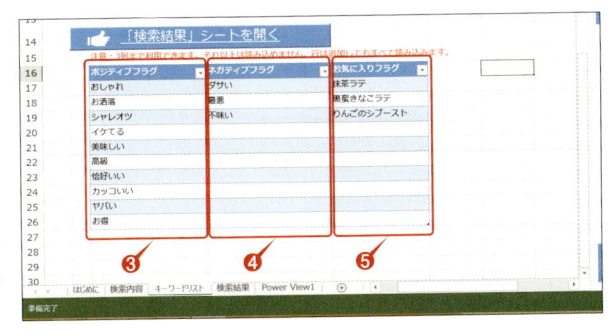

> **解説 保存先の選択**
>
> フラグのグループとして設定できるのは3列までです。列を増やしても、読み込まれないので、注意してください。
> キーワードを入力する行数に制限はありません。

エクセルでできる！ ビッグデータの活用事例

Part 2　入門編：Twitterのつぶやきから利用者の意見を分析する

Twitterにログインする

　ツイートを抽出するための検索キーワードを設定したら、ツイッター分析アプリでTwitterの認証情報を入力してログインします。これによってアプリが認証され、Twitter上のつぶやきを取得できるようになります。

1　Twitterにログイン

❶ツイッター分析アプリの[ツイッターにログインする]をクリックする。

ヒント　初期画面を閉じる

「ご利用にあたって」画面が表示されている場合は、右上の[×]ボタンをクリックして閉じてください。

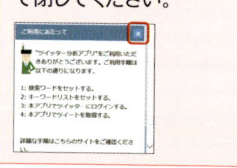

ヒント　認証情報を保存しないようにするには

[ログイン情報をこのExcelブックに保存する]にチェックを入れると、Twitterの認証情報がブックに保存され、次回からアプリを起動したときに自動的にTwitterにログインするようになります。他の利用者とブックを共有しているなどの理由で認証情報を保存したくない場合は、このチェックを外してください。

❷ユーザー名とパスワードを入力する。
❸[連携アプリを認証]をクリックする。
❹ツイッター分析アプリが認証され、アプリ画面に戻る。

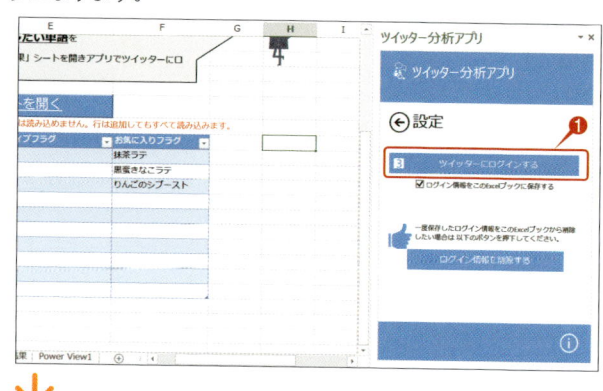

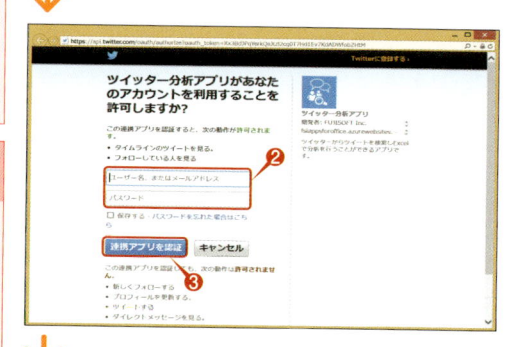

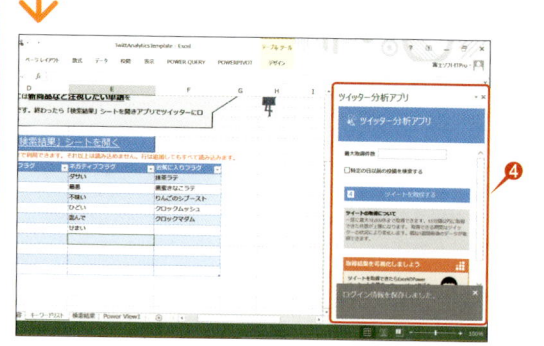

56　エクセルでできる！　ビッグデータの活用事例

解説　アプリの設定画面でログイン状態を確認する

ツイッター分析アプリにログインしていることを確認するには、「設定」画面を表示し、「ツイッターにログインする」の右横にチェックマークが入っているかどうかを確認します。

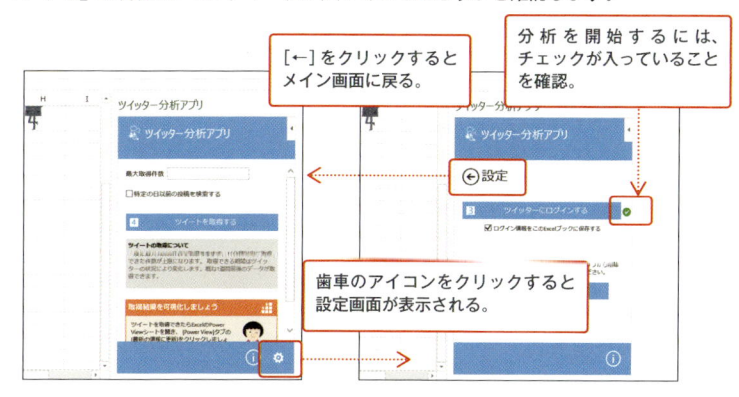

[←]をクリックするとメイン画面に戻る。

分析を開始するには、チェックが入っていることを確認。

⊖設定

歯車のアイコンをクリックすると設定画面が表示される。

[i] アイコンをクリックすると、ツイッター分析アプリを最初に起動した際に表示されていた「ご利用にあたって」画面を再表示できます。

ヒント　ブックの認証情報を消去するには

ほかの利用者とExcelのブックを共有する場合などは、認証情報を含めないようにしたほうがよいでしょう。Excelのブックに保存された認証情報は、ツイッター分析アプリの設定で、[ログイン情報を削除する]をクリックすると削除できます。

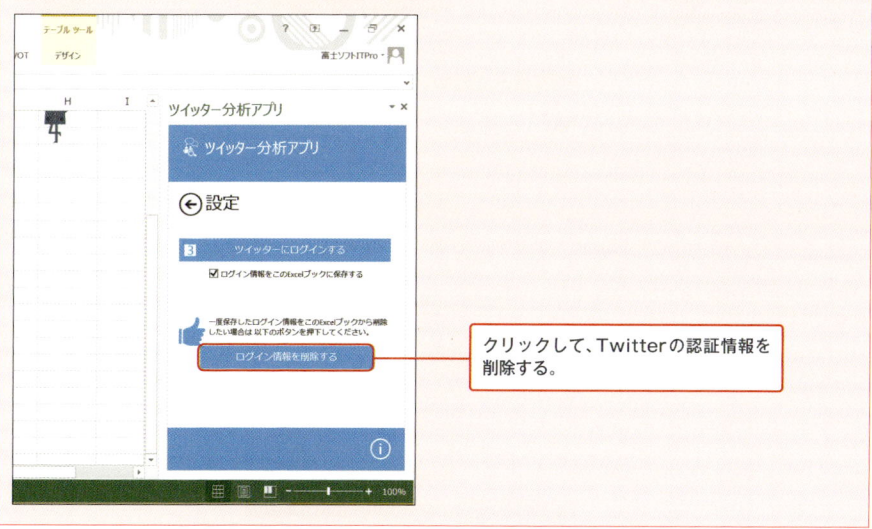

クリックして、Twitterの認証情報を削除する。

エクセルでできる！　ビッグデータの活用事例　57

最大取得件数を指定して検索を実行する

ここまで設定した条件にあてはまるツイートを取得します。その際、取得したいツイートの最大件数を指定します。

1 取得件数を指定

❶[最大取得件数]に取得したいツイートの件数を入力する。

> **ヒント ツイートの最大取得件数**
>
> 最大1万8000件まで指定することができます。15分間以内に取得できた件数が上限となります。取得できる期間はTwitterの状況によって変わりますが、おおよそ1週間前後のデータを取得できます。

2 特定の日以前のツイートを取得する場合

❷[特定の日以前の投稿を検索する]にチェックを入れる。
❸表示された日付設定欄をクリックする。
❹カレンダー上で、設定したい日付をクリックする。

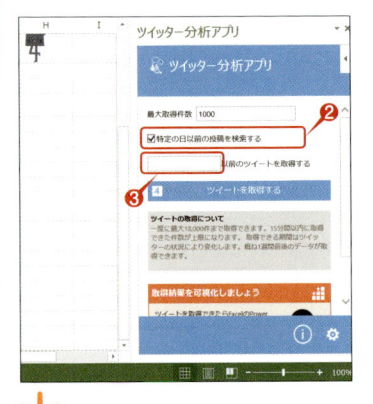

3 ツイートを取得

❺ [ツイートを取得する] をクリックする。

❻ ツイートの取得が完了すると、アプリの下に残り取得件数のメッセージが表示される。

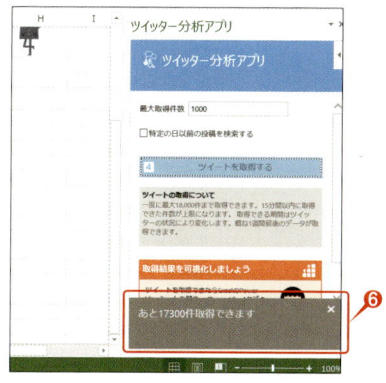

ヒント ツイートの取得に失敗した場合

ツイートの取得に失敗すると、以下のようなメッセージが表示されます。その場合、検索条件や最大取得件数を設定し直してから再度ツイートを検索してみてください。

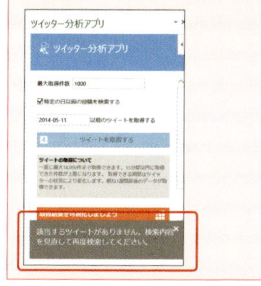

Twitterの検索結果を参照する

取得したツイートの一覧を、Excel上に表示してみましょう。

1 検索結果の表示

❶ テンプレートの [検索結果] シートをクリックする。

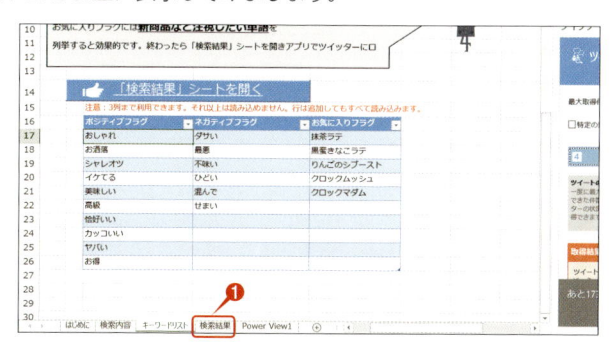

エクセルでできる！ ビッグデータの活用事例

Part 2　入門編：Twitterのつぶやきから利用者の意見を分析する

● 検索結果の構成

「検索結果」シートは、次の情報で構成されています。

> 日付を指定した場合は、実際に取得された期間が表示されます

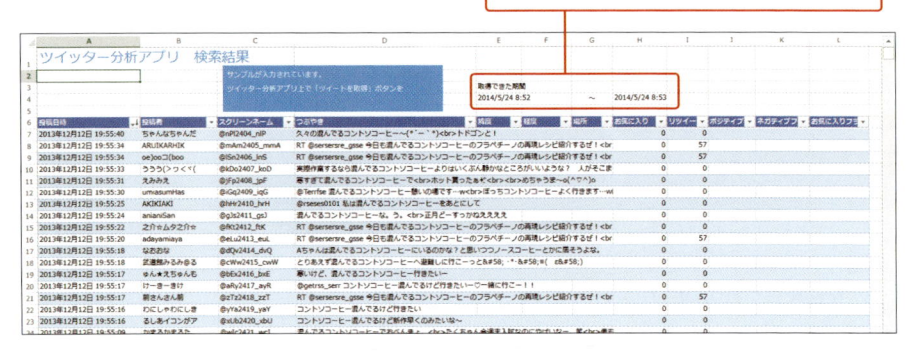

項目名	概要
投稿日時	ツイートされた日時が表示されます。
投稿者	ツイートの投稿者名が表示されます。
スクリーンネーム	「@」に続いてTwitterのIDが表示されます。
つぶやき	ツイートの内容が表示されます。
緯度	位置情報を含むデータの場合、緯度情報が表示されます。
経度	位置情報を含むデータの場合、経度情報が表示されます。
場所	位置情報を含むデータの場合、場所情報が表示されます。
お気に入り	ツイートがお気に入りに登録された数が表示されます。
リツイート	ツイートがリツイートされた数が表示されます。
ポジティブフラグ	ポジティブフラグが立ったツイートに「1」が表示されます。
ネガティブフラグ	ネガティブフラグが立ったツイートに「1」が表示されます。
お気に入りフラグ	お気に入りフラグが立ったツイートに「1」が表示されます。

> 💡ヒント　**ツイートに含まれる位置情報について**
>
> ツイートには標準では緯度、経度、および場所などの位置情報は含まれません。GPSなどのしくみを利用して現在地情報を取得するクライアント（アプリ）によって書き込まれるしくみとなっています。

● 検索結果をフィルタリングする

項目は、Excelのフィルター機能を利用して、表示する内容を選択したり並べ替えたりすることができます。ここでは、リツイートされた数が多い順に検索結果を並べ替えてみましょう。

1 フィルターの設定

❶ 項目名［リツイート］の右端に表示されている［▼］をクリックする。
❷ ［降順］をクリックする。
❸ リツイート数が多い順に、分析結果の並べ替えが行われる。

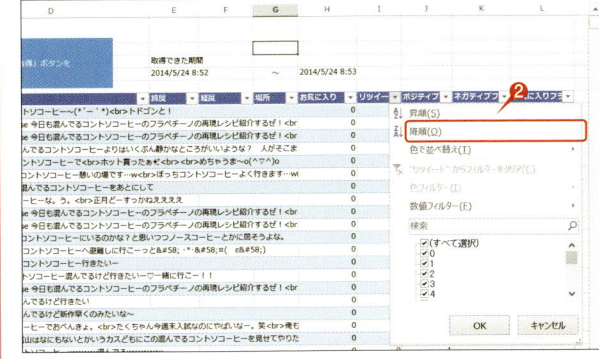

ヒント フィルターの活用

降順／昇順のほかにも、分析に役立つフィルターがたくさんあります。
たとえば、以下は、ポジティブフラグの立ったツイートのみを表示した状態です。

また、以下は、数値フィルターで、10以上お気に入りに追加されているツイートを表示した例です。

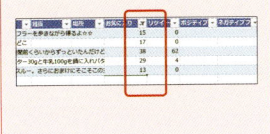

エクセルでできる！ ビッグデータの活用事例　61

Part 2　入門編：Twitter のつぶやきから利用者の意見を分析する

04 Power Viewを利用して分析結果を視覚化する

操作事例

Power BIのPower Viewを利用して、取得したツイートのデータを視覚化し、さまざまな角度でデータを分析してみましょう。ツイッター分析アプリは、ワンクリックでPower Viewを直感的に操作することができます。

Power Viewによるレポートの作成

1　POWERPIVOTの設定

❶[検索結果]シートが表示されている状態で、[POWER PIVOT]タブを表示する。
❷[すべて更新]アイコンをクリックする。
❸「PowerPivot for Excel」画面が表示されたら、右上の[×]をクリックして閉じる。

ヒント　エラーが表示される場合

エラーが表示される場合は、Power Queryがインストールされているかどうか、また、PowerPivotとPower Viewが有効化されているかどうかを確認してください。詳しくは、Part1の『04　Power BIのセットアップ』を参照してください。

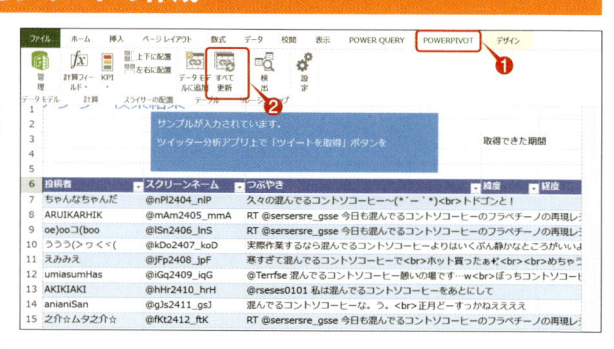

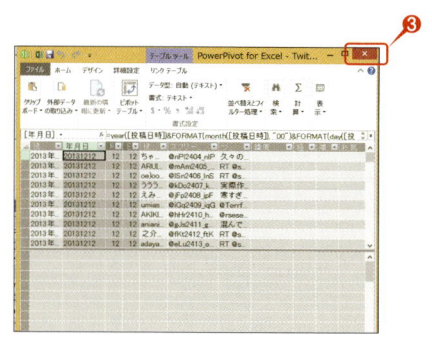

2　分析結果レポートの表示

❹[Power View1]シートをクリックする。
❺Power Viewの表示の進行状況を示すダイアログが表示され、終了すると[Power View1]シートが表示される。

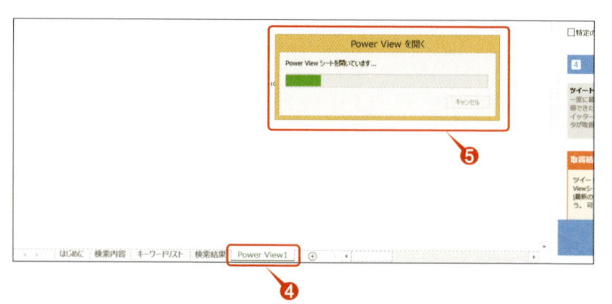

62　エクセルでできる！　ビッグデータの活用事例

3 グラフの更新

❻[POWER VIEW]タブをクリックする。

❼[最新の情報に更新]アイコンをクリックすると、取得したツイートの結果がグラフに反映される。

> 💡ヒント **[POWER VIEW]タブの表示**
>
> リボンの[POWER VIEW]タブは、[Power View1]シートがアクティブなときにのみ表示されます。

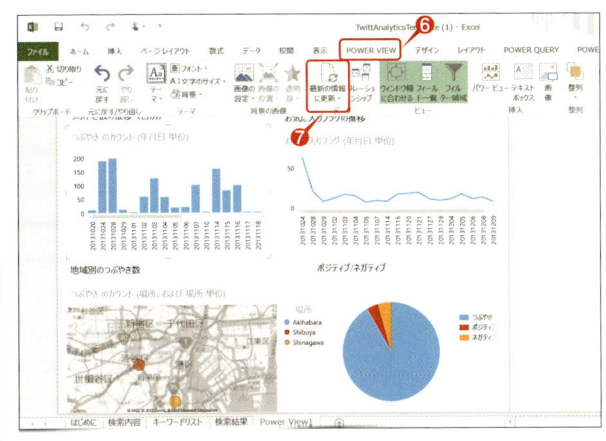

Power Viewによるレポートの基本構成

「Power View1」シートに作成された分析レポートは、次の4つの情報で構成されています。

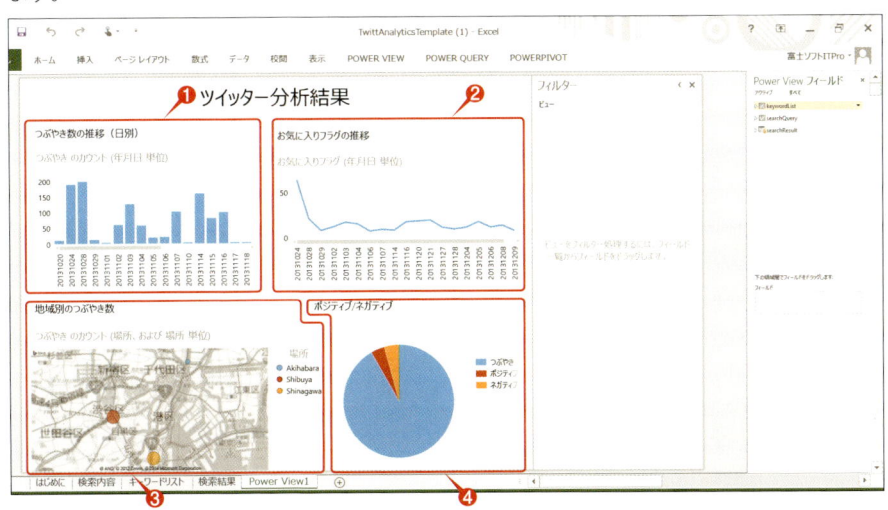

エクセルでできる！ ビッグデータの活用事例 63

Part 2　入門編：Twitter のつぶやきから利用者の意見を分析する

	構成要素	概要
❶	つぶやき数の推移（日別）	日別のつぶやき数が棒グラフで表示されます。それぞれの日付を構成するグラフ要素をクリックすると、ほかの分析レポートに反映されます。 （図：ツイッター分析結果　特定のエリアをクリックした状態／グラフ要素をクリックした状態）
❷	お気に入りフラグの推移	お気に入りフラグの立ったツイートの数が折れ線グラフで表示されます。
❸	地域別のつぶやき数	位置情報を持つツイートがエリアごとに地図上に配置されます。地名をクリックすると、ほかの分析レポートに反映されます。 （図：ツイッター分析結果）
❹	ポジティブ／ネガティブ	ポジティブフラグ、ネガティブフラグ、お気に入りフラグの立ったツイートの割合が円グラフで表示されます。

64　エクセルでできる！　ビッグデータの活用事例

フィルターを利用してさらに詳細な分析をする

「Power Viewフィールド」欄には、分析結果のデータがテーブルとして読み込まれています。たとえば、「searchResult」を展開し、フィールドの1つに対してフィルターを設定して、さらにつぶやきを絞り込んで表示してみましょう。

1 Power Viewフィールドの展開

❶「searchResult」の[▷]をクリックして、フィールドを展開する。
❷[つぶやき]をフィルター欄にドラッグすると、検索されたツイートが一覧表示される。

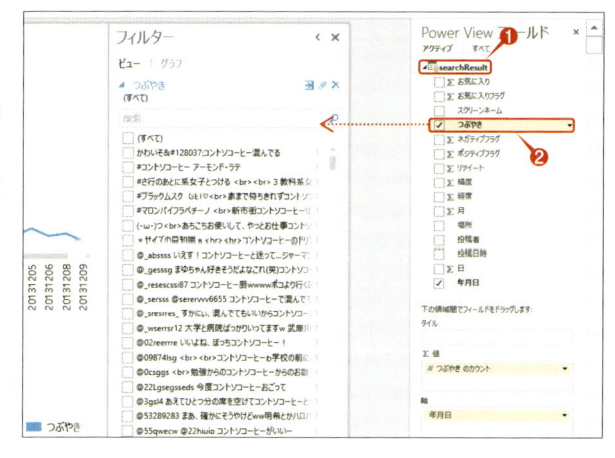

2 フィルターによるつぶやきの絞り込み設定

❸フィルターアイコンをクリックする。
❹フィルターの条件を設定する。ここでは、特定のキーワードが含まれるツイートを検索するための条件を設定している。
❺[フィルターの適用]をクリックする。

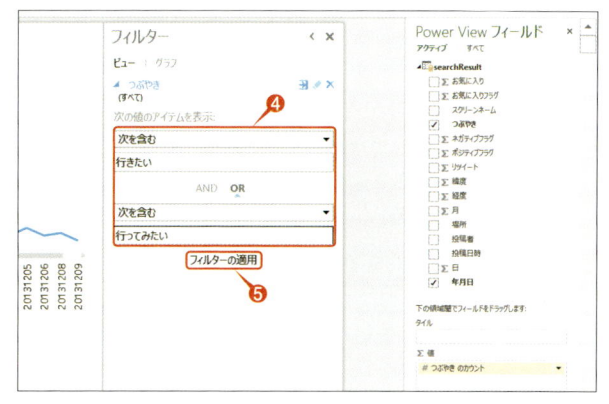

Part2 入門編:Twitterのつぶやきから利用者の意見を分析する

3 フィルター結果の表示

❻レポート上のグラフにはフィルター処理された結果が反映される。この例の場合、「行きたい」「行ってみたい」というキーワードが含まれるツイートの数を調べることができる。

参照:
PowerPivotやPower Viewについて詳しくは、『Part3 コーヒーショップの売上げデータを分析して売上をアップする』参照。

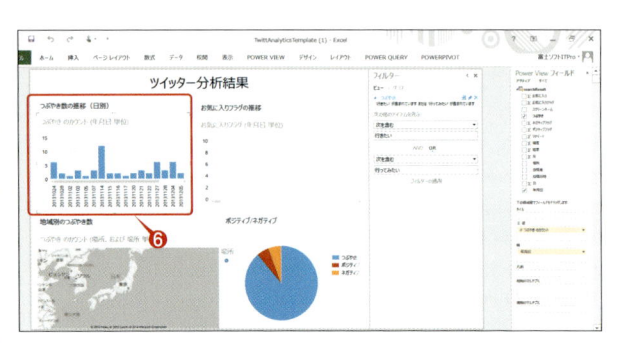

グラフの種類を変更する

　Excelの機能を利用して、標準で設定されているグラフの種類を好みのものに変更してみましょう。

1 グラフ種類の設定

❶変更したいグラフをクリックして選択する。
❷[デザイン]タブをクリックする。
❸グラフの種類を選択する。ここでは[横棒グラフ]ボタンをクリックして、[積み上げ横棒]を選択している。

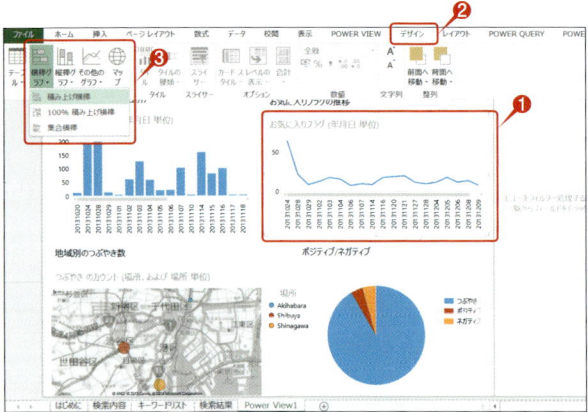

2 グラフ種類の適用

❹選択したグラフ種類に変更される。

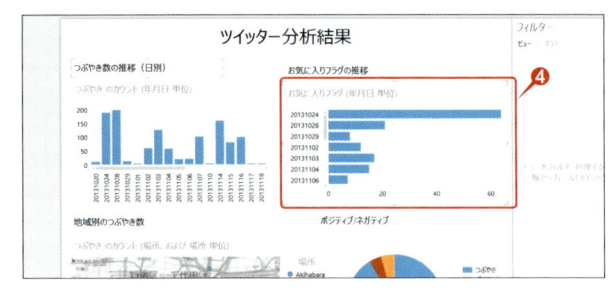

分析編

コーヒーショップの売上データを分析して売上をアップする

Part 3

この章では、店舗の売上を分析し、新たに今後の展開や方針を決めていきます。売上分析をするために個々のデータのあつかい方について解説します。

Part 3　コーヒーショップの売上データを分析して売上をアップする

01 Power BIによる売上分析の基本

概要
このPartでは、コーヒーショップのデータをもとに、売上分析を行います。主役はコントソコーヒーのエリアマネージャーです。売上分析結果をもとに、今後展開していく商品や店舗の席数などを決定するための指針として利用します。

分析対象となるコーヒーショップの例

まずは、本書が売上分析対象としている架空のコーヒーショップ「コントソコーヒー」がどのような特徴を持つショップで、どのような商品を提供しているのかについて簡単に説明しておきましょう。

・コントソコーヒーは、関東地方の1都6県すべてに店舗がある
・スタイリッシュなデザインの店舗で、女性に人気がある
・サンドイッチやスイーツなどの食べ物も扱っており、季節商品にも力を入れている
・コントソコーヒーの女性客は、店内での飲食を好む傾向にある

どのような切り口で分析していくのか

このPartで、本書の読者はコントソコーヒーの関東地方を統括するエリアマネージャーとして、データを分析していくことになります。

きっかけは、「**ここ数カ月、右肩上がりに売上がアップしているのだが、どうやら店舗ごとの売上にばらつきがありそうだ**」という気づきです。そこで、その原因を探るべく、入手できる売上データや商品データ、店舗データをもとに売上の傾向を分析してみることにしました。

売上分析に使用するデータには、週別に集計した売上明細を利用できます。店員が入力したコントソコーヒーの売上情報は、SQL Serverで管理されています。売上個数などのほかに、お客様が店内と店外のどちらで飲食したか、お客様の属性情報を、店員がレジで入力するしくみになっています。

ここでは、2013年の下旬（10月～12月まで）売上を分析データとして利用します。

> **ヒント　SQL Serverとは**
>
> Microsoft SQL Serverはマイクロソフトが開発している、リレーショナルデータベース管理システム（RDBMS）です。企業のデータベースシステムとして幅広く使われています。

コーヒーショップの売上分析の操作の流れ

このPartでは、次の流れで売上分析を実施します。流れにしたがって操作を進めていけば、Partの終わりにたどり着くころには、Power BIによる基本的な操作方法をおおよそ理解できるようになっているはずです。

1	Power Query	・分析に使用するExcelデータを準備する	P.70
2	PowerPivot	・データモデルを作成する ・リレーションシップを作成する	P.76
3	Power View	・分析用のシートを作成して分析を行う	P.90

> **ヒント　売上分析のデータを置き換えて利用しよう**
>
> ここでは、コーヒーショップの売上分析をもとに次の方針への検討をしていますが、コーヒーショップ以外での、売上分析の方法も同様です。
> 分析をすることで、新しい取り組みを生み出すことができます。Power BIの使い方を理解しさまざまな分析をしてみましょう。

Part 3 コーヒーショップの売上データを分析して売上をアップする

02 Power Queryで読み込んだデータを確認する

概要／操作

Power BIで売上分析を実施するために、Excelにデータを読み込み、必要に応じてデータを編集します。このPartでは、週ごとに集計された売上データのほかに、商品情報を管理しているデータ、店舗を管理しているデータを用意します。

コーヒーショップの売上分析で使用するデータ

まずは、コーヒーショップの売上分析でどのようなデータを使用するのかについて見ていきましょう。編集操作については、Part4以降で説明します。

> **解説** 本書で使用するサンプルデータについて
>
> 本書で使用しているExcelデータは、実際に本書の手順を見ながら試すことができるサンプルファイルとして用意されています。詳しくは、「練習ファイルのダウンロード方法」(P.6)をご覧ください。

● 週別売上明細

通常業務においてSQL Serverで管理されている週別売上明細データをExcelに読み込んだものです。本書では、「1_売上分析_開始_書籍用サンプル.xlsx」というファイルの「週別販売明細」シートに、サンプルの売上データが記載されています。

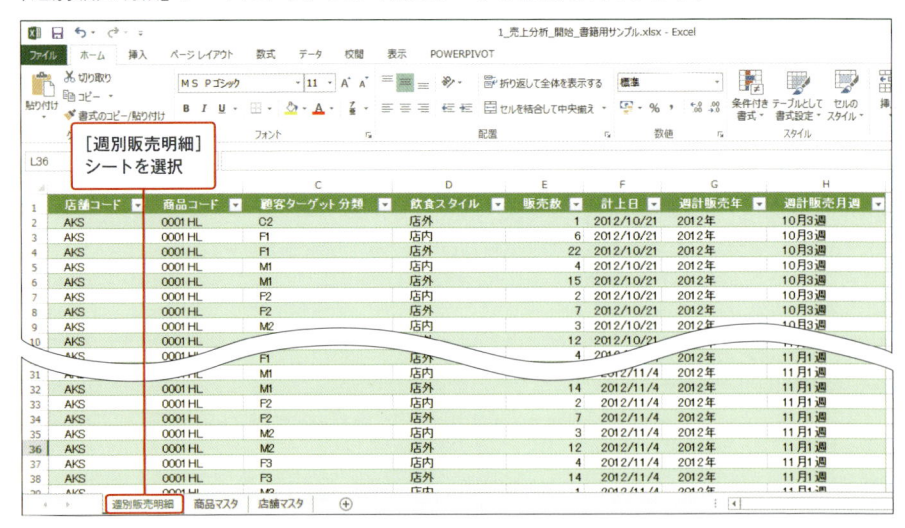

70　エクセルでできる！　ビッグデータの活用事例

「週別販売明細」シートには、次のデータが含まれています。

データ	概要
店舗コード	店舗ごとに割り当てられているコードが入力されています。
商品コード	商品に割り当てられているコードが入力されています。
顧客ターゲット分類	店員がレジでお客様の属性を入力したものです。詳しくは、「顧客分類」の概要（P.173）をご覧ください。
飲食スタイル	お客様が店内と店外のどちらで飲食したかが入力されています。
販売数	商品の販売数が入力されています。
計上日	売上を計上した日付が入力されています。
週計販売年	売上を計上した年が入力されています。
週計販売月週	何月の何週目に売上が計上されたかが入力されています。

● 商品マスタ

SQL Serverで管理されている商品情報のデータです。データは、週別売上明細と同じ「1_売上分析_開始_書籍用サンプル.xlsx」ファイルの、別ワークシート「商品マスタ」に読み込まれています。「週別販売明細」シートに記載されている「商品コード」と連携します。

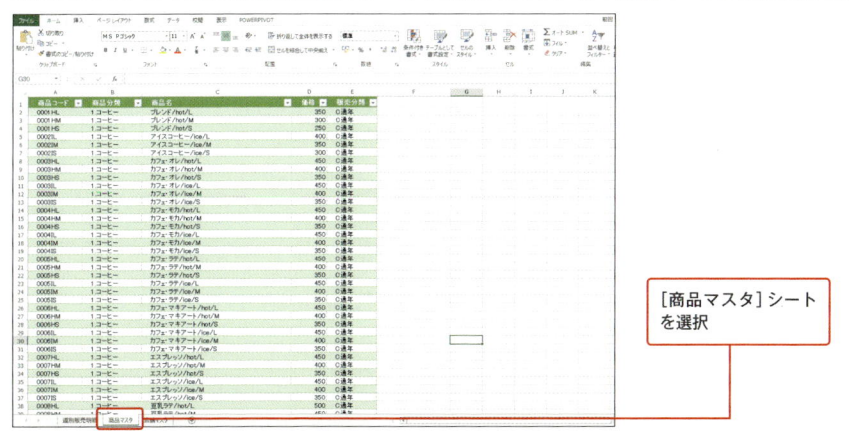

[商品マスタ]シートを選択

「商品マスタ」シートには、次のデータが含まれています。

データ	概要
商品コード	商品に割り当てられているコードが入力されています。
商品分類	商品の分類名が入力されています。
商品名	商品名が入力されています。
価格	商品の単価が入力されています。
販売分類	商品が販売されている時期が分類名として入力されています。

Part 3 コーヒーショップの売上データを分析して売上をアップする

● 店舗マスタ

SQL Serverで管理されている店舗情報のデータです。データは、週別売上明細と同じ「1_売上分析_開始_書籍用サンプル.xlsx」ファイルの、別ワークシート「店舗マスタ」に読み込まれています。「週別販売明細」シートに記載されている「店舗コード」と連携します。

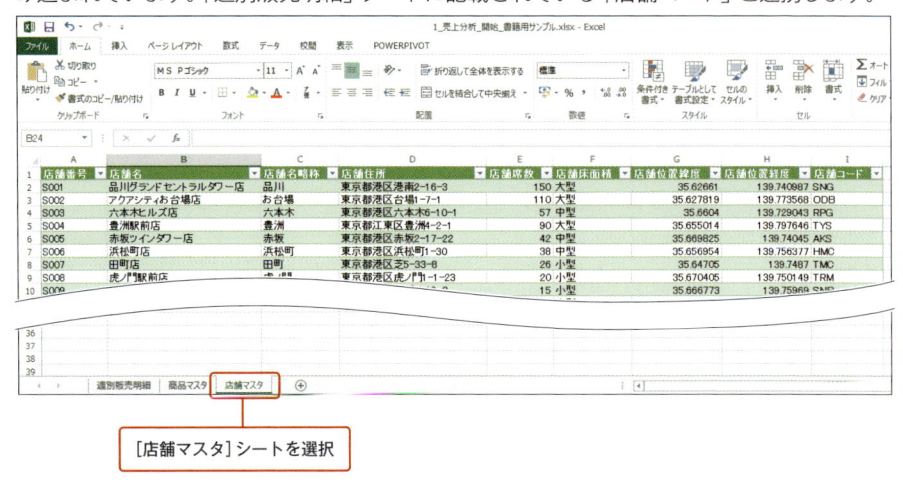

[店舗マスタ]シートを選択

「店舗マスタ」シートには、次のデータが含まれています。

データ	概要
店舗番号	店舗ごとに割り当てられている番号が入力されています。
店舗名	店舗名が入力されています。
店舗名略称	店舗名の略称が入力されています。
店舗住所	店舗の住所が入力されています。
店舗席数	店舗の席数が入力されています。
店舗床面積	店舗の床面積が入力されています。
店舗位置緯度	店舗の緯度が入力されています。
店舗位置経度	店舗の経度が入力されています。
店舗コード	店舗ごとに割り当てられているコードが入力されています。

> **ヒント 「マスタ」とは？**
>
> データベースで使用されることの多い「マスタ」というのは、「マスタテーブル」を省略した呼び方です。「マスター」という表記のこともあります。
> データベースでは、データの集まりをテーブルという容れ物の中に格納しています。たとえば、上記の店舗マスタの場合は、店舗の情報を示す「店舗番号」や「店舗名」といった項目（フィールド）名を持つテーブルということになります。

Column　Excelにデータベースからデータを取り込む

大規模な販売ネットワークを持つ組織などでは、通常、自社で用意したデータベースサーバーに、適切なアクセス制限のもとで売上データなどを蓄積しています。
Power BIでは、Power Queryを利用して、さまざまな種類のデータベースで管理されているデータをExcelのワークシート上に取り込むことができます。

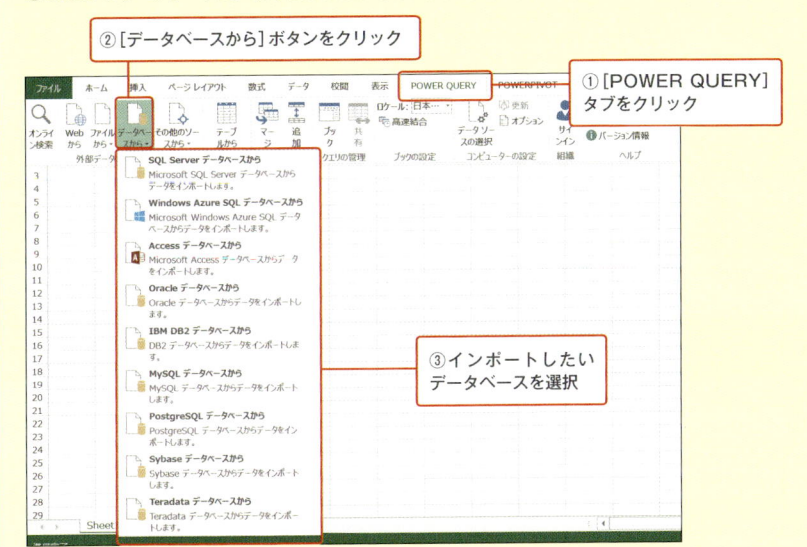

②[データベースから]ボタンをクリック

①[POWER QUERY]タブをクリック

③インポートしたいデータベースを選択

[その他のソースから]ボタンでは、Active DirectoryやSharePointリストといったさまざまなデータソースからデータを読み込むことができます。

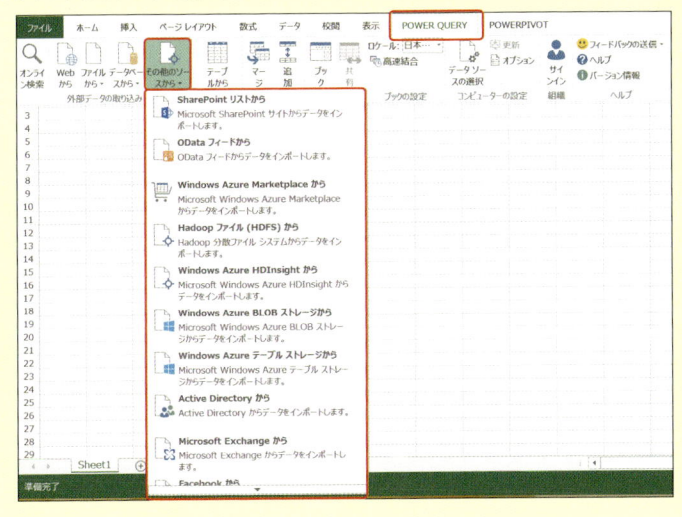

エクセルでできる！　ビッグデータの活用事例

Part 3　コーヒーショップの売上データを分析して売上をアップする

03 商品マスタのデータを編集して商品を細分類する

操作事例

売上分析を実施していくうえで、既存の「商品分類」が大まかなため、「商品細分類」という項目を付け加えます。その際、Excel 2013のフラッシュフィル機能を利用して、大量のデータを短時間で簡単に入力します。

フラッシュフィル機能を利用してラクに編集する

　Excelにすでにデータとして入力されている「商品名」のデータの一部を、新しく作成した「商品細分類」項目のデータとして利用します。たとえば、商品名が「ブレンド/hot/L」の場合、商品細分類には「ブレンド」が設定されます。

> **解説　フラッシュフィルとは？**
>
> 「フラッシュフィル」は、いくつかのセルに入力したデータから規則性を識別して、データを予測して瞬時に入力してくれるExcel 2013の機能のことです。

1　F列の作成

❶F2のセルに、「ブレンド」と入力し、[Enter]キーを押す。
❷F列が自動的に作成される。

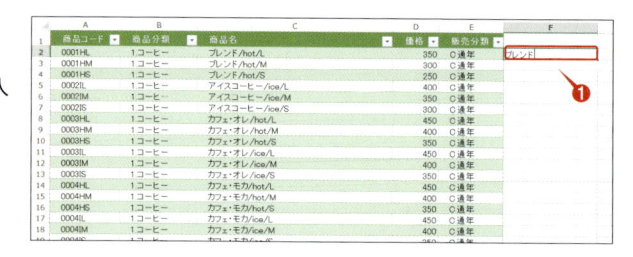

74　エクセルでできる！　ビッグデータの活用事例

2 フラッシュフィル機能でデータを入力

❸F3とF4のセルにも「ブレンド」と入力する。

> **解説 入力するデータ**
> ここでは、「商品名」列のデータにマッチした文字列を入力しています。

❹F5のセルに「あ」と入力してから、[F7]キーを押す。

> **解説 カタカナへの変換**
> ここでは、[F7]キーを押して、「あ」をカタカナに変換しています。

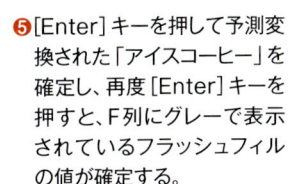

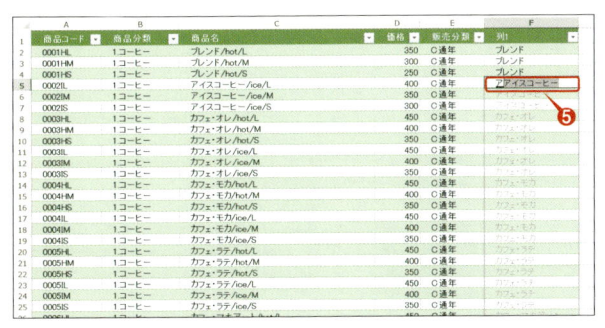

❺[Enter]キーを押して予測変換された「アイスコーヒー」を確定し、再度[Enter]キーを押すと、F列にグレーで表示されているフラッシュフィルの値が確定する。

3 タイトルを設定

❻F列のタイトルに「商品細分類」と入力する。

エクセルでできる！ ビッグデータの活用事例 75

04 データを関連付け用の領域に追加する

概要／操作

Power BIでデータを分析するためには、Excelに取り込んだそれぞれのデータを関連付けるための特別な領域に追加する必要があります。これによって、個々のデータを分析やレポートで使用できるようになります。

PowerPivotによるデータの管理

ここまで見てきたように、Power BIでは非常に多くのデータソースをサポートしています。Excelに読み込んだ複数のデータソースに含まれる個々のデータを分析するためには、特別な領域に読み込んで、仮想的なデータ構造を作成します。

そのうえで、個々のデータを関連付ける作業を行っていきます。この作業をリレーションシップの作成と呼びます。詳しくは、「PowerPivotの概要」(P.24) をご覧ください。

解説 データモデリングとは

BIにおいて、レポートや分析を効果的／効率的に行うために、複数のデータソースから読み込んだ雑多なデータを組織化して分析モデルを構築することを意味します。Power BIでは、次に説明するテーブル間のリレーションシップの作成とあわせて、データモデルの作成を行います。

売上分析におけるデータモデルの作成

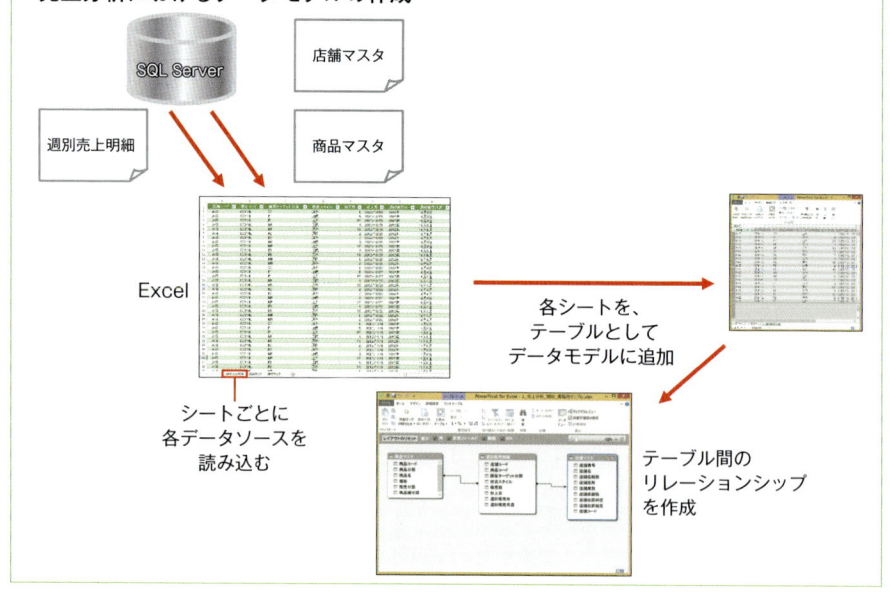

- SQL Server
- 店舗マスタ
- 週別売上明細
- 商品マスタ

Excel ― シートごとに各データソースを読み込む

各シートを、テーブルとしてデータモデルに追加

テーブル間のリレーションシップを作成

76　エクセルでできる！ ビッグデータの活用事例

商品マスタをデータモデルに追加する

1 データモデルに追加

❶ [商品マスタ] シートを表示する。
❷ [POWERPIVOT] タブをクリックする。
❸ [データモデルに追加] ボタンをクリックする。

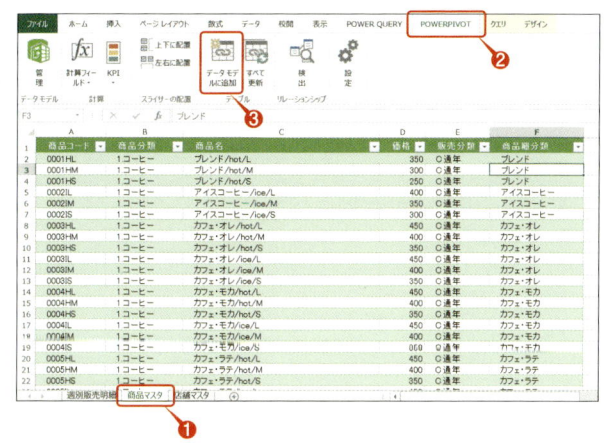

2 PowerPivot ウィンドウの表示

❹ 商品マスタがデータモデルに追加される。
❺ [×] をクリックして、Power Pivot ウィンドウを閉じる。

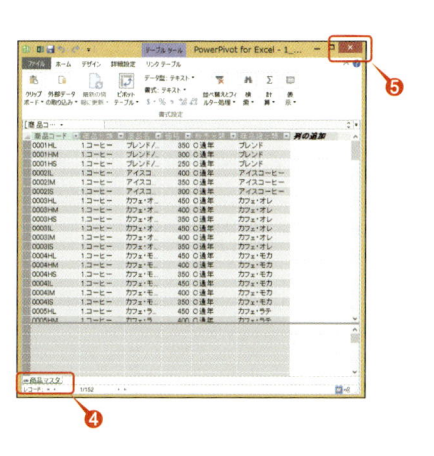

> **ヒント　モデリングの順番**
>
> Excelに読み込んだデータソースをデータモデルに追加する際の優先順位はありません。

解説　PowerPivot ウィンドウの表示方法

[POWERPIVOT] タブで、データモデルの [管理] ボタンをクリックすると、「PowerPivot」画面を表示できます。

エクセルでできる！　ビッグデータの活用事例　77

店舗マスタをデータモデルに追加する

1 データモデルに追加

❶[店舗マスタ]シートを表示する。
❷[POWERPIVOT]タブをクリックする。
❸[データモデルに追加]ボタンをクリックする。

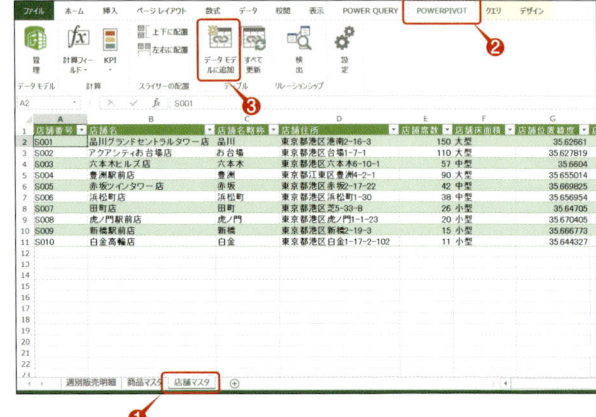

2 PowerPivot ウィンドウの表示

❹店舗マスタがデータモデルに追加される。
❺[×]をクリックして、Power Pivot ウィンドウを閉じる。

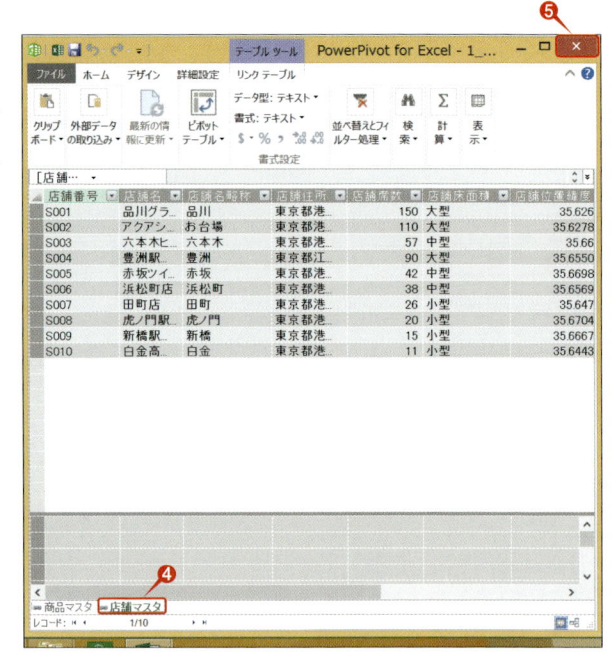

週別販売明細をデータモデルに追加する

1 データモデルに追加

❶ [週別販売明細] シートを表示する。
❷ [POWERPIVOT] タブをクリックする。
❸ [データモデルに追加] ボタンをクリックする。

2 PowerPivot ウィンドウの表示

❹ 週別販売明細がデータモデルに追加される。
❺ [×] をクリックして、PowerPivot ウィンドウを閉じる。

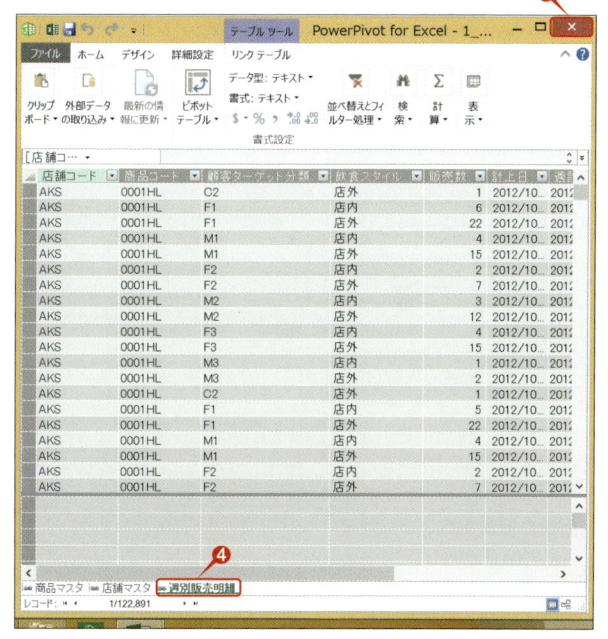

エクセルでできる！ ビッグデータの活用事例

Part 3　コーヒーショップの売上データを分析して売上をアップする

05 テーブル間のリレーションシップを作成する

操作事例

データモデルに追加したテーブル間で関連するデータを連携します。Power Pivotでは、ダイアグラムビューを利用して、関連付け用の領域に読み込んだテーブル間でリレーションシップを作成できます。

週別販売明細と商品マスタの商品コードを関連付ける

「週別販売明細」に記載されている商品の情報は「商品コード」のみであるため、ここから商品名はすぐにはわかりません。そこで、「商品マスタ」と関連付けてみましょう。

解説　リレーションシップを作成するための条件

テーブルのリレーションシップを作成する場合は、それぞれのテーブルに、同じ値を含む列が必要です。列同士が同じ名称の場合は、Excelが自動的に見つけてくれます。

1 ダイアグラムビューへの切り替え

❶[POWERPIVOT]タブで[管理]ボタンをクリックする。

❷「PowerPivot ウィンドウ」画面で[ダイアグラムビュー]ボタンをクリックする。

解説　ダイアグラムビューとは

ダイアグラムビューは、テーブルを視覚的に表示し、リレーションシップや階層を簡単に編集するために用意されているビューです。
これに対して通常のビューのことをデータビューと呼びます。

❸ダイアグラムビューが表示される。

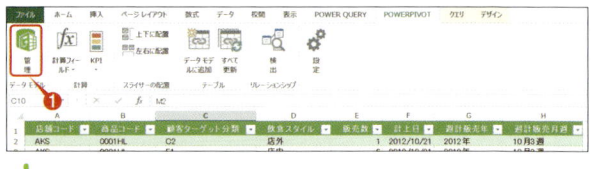

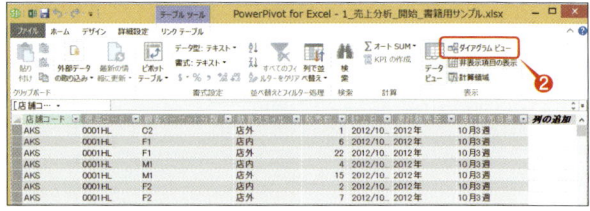

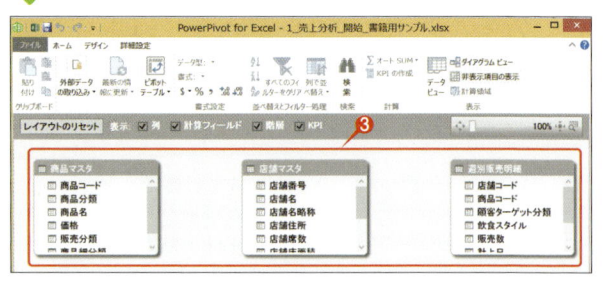

80　エクセルでできる！　ビッグデータの活用事例

2 商品コードのリレーションシップを作成

❹「週別販売明細」テーブルの[商品コード]を右クリックする。

❺表示されたメニューから、[リレーションシップの作成]をクリックする。

❻「関連する参照テーブル」欄から[商品マスタ]を選択する。

❼「関連する参照列」に自動的に「商品コード」が設定されることを確認する。

❽[作成]ボタンをクリックする。

❾商品コードのリレーションシップが作成される。

ヒント ビューの切り替え

画面下のアイコンをクリックして、ビューを切り替えることもできます。

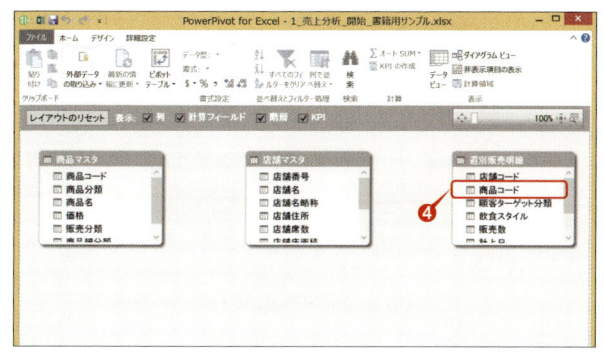

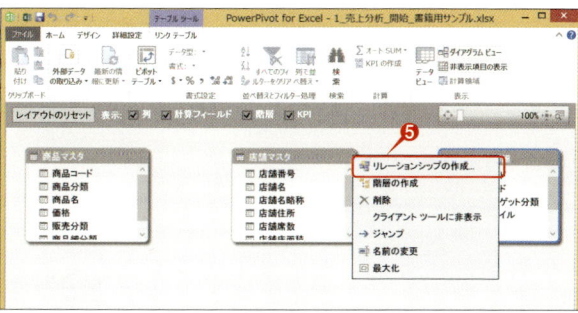

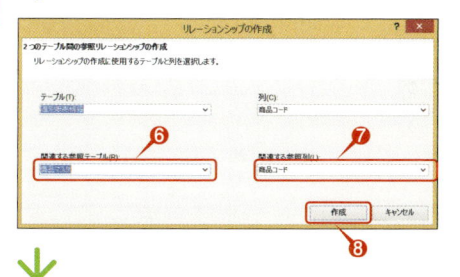

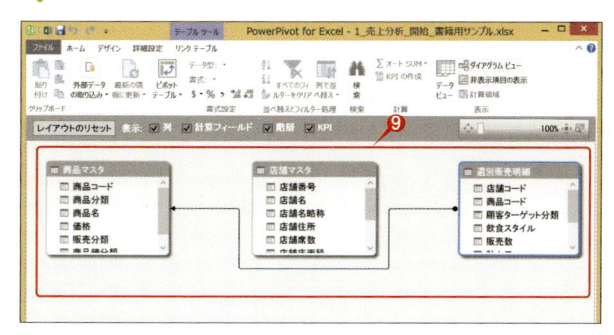

エクセルでできる！ ビッグデータの活用事例 81

Part 3 コーヒーショップの売上データを分析して売上をアップする

解説 テーブルの移動と大きさの変更

ダイアグラムビューに表示されているそれぞれのテーブルは、タイトル部分をドラッグして自由に移動し、リレーションシップの矢印をわかりやすく表示することができます。また、テーブルの角などをドラッグすると、テーブルの大きさを変更することができます。

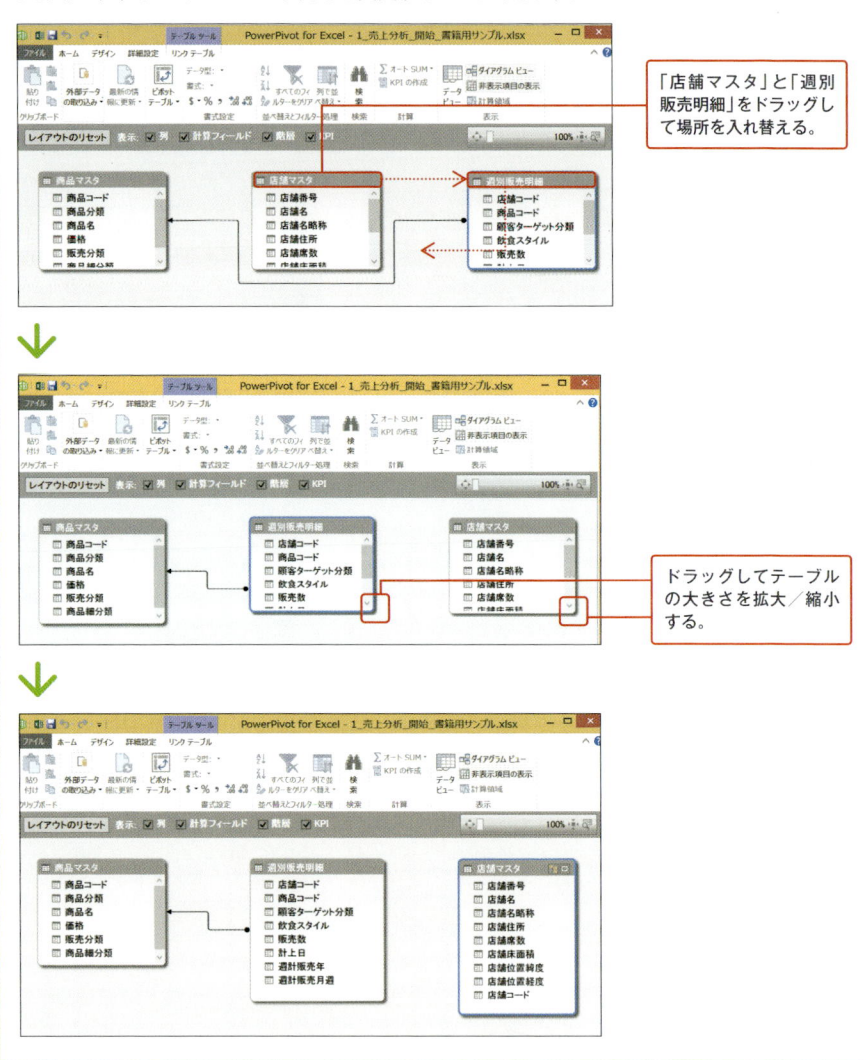

「店舗マスタ」と「週別販売明細」をドラッグして場所を入れ替える。

ドラッグしてテーブルの大きさを拡大／縮小する。

82 エクセルでできる！ ビッグデータの活用事例

週別販売明細と店舗マスタの店舗コードを関連付ける

「週別販売明細」に記載されている店舗の情報は「店舗コード」のみであるため、「店舗マスタ」と関連付けてみます。ここでは、ドラッグでリレーションシップを設定してみます。

1　店舗コードのリレーションシップを作成

❶「週別販売明細」テーブルの[店舗コード]を、「店舗マスタ」テーブルの[店舗コード]にドラッグする。

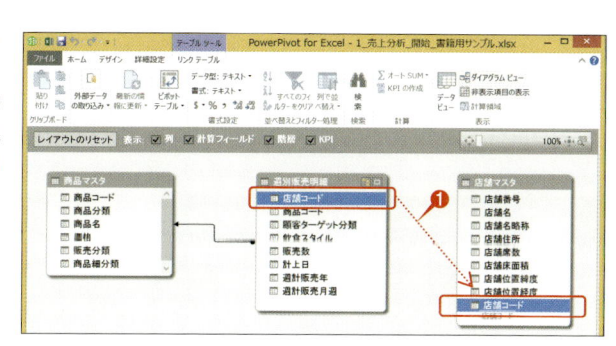

↓

❷店舗コードのリレーションシップが設定される。

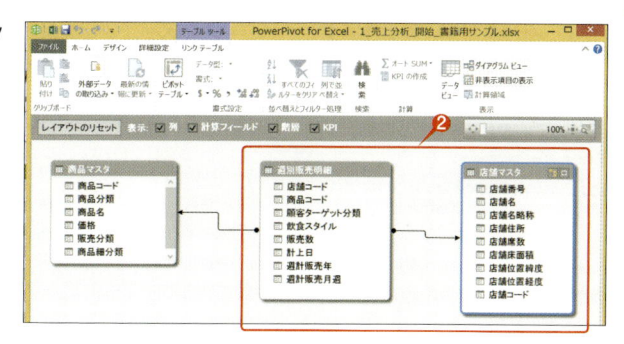

Column　リレーションシップとは

リレーションシップと聞くとMicrosoft Accessを思い浮かべますが、Excelでもリレーションシップは利用できます。
リレーションシップはテーブルを関連付ける意味になります。ここでは、テーブルは各シート名を指しています。

Part 3　コーヒーショップの売上データを分析して売上をアップする

06 売上金額を計算するための列を追加する

操作事例

さまざまな角度から売上分析を行うために、すでにあるデータをもとにさらなるデータを計算したいことがあります。ここでは、別のテーブルで管理されている商品の個数と価格から売上金額を計算するための列を追加してみましょう。

テーブルツールで計算式を追加する

「週別販売明細」テーブルに新しい列を追加して、「週別販売明細」テーブルの販売数と「商品マスタ」の価格から、売上金額を計算する数式を設定します。

> **ヒント　Excelで売上金額を作成するには**
>
> Excelに戻り、データを検索するためのVLOOKUP関数を利用して売上金額列を作成することもできますが、ここではPowerPivotで作成する方法について説明します。

1 データビューへの切り替え

❶「PowerPivot ウィンドウ」画面で[データビュー]ボタンをクリックする。

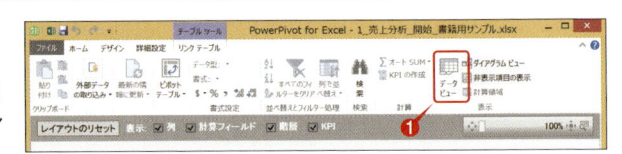

2 新しい列に、売上金額を計算する数式を設定

❷[週別販売明細]を選択する。
❸「列の追加」をクリックして、新規の列を選択する。
❹以下の数式を設定して、[Enter]キーを押す。

=[販売数]＊RELATED('商品マスタ'[価格])

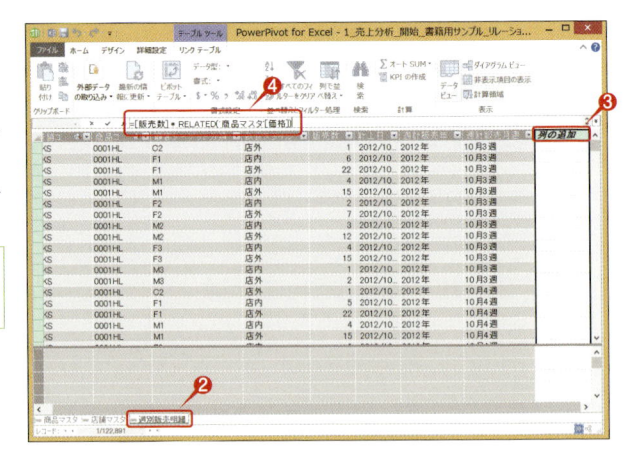

84　エクセルでできる！ ビッグデータの活用事例

3 売上金額の表示

❺売上金額が表示される。
❻新しく追加した行のタイトルを「売上額」に設定する。

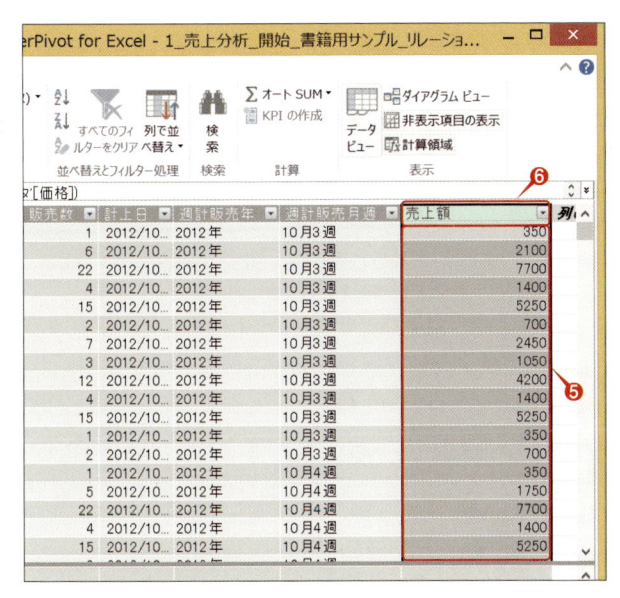

解説 候補の選択によって数式を簡単に設定する方法

PowerPivot ウィンドウでは、次の手順で、表示された候補を選択していくことで、簡単に数式を入力していくことができます。

①数式に「=[」と入力し、表示された候補から「[販売数]」を選択する。

②続けて「*R」と入力し、表示された候補から「RELATED」を選択する。

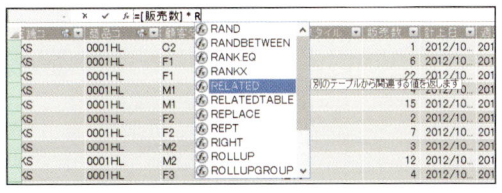

③さらに続けて「'」と入力し、表示された候補から「'商品マスタ'[価格]」を選択する。

④これによって、最終的な数式が設定される。

エクセルでできる！ ビッグデータの活用事例　85

Part 3　コーヒーショップの売上データを分析して売上をアップする

07 テーブル項目の階層を編集する

操作事例

Excelから追加したテーブルの項目は同じ階層に並んでいます。ここでは、同じ系列の「商品分類」項目と「商品細分類」項目を、新しく作成した「分類」項目の中に階層構造としてまとめます。

ドラッグ&ドロップで簡単に階層を設定する

1　ダイアグラムビューへの切り替え

❶「PowerPivot ウィンドウ」画面で[ダイアグラムビュー]ボタンをクリックする。

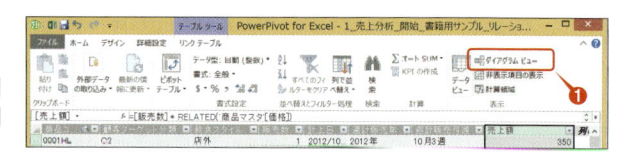

2　階層の追加

❷「商品マスタ」テーブルを選択する。
❸「商品マスタ」テーブルの階層作成ボタンをクリックする。
❹新しい階層が追加されるので、「分類」と入力する。

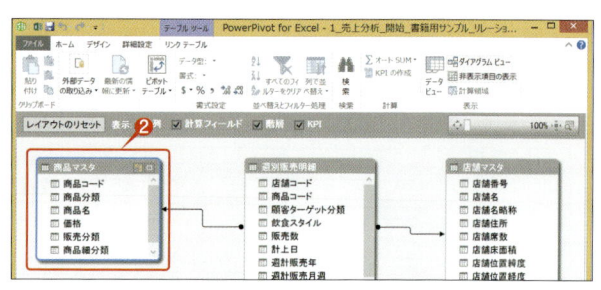

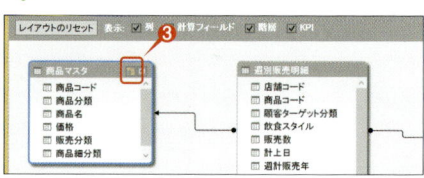

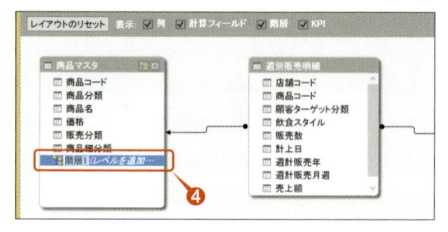

86　エクセルでできる！　ビッグデータの活用事例

3 項目のコピー

❺「商品分類」を「分類」へドラッグする。
❻ 同様に「商品細分類」を「分類」へドラッグする。

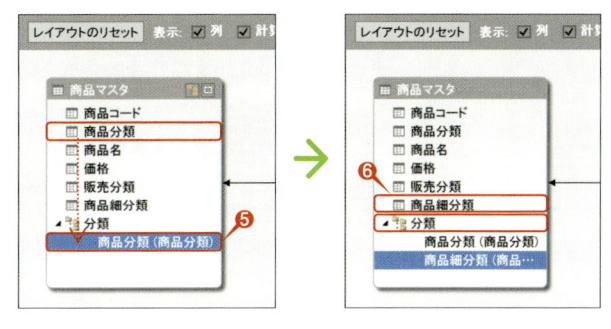

4 項目名の変更

❼ 移動した[商品分類]を右クリックし、[名前の変更]をクリックする。
❽ 項目名を変更できるようになる。
❾ 項目名を「カテゴリ」に変更する。

> **解説 マスタ名称の( )について**
> ( )の中には、元の項目名が表示されています。

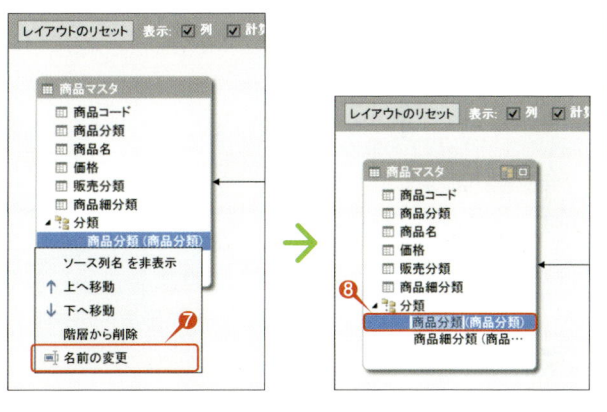

❿ 手順❼〜❾と同様に、項目名「商品細分類」を「サブカテゴリ」に変更します。

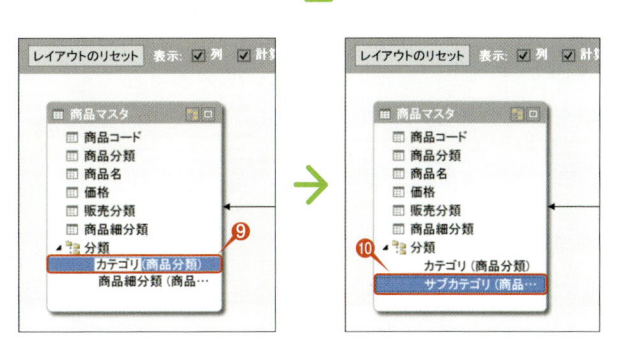

エクセルでできる! ビッグデータの活用事例 87

Part 3　コーヒーショップの売上データを分析して売上をアップする

08 分析に使用しない項目を非表示にする

操作事例

ここまでの手順で、テーブル上には階層化された列とそうでない列が混在しています。また、コードなどの分析では必要なさそうな項目もテーブルに表示されているので、それらの項目を非表示にしておきます。

テーブル項目の表示／非表示を切り替える

1 「店舗マスタ」テーブルの非表示項目を設定

❶「店舗マスタ」テーブルで、非表示にしたい項目を選択する。ここでは、以下の非表示項目を選択している。
- 店舗番号
- 店舗名
- 店舗床面積
- 店舗位置緯度
- 店舗位置経度
- 店舗コード

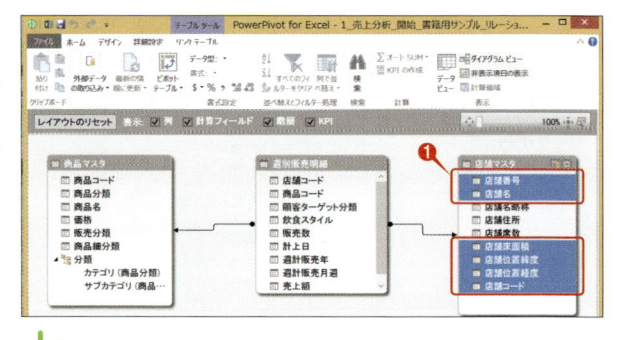

解説　複数の項目を選択するには

[Ctrl]キーを押しながら項目をクリックすると、複数の項目を選択できます。

❷「店舗番号」を右クリックして表示されるメニューから[クライアントツールに非表示]をクリックする。

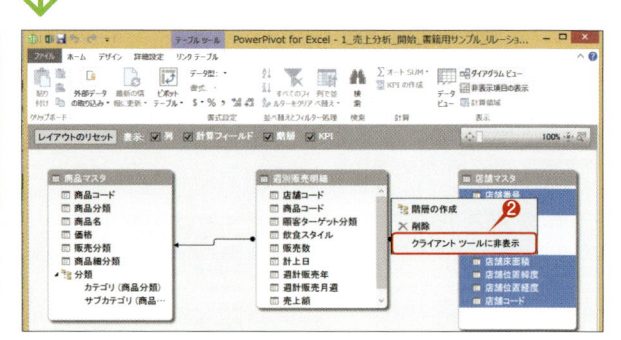

解説　非表示を解除するには

非表示に設定されている項目は薄いグレーで表示されます。
非表示状態を解除するには、項目を右クリックして表示されるメニューから[クライアントツールに表示]を選択してください。

88　エクセルでできる！　ビッグデータの活用事例

2 「週別販売明細」テーブルで非表示項目を設定

❸ ❶〜❷と同じ手順で、項目を選択し、右クリックして表示されるメニューから[クライアントツールに非表示]をクリックする。ここでは、以下の項目を非表示に設定している。
・店舗コード
・商品コード
・販売数
・計上数

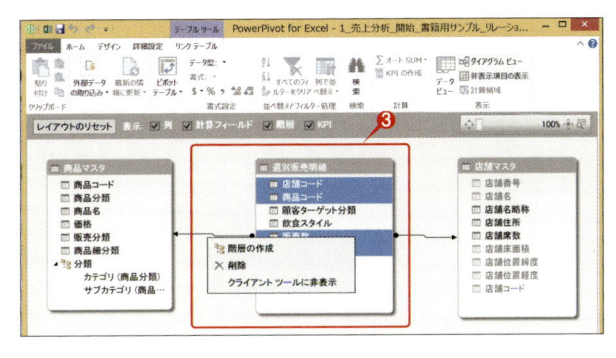

3 「商品マスタ」テーブルで非表示項目を設定

❹ ❶〜❷と同じ手順で、項目を選択し、右クリックして表示されるメニューから[クライアントツールに非表示]をクリックする。ここでは、以下の項目を非表示に設定している。
・商品コード
・商品分類
・商品細分類

❺非表示項目が設定される。

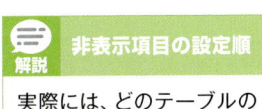

> **解説 非表示項目の設定順**
>
> 実際には、どのテーブルの順番で非表示項目を設定してもかまいません。

❻[×]ボタンをクリックして「PowerPivot ウィンドウ」画面を閉じる。

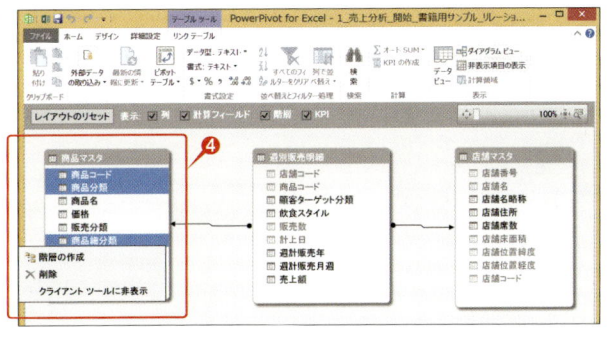

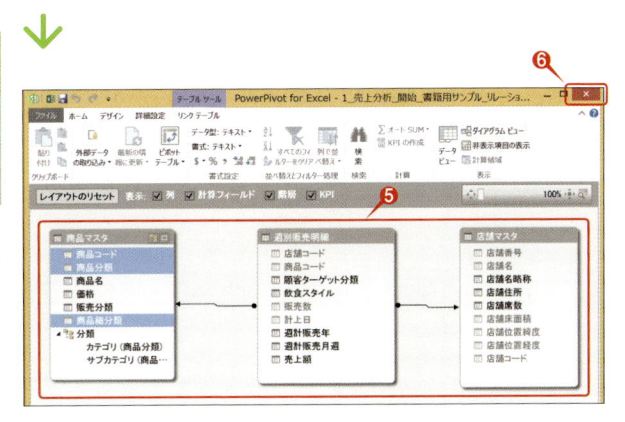

エクセルでできる! ビッグデータの活用事例 89

Part 3　コーヒーショップの売上データを分析して売上をアップする

09 Power Viewを用いて分析用のシートを作成する

操作事例

ここまで作成してきたデータを用いて分析を行うために、作業のベースとなるシートを作成します。Power BIでは、分析用のシートをワンクリックで簡単に作成することができます。

PowerPivotの設定をもとにPower Viewシートを自動的に作成する

1　Power Viewシートの作成

❶一番右のデータシートを表示する。

解説　シートの作成位置

Power Viewの分析シートは、現在表示されているシートの右側に作成されます。また、ここではデータがない状態でPower Viewシートを作成するために、データが入力されていないセルを選択するようにしてください。

❷[挿入]タブをクリックする。
❸[パワービュー]ボタンをクリックする。
❹PowerPivotの設定が解析され、[Power View1]という名前でシートが作成される。
❺シートサイズの自動調整を無効にするには、[ビュー]ボタン→[ウィンドウ幅に合わせる]をクリックする。

解説　ビューをウィンドウ幅に合わせる

既定では、シートのサイズはウィンドウに合わせて調整されるようになっています。無効にした場合、ビューの隠れている部分はスクロールで表示できます。

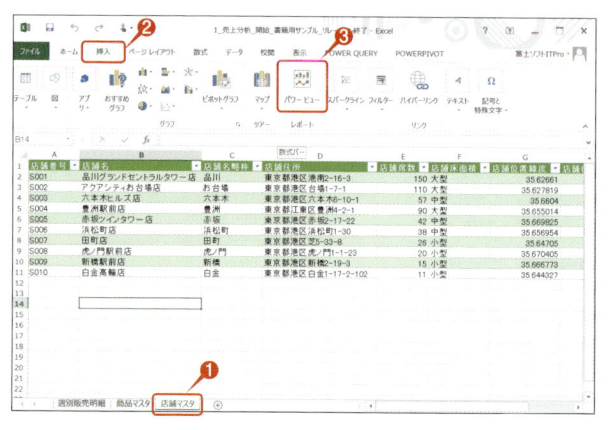

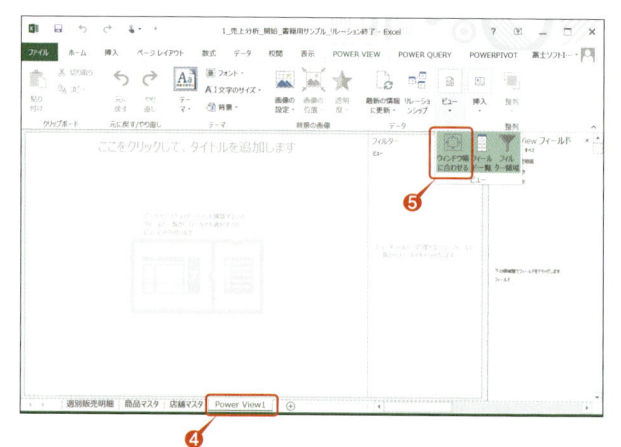

複数のPower Viewシートを作成する

[挿入] タブ→ [パワービュー] ボタンをクリックすると、複数のPower Viewシートを作成できます。異なる切り口の分析パターンを保存しておきたいときに便利です。

次の画面が表示されたら、[Power Viewシートの作成] を選択して [OK] ボタンをクリックしてください。

新しいシートを作成するのではなく、既存のシートにデータを追加したい場合は、[選択したデータを既存のPower Viewシートに追加] を選択してから、追加するシートを選択して、[OK] ボタンをクリックしてください。

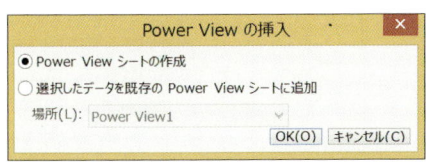

Power Viewシートの基本構成

Power Viewシートの構成と基本的な操作方法について説明します。

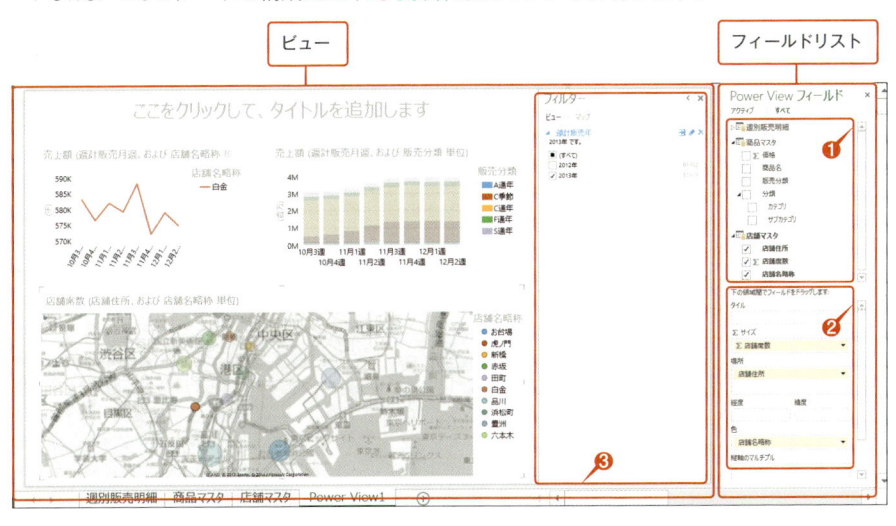

No.	名称	概要
❶	フィールドセクション	分析の基本となるテーブルとフィールドが表示されます。 テーブル名を展開すると、テーブルのフィールドが表示されます。フィールドをクリックして選択すると、フィールドがビューに追加されます。
❷	レイアウトセクション	フィールドレイアウトオプションが表示されます。ビューで選択したグラフやマップなどの視覚エフェクトによって表示されるオプションは異なります。グラフを選択した場合、「値」「軸」凡例」などのボックスが表示されます。オプションのボックスにフィールドを設定するには、フィールドセクションのフィールドをそれぞれのボックス上までドラッグするか、フィールド名の横にある▼をクリックしてオプションを選択します。
❸	フィルター	データに対してフィルター処理を行って、注目するデータのみを絞り込んで表示するための設定エリアです。 シートまたはビューのすべての視覚エフェクトにフィルターを適用できるほか、ビューで選択したグラフなどの視覚エフェクトに対して個別にフィルターを設定することもできます。 フィルターを設定したいフィールドは、フィールドセクションからドラッグするか、フィールド名の横にある▼をクリックして選択します。

エクセルでできる！ ビッグデータの活用事例

Part 3　コーヒーショップの売上データを分析して売上をアップする

10 管轄エリアの店舗の売上推移を確認する

操作事例

作成されたPower Viewシート上で、売上推移の分析を開始します。まず手始めに、週計販売月週ごとの売上額のグラフを作成して、どの店舗で販売が伸びているか、あるいは低迷しているかを把握してみましょう。

週ごとの売上額をグラフで表示する

1 フィールドの選択

❶ フィールドセクションで［週計販売月週］と［売上額］にチェックを入れる。
❷ ビューにフィールドのデータが表示される。

2 グラフの作成

❸［デザイン］タブで、［その他のグラフ］ボタンをクリックし、［線］をクリックする。
❹ 折れ線グラフが作成される。
❺ グラフの表示エリアをドラッグし、大きさや位置を調整する。

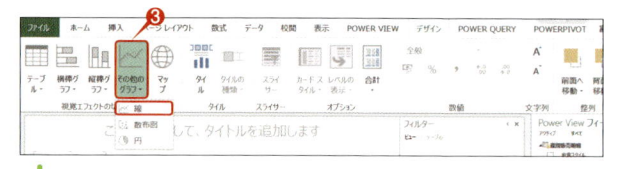

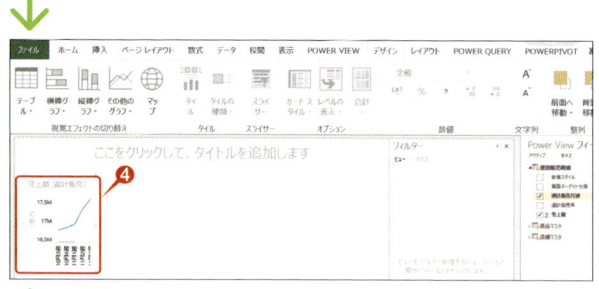

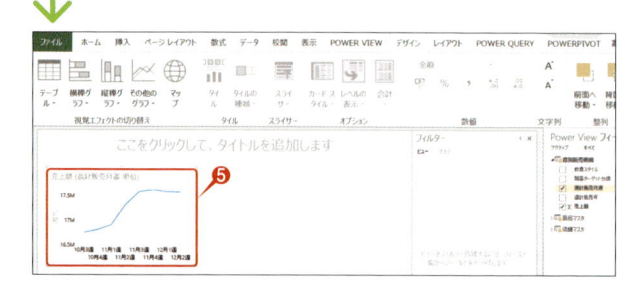

92　エクセルでできる！　ビッグデータの活用事例

販売年ごとの売上推移を表示する

売上推移を販売年ごとに分けて表示するように、凡例に「週計販売年」を設定します。

1 凡例に「週計販売年」を設定

❶ フィールドセクションの「週計販売年」にマウスポインターを合わせたときに表示される、右端の▼をクリックする。

> **解説 フィールドメニュー**
>
> ここで表示されるメニューからは、フィルターを含め、フィールドに対するさまざまな操作を選択できます。

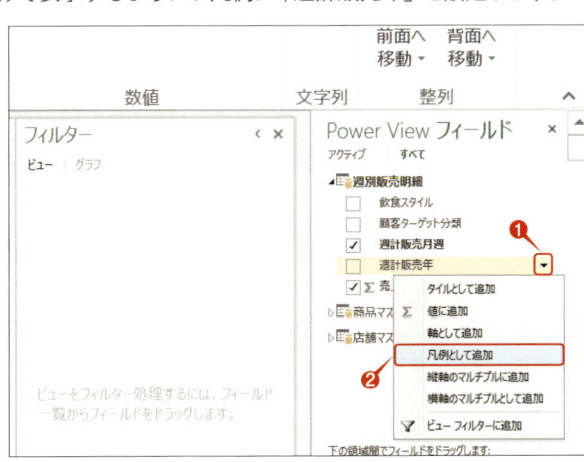

❷ [凡例として追加] をクリックする。

❸ レイアウトセクションの「凡例」欄に [週計販売年] が設定される。

❹ グラフに凡例 [週計販売年] が追加され、販売年ごとに売上推移が表示されるようになった。

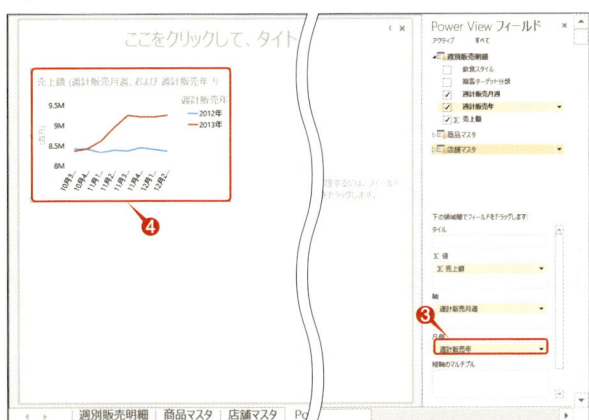

> **ヒント ドラッグ&ドロップでグラフのレイアウトを設定**
>
> フィールドセクションのフィールドを、レイアウトセクションのボックスにドラッグして設定を変更することも可能です。

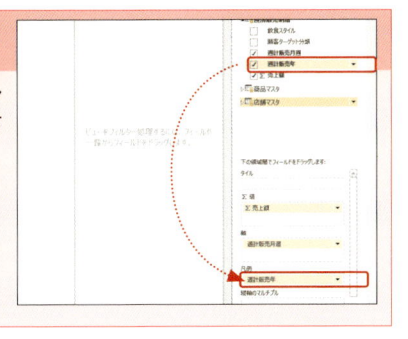

エクセルでできる！ ビッグデータの活用事例

Part 3　コーヒーショップの売上データを分析して売上をアップする

グラフを拡大表示して見やすくする

ビューに表示されているグラフを見やすく表示するために、拡大表示してみましょう。

1　グラフのを拡大表示する

❶ グラフにマウスポインターを合わせたときに右上に表示される［ポップアウト］ボタンをクリックする。

❷ グラフが拡大されて、ビューの全画面で表示される。

解説　売上傾向の気づき

このグラフからは、昨年度（2012年）と比較して、今年度（2013年）の売上額が11月から大きく上昇しているのがはっきりと見て取れます。

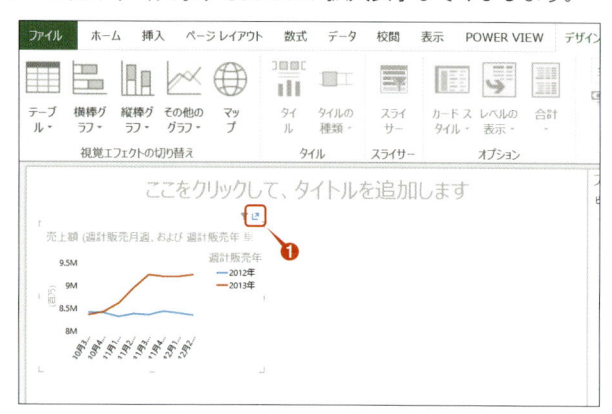

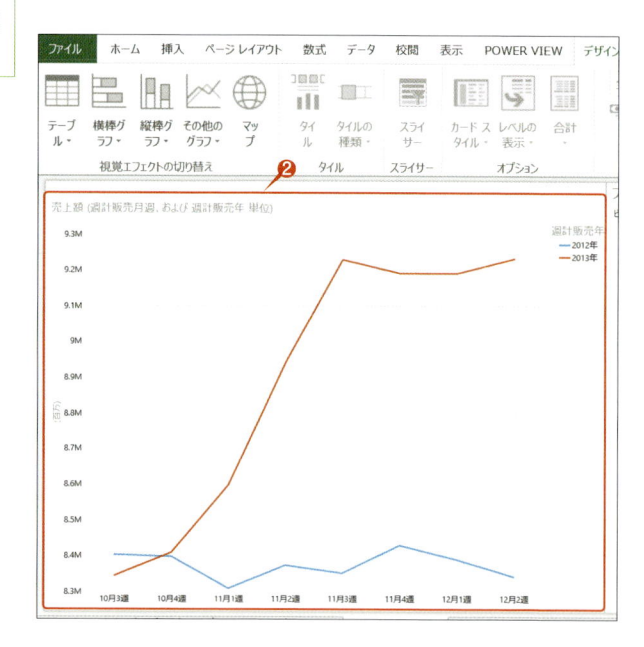

94　エクセルでできる！　ビッグデータの活用事例

店舗別の売上推移を表示する

　それぞれの店舗ではどのような推移があるのかを調べてみましょう。売上推移を店舗ごとに分けて表示するには、凡例に「店舗名略称」を設定します。

1 凡例に「店舗名略称」を設定

❶「店舗名略称」のフィールドメニューから[凡例として追加]を選択する。

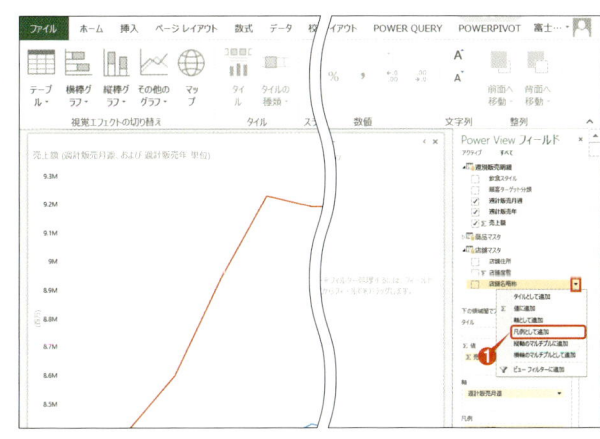

↓

❷凡例に「店舗名略称」が設定され、店舗ごとの売上推移が表示されるようになった。

> **解説　店舗ごとの売上傾向の気づき**
>
> このグラフからは、11月以降「お台場店」と「品川店」の売上が伸びているように見えますが、断定するには、もう少し詳しく調べてみる必要がありそうです。

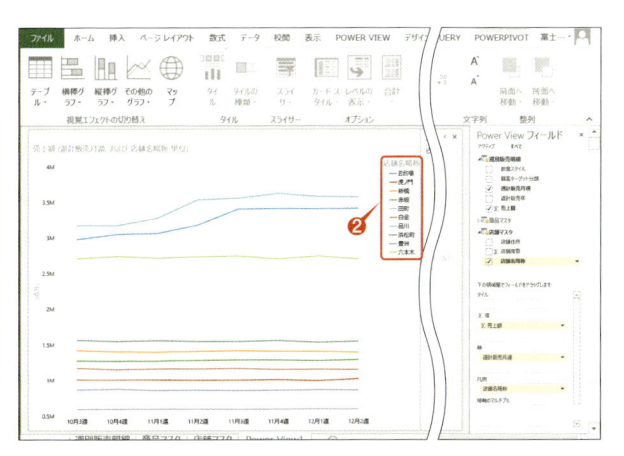

エクセルでできる！　ビッグデータの活用事例

Part 3　コーヒーショップの売上データを分析して売上をアップする

フィルターで年度を切り替えて表示する

　店舗ごとの売上がどの時点から上昇しているのかを詳しく調べるために、売上推移を年度別に表示するためのフィルターを設定してみましょう。

1 グラフの選択を解除

❶グラフのないところをクリックして、グラフの選択を解除する。フィールドにいずれにもチェックが入っていないことを確認する。

> **解説　シート全体のフィルター設定**
>
> グラフの選択を外すことで、1つのグラフではなく、シート全体に対して［週計販売年］でフィルターをかけるための設定を追加できるようになります。

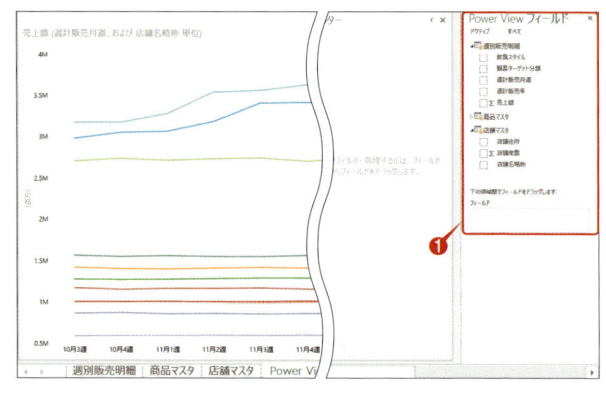

2 ビュー全体にフィルターを設定

❷「週計販売年」のフィールドメニューから［ビューフィルターに追加］を選択する。

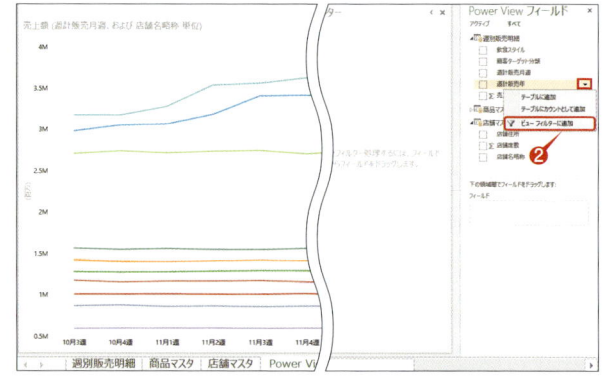

96　エクセルでできる！　ビッグデータの活用事例

❸ビューフィルターに「週計販売年」が追加される。

💬解説 **フィルターが反映される範囲**

このフィルター設定はビュー全体に反映されます。たとえばビューに複数のグラフやマップがある場合、同時にフィルターの設定が反映され、データが絞り込まれて表示されます。

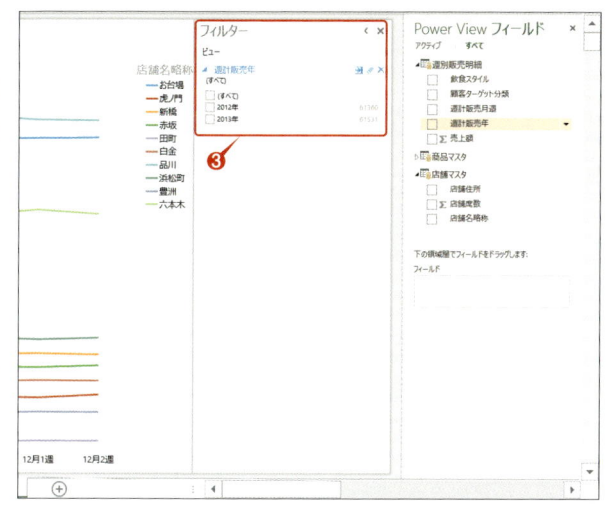

3 フィルターをかけて年度別の売上推移を分析

❹「週計販売年」フィルターの[2013年]にチェックを入れる。
❺2013年度の店舗別売上推移がグラフに反映される。

💬解説 **店舗ごとの年度別売上傾向の気づき**

グラフからは、2013年度の品川とお台場の2店舗の売上がぐんとアップしているのがわかります。
この2店舗でいったいどのような商品が売れているのかが知りたいところです。

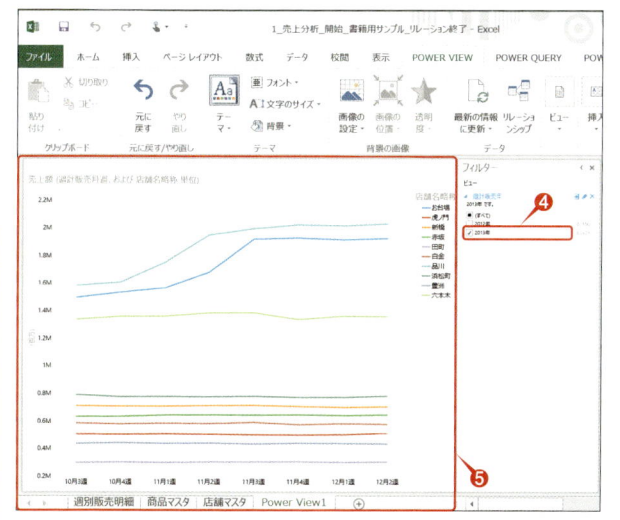

エクセルでできる！　ビッグデータの活用事例

Part 3　コーヒーショップの売上データを分析して売上をアップする

11 商品カテゴリによる売上傾向の把握

操作事例

これまでの分析で、お台場と品川の2店舗で11月からの売上がアップしていることがわかりました。ここでは、どの商品がよく売れているのかを「商品カテゴリ」の視点で分析してみます。

商品カテゴリの売上を把握するグラフを作成する

　ここまで作成してきたグラフとは別に、カテゴリ別の売上構成を調べるために、新しくグラフを作成します。

1 グラフを縮小する

❶グラフにマウスポインターを合わせたときに右上に表示される[ポップイン]ボタンをクリックする。
❷グラフがビューに縮小して表示される。

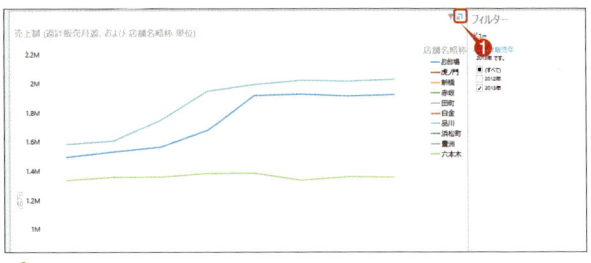

2 新しいグラフを作成

❸フィールドセクションで、[週計販売月週]と[売上額]にチェックを入れる。

> **解説　新しいグラフを作成する前に**
> 既存のグラフが選択されている場合は、グラフのないところをクリックして、グラフの選択を解除し、フィールドにいずれにもチェックが入っていないことを確認してください。

❹ビューに新しいデータが追加されます。

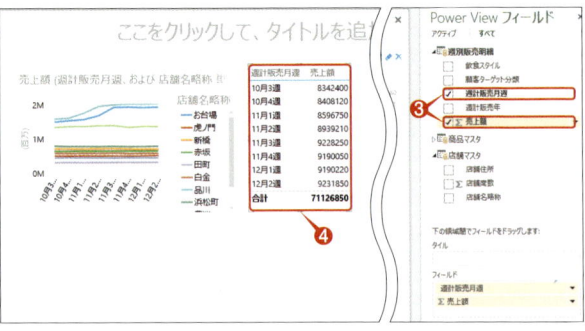

98　エクセルでできる！　ビッグデータの活用事例

❺[デザイン]タブで、[縦棒グラフ]ボタンをクリックし、[積み上げ縦棒]をクリックする。
❻積み上げグラフが作成される。

> **解説 積み上げグラフの効果**
>
> 積み上げグラフは棒グラフの一種ですが、それぞれの項目の全体に対する比率が色分けされて積み上げ表示されるため、視覚的/直感的に把握しやすいという特長があります。

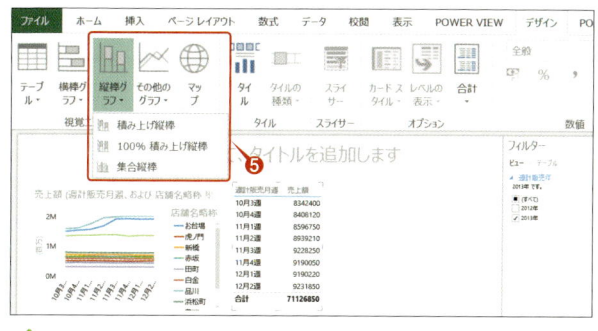

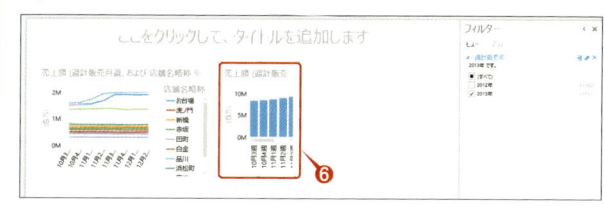

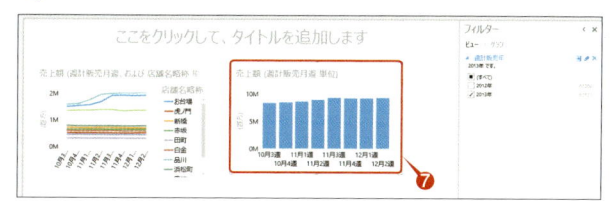

❼グラフの表示エリアをドラッグし、大きさや位置を調整する。

3 凡例に[カテゴリ]を設定

❽「分類」→「カテゴリ」のフィールドメニューから[凡例として追加]を選択する。
❾レイアウトセクションの「凡例」ボックスに「カテゴリ」が設定される。
❿グラフに凡例「カテゴリ」が追加され、カテゴリごとの売上が表示されるようになった。

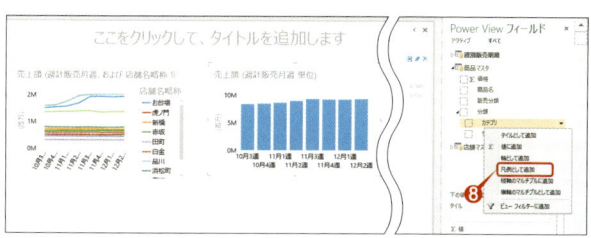

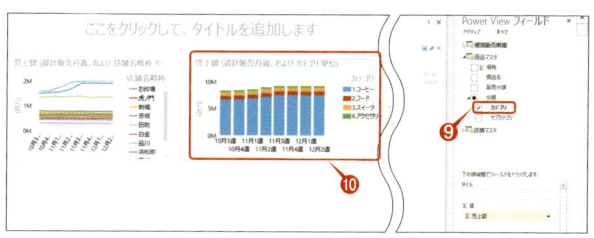

フィルターで特定の店舗のみを選択して分析する

特定の店舗における売上を調べたい場合は、「店舗名略称」で絞り込んで表示するためのグラフフィルターを追加します。

1 グラフを拡大表示する

❶ グラフにマウスポインターを合わせたときに右上に表示される［ポップイン］ボタンをクリックする。

❷ グラフがビューに拡大して表示される。

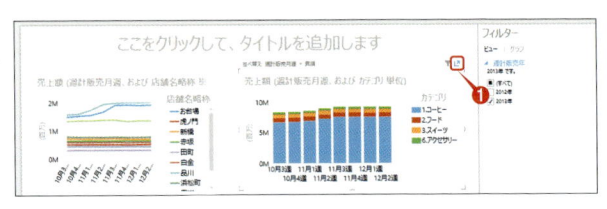

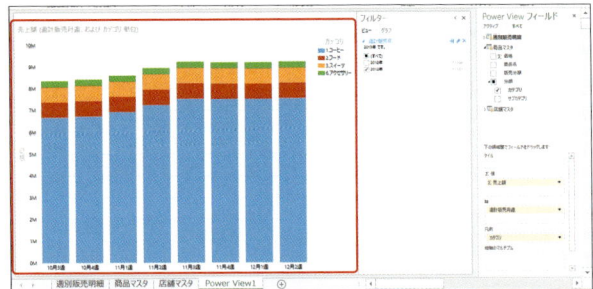

2 グラフにフィルターを追加

❸「店舗名略称」のフィールドメニューから［グラフフィルターに追加］を選択する。

❹ グラフフィルターに「店舗名略称」が追加される。

解説 フィルターが反映される範囲

ここで設定したフィルターは、特定のグラフにのみ反映されます。
グラフ項目として設定されているフィールドは、グラフフィルターに追加しなくてもフィルターとして利用できます。

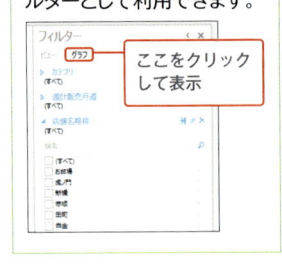

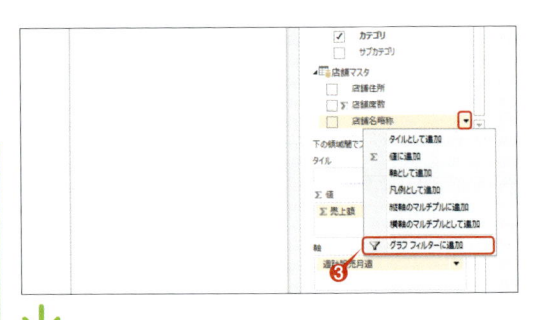

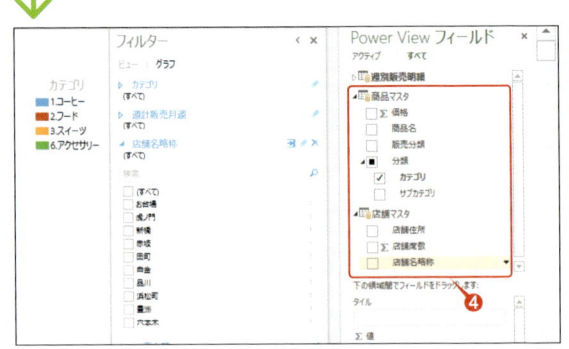

3 フィルターをかけて店舗別の売上を分析

❺「店舗名略称」フィルターの[お台場]と[品川]にチェックを入れる。

❻お台場店と品川店の売上がグラフに反映される。

> **解説 カテゴリ別の売上傾向**
>
> グラフからは、2013年度の品川とお台場の2店舗の売上では、主力商品のカテゴリであるコーヒーの売上が特に上昇しているのがわかります。

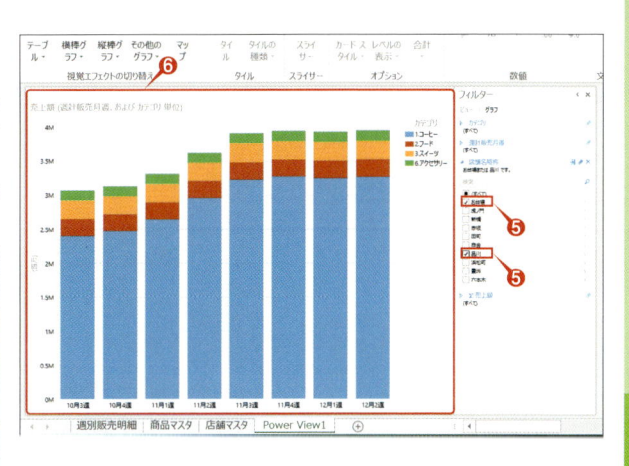

商品のサブカテゴリを指定して売上傾向を探る

コントソコーヒーでは、さまざまな種類のコーヒーを販売しています。もう少し具体的にどの商品が売れているのかを調べてみましょう。

1 フィルターをかけて特定のカテゴリに属する商品のみを表示

❶フィルターエリアで、「カテゴリ」フィルターを表示し、[コーヒー]のみにチェックを入れる。

❷コーヒーの売上のみが表示される。

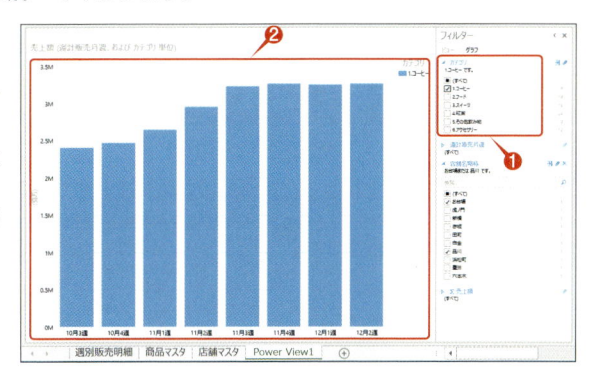

2 凡例にサブカテゴリを追加

❸「サブカテゴリ」のフィールドメニューから[凡例として追加]を選択する。

» 次のページへ

エクセルでできる！ ビッグデータの活用事例 101

Part 3　コーヒーショップの売上データを分析して売上をアップする

》前ページから

❹レイアウトセクションの「凡例」欄に「サブカテゴリ」が設定される。

❺グラフに凡例「サブカテゴリ」が追加され、サブカテゴリごとの売上が積み上げ表示されるようになった。

> **解説　サブカテゴリごとの売上傾向の気づき**
>
> コーヒーをサブカテゴリに分けてこまかく分類表示してみると、「アーモンド・ラテ」や「塩キャラメル・ラテ」といった特定の商品が売上を伸ばしているようです。しかし、この結果からは、「どうしてそれが売れているのか」といった売上傾向の特徴はつかめませんでした。

商品の販売分類で売上傾向を調べる

　コントソコーヒーでは、「季節商品」と「通年商品」があります。そこで、特定の商品が売れ行きを伸ばしている理由を、この「販売分類」に着目して探ってみましょう。

1　フィルターを解除する

❶「カテゴリ」のフィルターで［コーヒー］のチェックを外す。

> **解説　分析の切り口を変える**
>
> ここでは、コーヒー以外の商品についても調べたいので、ひとまずはカテゴリとサブカテゴリを分析対象から外しています。

❷［分類］以下のチェックも外しておく。

❸お台場店と品川店の2013年度の週計の売上が表示されている状態になる。

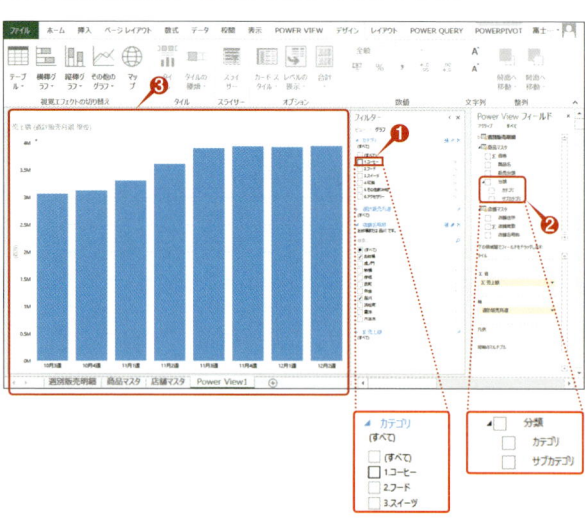

2 凡例に「販売分類」を追加

❹「販売分類」のフィールドメニューから[凡例として追加]を選択する。

❺ レイアウトセクションの「凡例」欄に「販売分類」が設定される。

❻ グラフに凡例「販売分類」が追加され、「季節商品」と「通年商品」といった販売分類ごとの売上が表示されるようになった。

解説　販売分類による売上傾向の気づき

販売分類で確認すると、季節商品の売上が伸びていることがわかります。どうやらコーヒーの季節商品が全体の売上を押し上げているようです。

コントソコーヒーの今期の季節商品は店内利用を狙った商品であることを考えると、大型店で売上が伸びているのは座席数が多いからという理由が浮かび上がってきます。

この結果から、各店舗の座席数と売上の対比についても調べてみる必要があることがわかります。

3 グラフを縮小表示する

❼[ポップイン]ボタンをクリックする。

❽ グラフがビューに縮小して表示される。

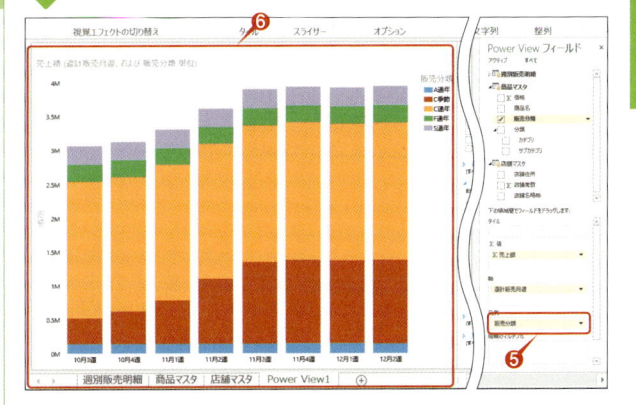

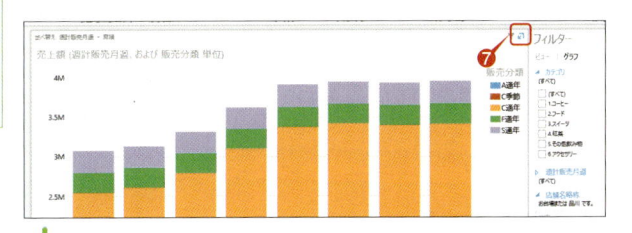

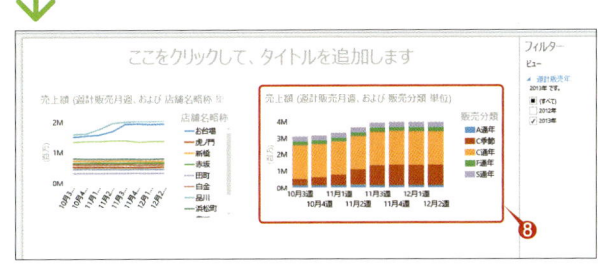

エクセルでできる！ ビッグデータの活用事例　103

Part 3　コーヒーショップの売上データを分析して売上をアップする

12 地図上で店舗の規模を確認する

操作事例

座席数による売上傾向を把握してみましょう。都心で展開するコントソコーヒーの各店舗を地図上に配置し、座席数によって円の大きさを変化させるように描画します。これによって店舗の規模を視覚的にとらえやすくします。

Bing Mapsサービスを利用して地図を作成する

1 フィールドの選択

❶ フィールドセクションで［店舗名略称］にチェックを入れる。
❷ ビューにフィールドのテーブルが表示される。

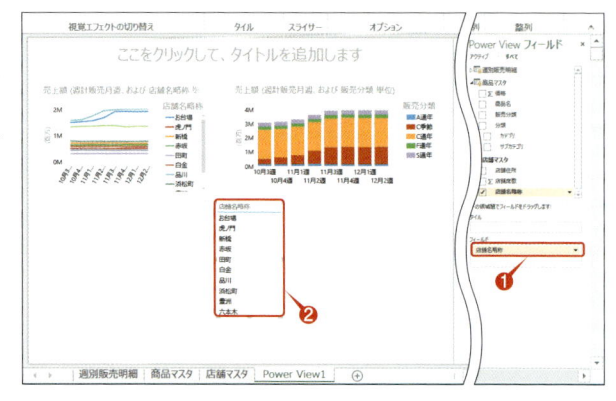

2 地図の作成

❸［デザイン］タブの［マップ］ボタンをクリックする。
❹ 地図が作成される。

> **ヒント　マップを利用するには**
>
> Power Viewでは、MicrosoftのサービスであるBing Mapsを利用して地図を表示しています。Power Viewでマップを利用するには、Bingにデータを送信する必要があります。コンテンツを有効にするかどうかをたずねられた場合は、受け入れるようにしてください。

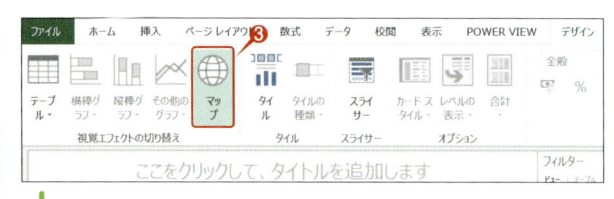

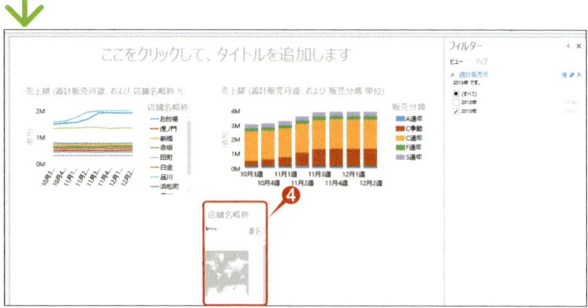

104　エクセルでできる！　ビッグデータの活用事例

❺ 地図の表示エリアをドラッグし、大きさや位置を調整する。

🗨 解説　情報の未取得

この時点ではまだ場所や大きさなどの情報が与えられていないため、地図上に点や円の図形は表示されていません。

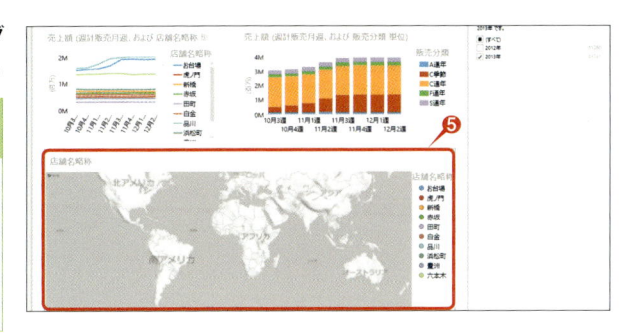

3 サイズの設定

❻「店舗席数」のフィールドメニューから［サイズとして追加］を選択する。

🗨 解説　サイズの取得

これにより、店舗の座席数に応じて、地図上に表示される円の大きさが変わることになります。

4 店舗住所の設定

❼「店舗住所」のフィールドメニューから［場所に追加］を選択する。
❽ 店舗名に住所が結びつき、地図上に店舗の座席数に応じた円が表示される。

💡 ヒント　店舗を地図内に配置する

店舗が地図上ですべて見えるようにするためには、「店舗住所」を最後に設定するようにしてください。

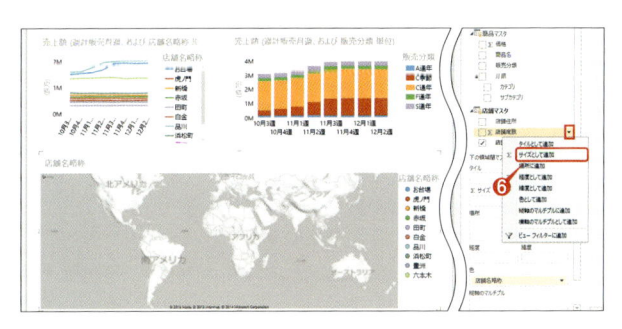

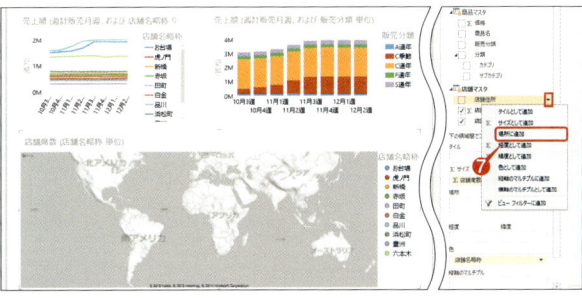

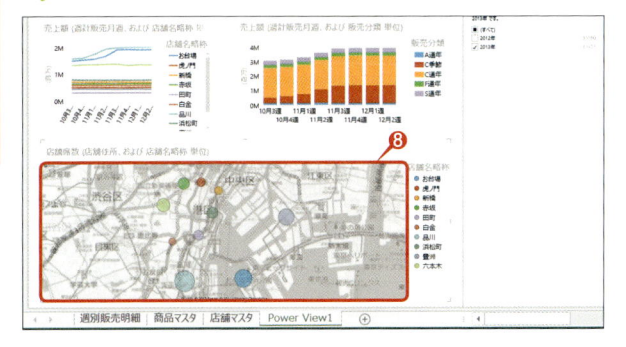

エクセルでできる！　ビッグデータの活用事例　105

Part 3　コーヒーショップの売上データを分析して売上をアップする

地図で店舗を選択して売上傾向を調べる

各店舗の席数をマップに表示しました。この表示をクリックすることで、各店舗の売上を上部のグラフで変化させながら確認できます。

1　規模の大きな店舗の情報を調べる

❶地図上で一番大きな円をクリックする。
❷品川店が選択され、その店舗の売上の変化がグラフに反映される。

解説　選択の解除

地図上でもう一度クリックすると、選択が解除され、すべての店舗のデータが表示されます。

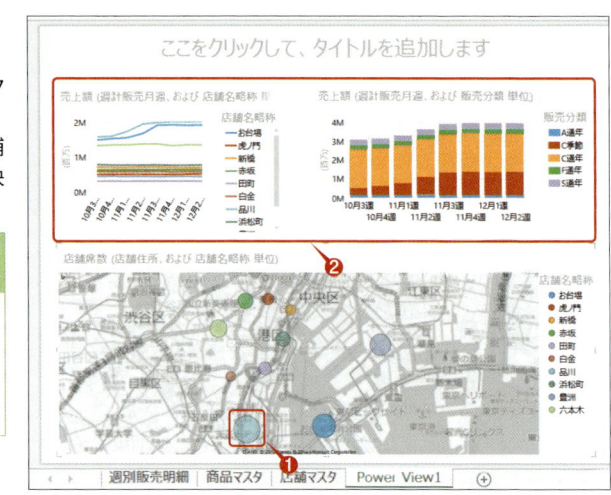

2　規模の小さな店舗の情報を調べる

❸地図上で一番小さな円をクリックする。
❹白金店が選択され、その店舗の売上の変化がグラフに反映される。

解説　座席数による売上傾向の気づき

各店舗をクリックして売上を変化させながら表示すると、座席数が多い店舗では売上が伸び、座席数が少ない店舗では伸び悩んでいることがわかりました。

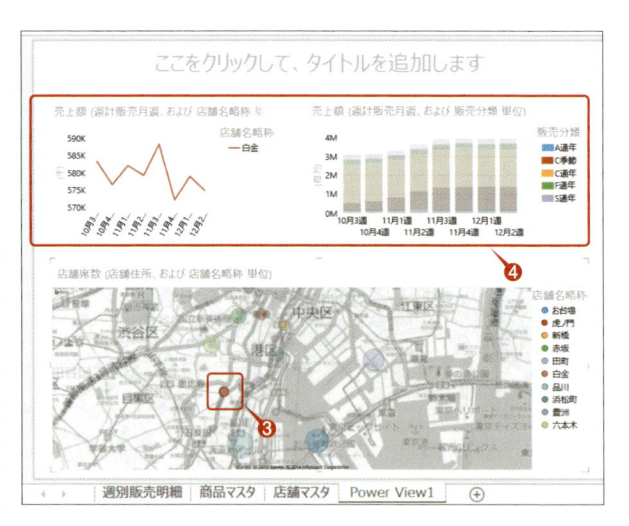

106　エクセルでできる！　ビッグデータの活用事例

コーヒーショップの売上分析に関するまとめ

　このPartでは、コーヒーショップの売上データをもとに、エリアマネージャーとしてさまざまな角度から分析を行ってきました。

● **ここまでの分析でわかったこと**
　Power BIによる分析では、次のような順序で結論が導き出されました。

> 1. 去年と比較しても、11月以降から売上が大幅アップしている。
> 2. 主力商品のコーヒーの売上が特定の店舗で突出して伸びている。
> 3. コーヒーの中でも季節商品が人気である。
> 4. 季節商品は店内利用を狙った商品である。

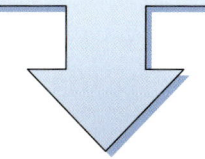

座席数の多い大型店に人が集まり、売上がアップしている。

● **さらなる分析を行うには**
　商品そのもののニーズはあるけれども、座席が確保できないことが混雑を招き、見込み顧客を逃してしまっていることはないのか、お客様の生の声を聞いて、店舗の評判を調べてみたいところです。
　そこで、Part2で解説した「Twitter分析アプリ」の出番です。このアプリはTwitter上の膨大な量のつぶやきを解析して、グラフ上につぶやきの推移を表示してくれます。
　たとえば、「混んでいる」「座れない」といったキーワードを含むツイートが、季節商品の開始時期である11月から増えていることがわかれば、売れ行きが伸び悩んでいる原因の一端は店舗の混雑にあると結論づけることができるでしょう。

> **ヒント　ビッグデータとして利用できる統計情報**
>
> Twitter以外にも、インターネット上の情報を分析に利用することが可能です。Part4では、Wikipediaから取得した人口統計情報を、新店舗の立地場所を絞るために活用する方法について説明しています。

● 売上アップにつながる対策とは

　エリアマネージャーの立場としては、店舗の混雑を少しでも解消するために、店舗内のレイアウトを変えて、座席数を増やすといった短期的な対策が考えられます。
　また、中長期的には、以下のような対策が考えられます。

・大型店舗を増やす
・混雑しやすいエリアに新店舗をつくる
・テイクアウト用の商品やサービスも充実させる

　ただし、これらの対策はエリアマネージャーの権限を超えた提案となるため、店舗経営を統括する部署などに提案していくことになります。その際にも、このPartで作成したPower BIによる分析結果は、提案資料として使用できるはずです。

Column　ショップ単位の売上アップを目指すには?

ショップ単位の売上を上げるには、分析に必要なデータを増やすことでショップ単位の売上アップにつなげる対策を考えることができます。顧客層(男女、年齢、来店時人数)や時間帯、天気、周囲のイベント情報などさまざまな情報を分析することでショップ単位で何をするべきか考えることは可能です。
また、商品など細かくカテゴリ分けをすることで、どの商品が売れているのかなど売れ筋を計ることもできます。顧客にあった消費やサービスを提供することで売上アップの対策を考えてみましょう。

イラスト:zcool.com.cn

活用編

Wikipediaのデータを取り込んで新店舗展開のために利用する

Part 4

この章では、Wikipediaの情報を利用して分析します。Power Mapを利用することで視覚的な効果を得ることもできます。

Part 4　Wikipediaのデータを取り込んで新店舗展開のために利用する

01 Wikipediaのデータを利用する方法

概要

Part3では、架空のコーヒーショップであるコントソコーヒーの売上データを分析して、店舗を増やすことが対策の1つであるという結果を導き出しました。このPartでは一歩進めて、新店舗を開拓するためのデータ分析をしてみます。

このPartで分析すること

　コントソコーヒーの特徴として、女性からの人気が高く、店舗での飲食率が高い傾向があります。Part3の分析結果からは、季節商品を中心に、座席数の多い店舗で売上が上がっていることが確認されています。

　そこで、このPart4では出店店舗を増やすことを前提に、女性顧客が見込める地域を選定します。選定方法としてWikipediaの情報をもとに地域面積から女性の人数を割り出し、周辺に店舗が少ない地域を絞り込むことを目的とします。

　人口統計情報や面積などは外部サイトであるWikipediaで公開されている「List of Japanese prefectures by population」(http://en.wikipedia.org/wiki/List_of_Japanese_prefectures_by_population) のテーブル「Prefectures of Japan ranked by population」（日本の都道府県の人口にもとづいた順位付け）をデータソースとして利用します。

```
統計情報を取得する → 女性人口の情報を分析する → 地域毎に女性人口の割合を確認する → 新店舗の場所を選定する
```

Column　Wikipedia（ウィキペディア）とは

ウィキペディアはウィキメディア財団が運営している誰でも無料で自由に編集できる百科事典です。ウェブブラウザー上でウェブページを編集することができるウィキ（Wiki）というシステムを利用していることからWikipediaと名付けられました。
参考URL：http://ja.wikipedia.org/

110　エクセルでできる！　ビッグデータの活用事例

Wikipediaのページ

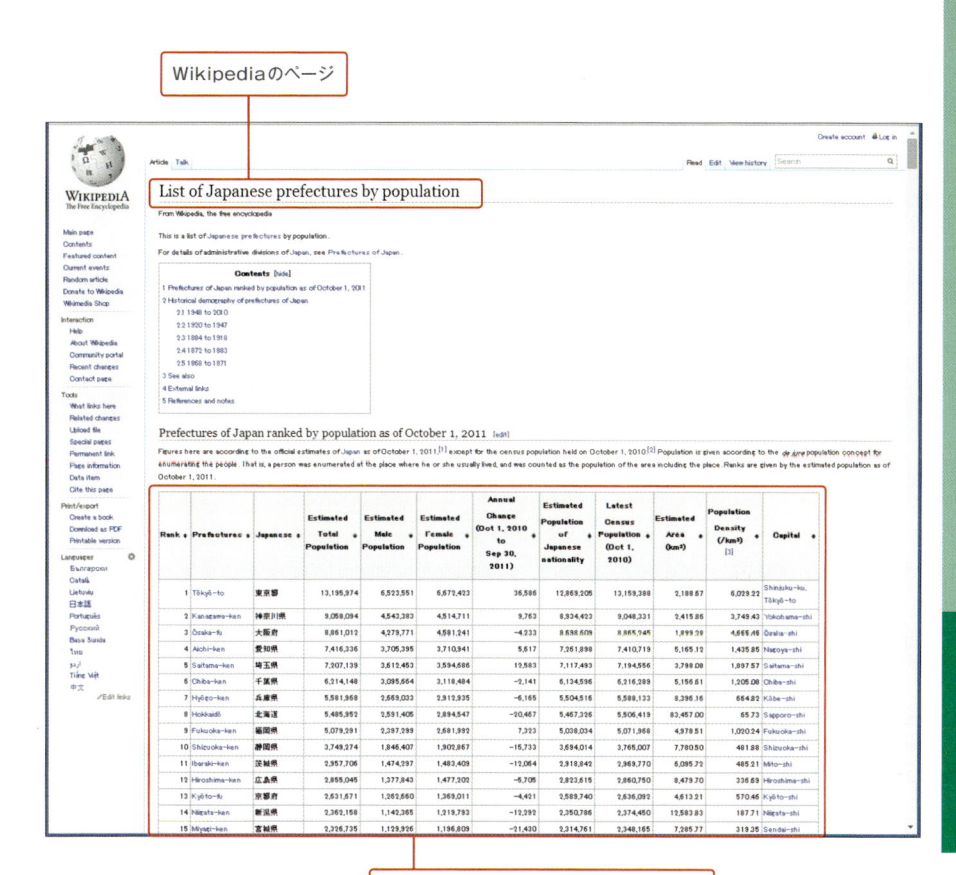

日本の都道府県の人口統計情報のテーブルをデータソースとして利用

Power QueryによるWikipediaのデータの取り込み

　Power Queryには、Wikipediaのデータを取り込む機能が標準で用意されています。
　ただし、現時点では、日本のWikipedia（http://ja.wikipedia.org/）による日本語データを利用することができません。そのためここでは、英語版のWikipedia（http://en.wikipedia.org/）のデータを取り込んで分析に利用しています。

エクセルでできる！　ビッグデータの活用事例　111

02 Wikipediaから人口統計情報を取得する

概要/操作

はじめに、Power Queryを利用して、Wikipediaからデータソースとして出店分析に利用する人口統計情報を取得します。また、取得した都道府県の面積と女性人口から女性の人口密度を計算するための列を追加します。

コーヒーショップの出店分析で使用するデータ

まずは、コーヒーショップの出店分析でどのようなデータを使用するのかについて見ていきましょう。

このPartでは、以下のようなコントソコーヒーの現在の関東地方における店舗数が記載されているExcelファイルを用います。「3_出店分析_開始_書籍用サンプル.xlsx」というファイルの「関東地方店舗数」シートに、サンプルの店舗データが記載されていることを前提に手順を進めていきます。

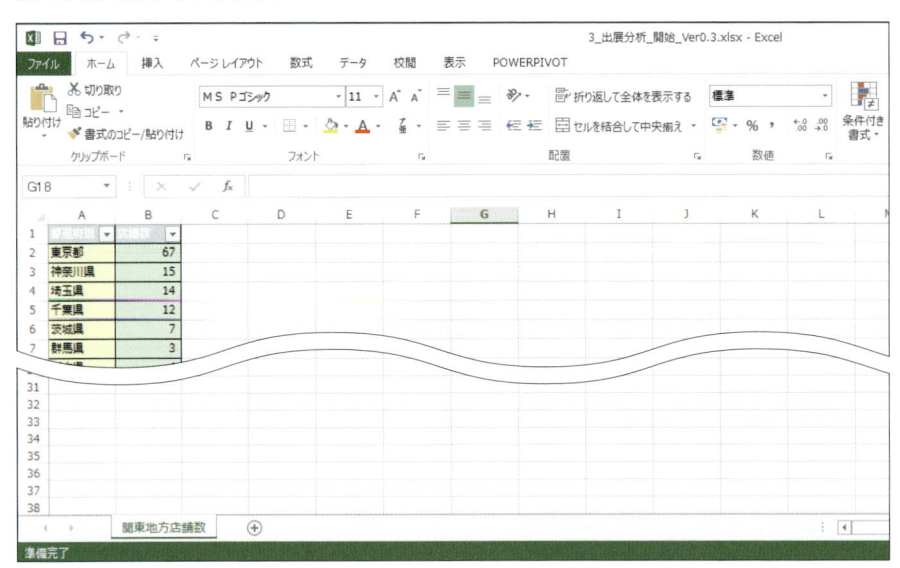

本書で使用するサンプルデータについて

本書で使用しているExcelデータは、実際に本書の手順を見ながら試すことができるサンプルファイルとして用意されています。詳しくは、「練習ファイルのダウンロード方法」(P.6)をご覧ください。

Excelシートに人口統計データを取り込む

Power Queryを利用して、ExcelシートにWikipediaからデータを取り込みます。

1 Power Queryの設定画面を表示

❶「3_出店分析_開始_書籍用サンプル.xlsx」を開く。
❷[POWER QUERY] タブをクリックする。
❸[オンライン検索] ボタンをクリックする。

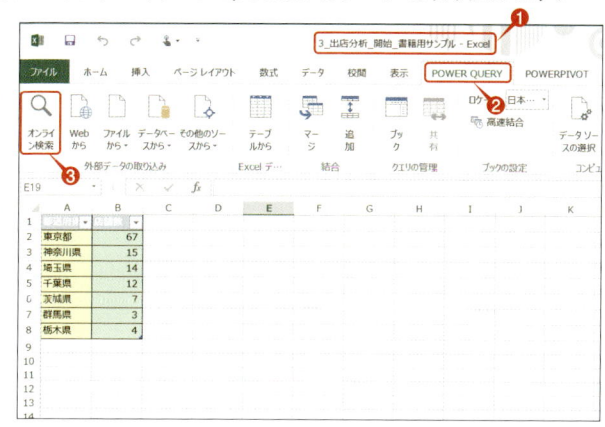

2 外部サイトからのデータの取り込み

❹「japan prefecture population」と入力する。
❺[検索] ボタン（🔍）をクリックする。

解説　候補による検索文字列の入力

オンライン検索では、文字を入力していくと、候補を提示してくれます。目的の文字列を選択することで、簡単に検索することが可能です。

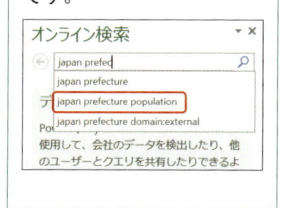

❻ナビゲーターウィンドウに検索結果として利用できるテーブルの一覧が表示される。

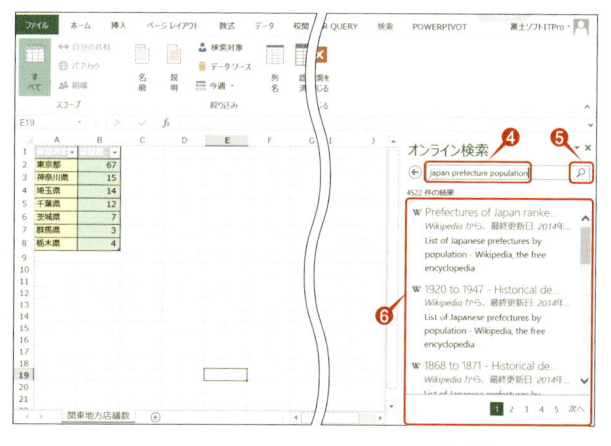

≫次ページへ

エクセルでできる！　ビッグデータの活用事例　113

Part 4　Wikipediaのデータを取り込んで新店舗展開のために利用する

≫前ページから

❼検索結果に表示された[Prefectures of Japan ranked….]をクリックする。
❽データリストが表示される。
❾[読み込み]をクリックする。

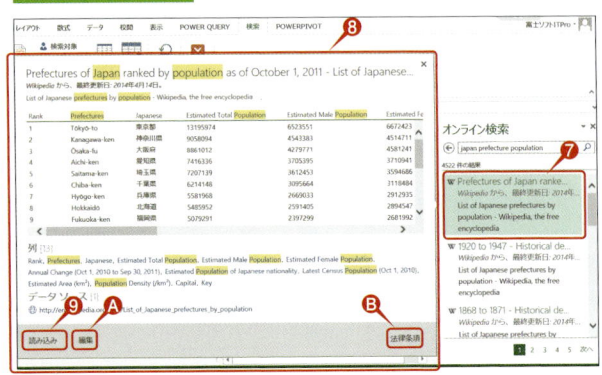

3　Wikipediaのデータの読み込み完了

❿新しいシートにWikipediaのデータが読み込まれる。
⓫シート名をダブルクリックして「wiki」に変更する。

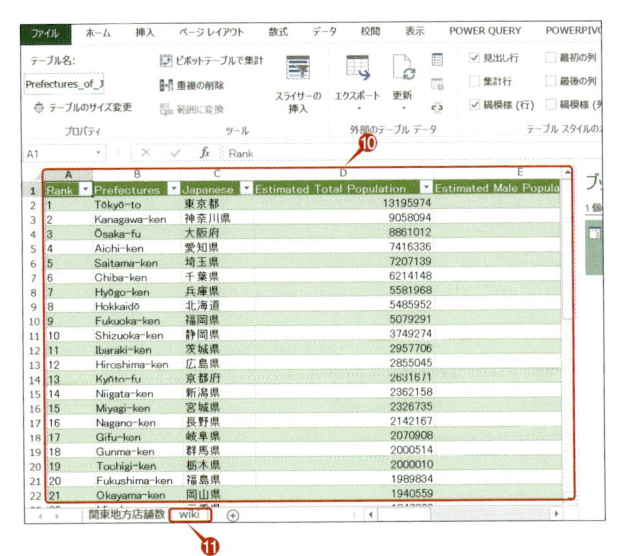

114　エクセルでできる！　ビッグデータの活用事例

ヒント：Wikipediaからデータを取り込む前にできる操作

検索結果のデータリストの画面に表示される 編集 （前ページの❹）をクリックすると、以下のような「クエリエディター」画面が表示され、シートにデータを取り込む前に、クエリ（取得したデータ）の成形やデータソースのインポートといったさまざまな操作ができます。

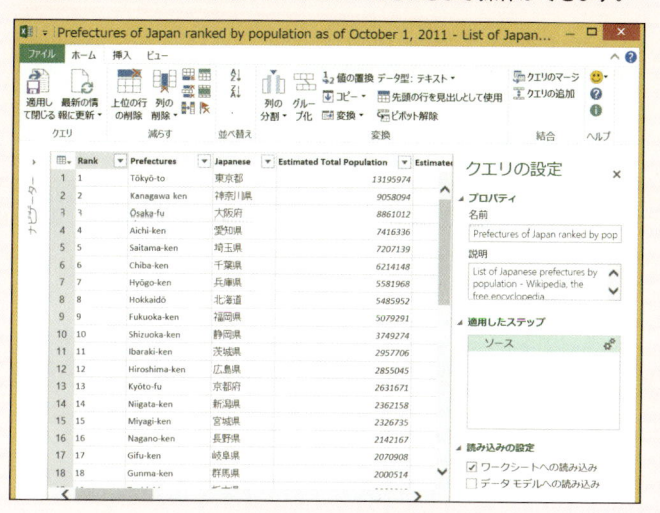

また、法律条項 （前ページの❺）をクリックすると、Webブラウザーで、データを利用するための利用条件を表示することができます。Wikipediaのライセンスは「クリエイティブ・コモンズ（Creative Commons）」ライセンスであるため、以下のページが表示されます。Wikipediaのデータを利用する際は、自動的にクリエイティブ・コモンズのライセンスが適用されることを覚えておきましょう。

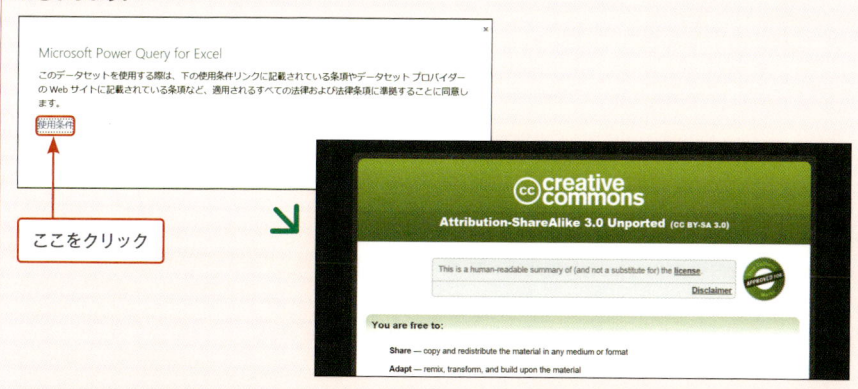

ここをクリック

クリエイティブ・コモンズライセンスとは、利用許諾のことです。自動的に適用されるため事前に理解しておくことが必要になります。
クリエイティブ・コモンズライセンスの詳細は http://creativecommons.jp/licenses/ に記載されています。

03 Wikipediaのデータソースから女性の人口密度を計算する

概要／操作

このPartでは、女性の人口密度に着目して分析するため、Excelの数式を用いて人口密度を計算します。このように、取り込んだデータは、使い慣れたExcel上でも整形することが可能です。

Wikipediaから取得したデータ

Wikipediaから取得した「Prefectures of Japan ranked by population as of October 1, 2011」テーブルには、A～M列までの情報が含まれていますが、このうち今回の分析で利用するのは、以下の3つの列のデータです。

列	名称	概要
C	Japanese	日本語の都道府県名が入ります。これは、テーブル間のリレーションシップを作成する際に、「関東地方店舗数」シートの都道府県と関連付けるために使用します。
F	Estimated Female Population	都道府県ごとの女性の推定人口が入ります。
J	Estimated Area (km^2)	都道府県ごとの推定面積が入ります。上記のF列とともに女性の人口密度を計算するために使用します。

Column 男性の人口密度を計算する場合は

男性の人口密度を計算する場合は、以下の3つの列のデータを利用します。
手順は女性の人口密度を計算する方法と同じです。

列	名称	概要
E	Estimated Male Population	都道府県ごとの男性の推定人口が入ります。

Wikipediaのデータを加工して新しい列を追加する

都道府県の推定面積と女性の人口データを用いて、女性の人口密度を算出します。

1 数式の追加

❶N2のセルをクリックする。
❷数式バーに、以下の数式を入力し、[Enter]キーを押す。

=$F2/$J2

解説 数式の概要

この数式によって、F列（女性の推定人口）の値をJ列（面積）の値で割った数値（女性の人口密度）がN列に入ります。

2 数式が設定される

❸N列に数式が設定され、計算結果が表示される。
❹列タイトルを「女性の人口密度」に変更する。

Column　Excelの便利な使い方

数式を入力したセルの右下を選択して、列の下に引っ張ると自動で「＝$F3／$J3」とセルごとに自動で計算式の値が入力されます。

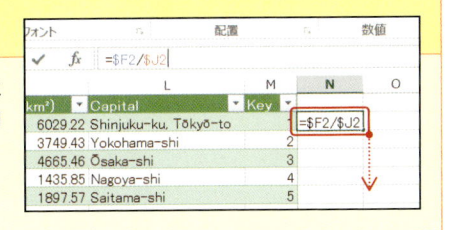

Part 4　Wikipediaのデータを取り込んで新店舗展開のために利用する

04 関連付け用の領域でリレーションシップを作成する

操作事例

取り込んだWikipediaの人口統計データとコントソコーヒーの「関東地方店舗数」のデータをむすびつけてPower BIでデータを分析するために、それぞれのデータを関連付けるための特別な領域に追加し、リレーションシップを作成します。

関東地方店舗数をデータモデルに追加する

1 データモデルに追加

❶[関東地方支店数]シートを表示する。
❷[POWERPIVOT]タブをクリックする。
❸[データモデルに追加]ボタンをクリックする。

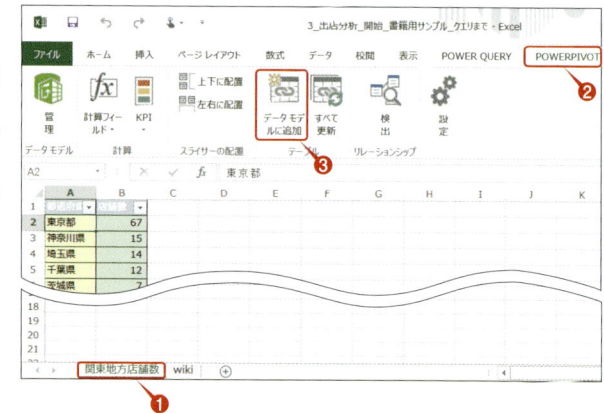

2 PowerPivot ウィンドウの表示

❹Wikipedioのデータのテーブルがデータモデルに追加される。
❺ ✕ をクリックして、PowerPivot ウィンドウを閉じる。

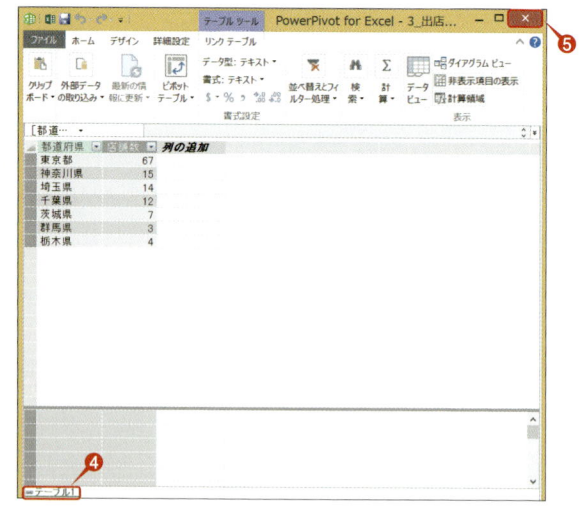

118　エクセルでできる！　ビッグデータの活用事例

Wikipediaのデータをデータモデルに追加する

1 データモデルに追加

❶[wiki]シートを表示する。
❷[POWERPIVOT]タブをクリックする。
❸[データモデルに追加]ボタンをクリックする。

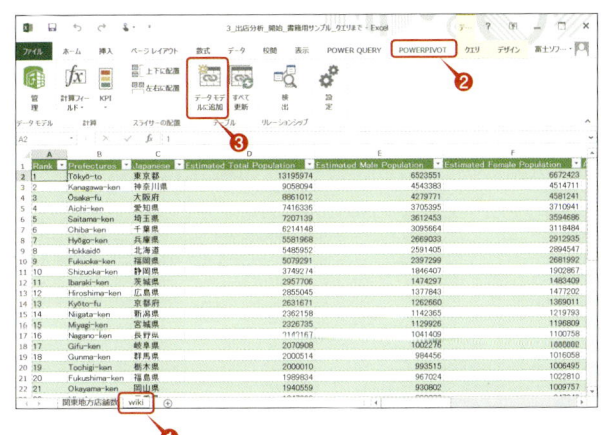

2 PowerPivot ウィンドウの表示

❹Wikipediaのテーブルがデータモデルに追加される。

解説 次の操作への移行

PowerPivot ウィンドウの[×]をクリックせずに、次のリレーションシップの作成に進んでください。

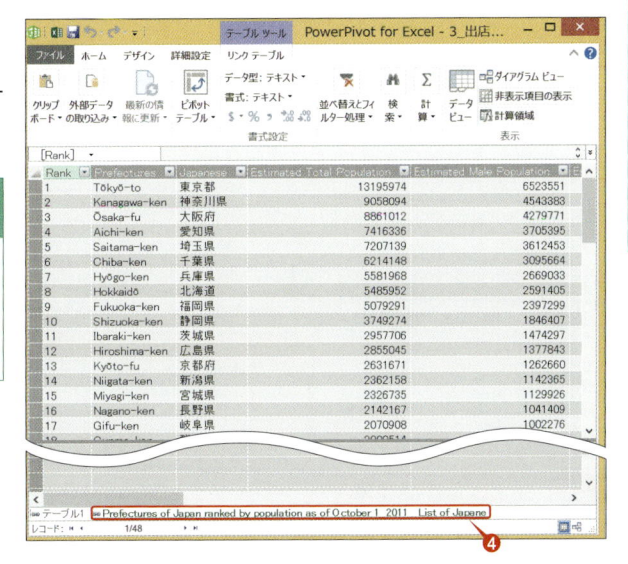

エクセルでできる！ ビッグデータの活用事例 119

Part 4　Wikipediaのデータを取り込んで新店舗展開のために利用する

「関東地方店舗数」の都道府県名と「wiki」の都道府県名を関連付ける

「関東地方店舗数」の都道府県名と「wiki」の都道府県名を関連付けて、リレーションシップを作成します。

1 ダイアグラムビューへの切り替え

❶「PowerPivot ウィンドウ」画面で[ダイアグラムビュー]ボタンをクリックする。

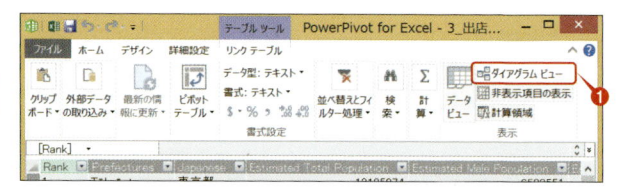

2 都道府県名のリレーションシップを設定

❷wikiテーブルの[Japanese]を右クリックする。
❸表示されたメニューから、[リレーションシップの作成]をクリックする。

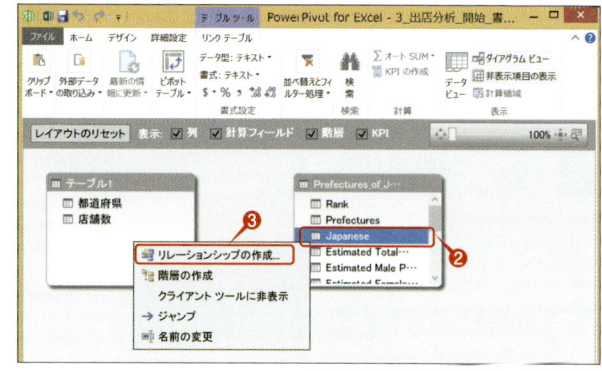

❹「リレーションシップの作成」画面で、「関連する参照テーブル」欄から[テーブル1]を選択する。
❺「関連する参照列」欄から[都道府県]を選択する。

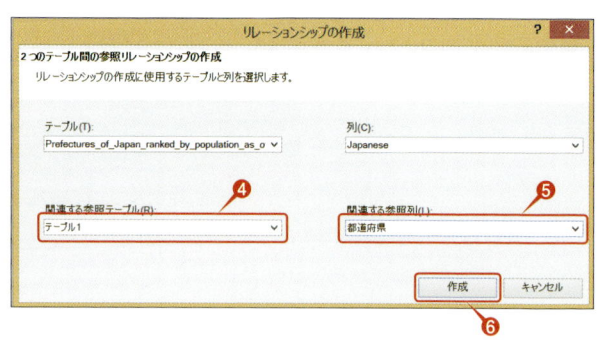

> **ヒント　「関連する参照列」の自動設定**
>
> [都道府県]と[Japanese]は同じ値を持っているため、リレーションを作成できます。ただし、列同士が同じ名称ではないため、「関連する参照列」は自動的に設定されません。

❻[作成]ボタンをクリックする。

120　エクセルでできる！　ビッグデータの活用事例

3 都道府県名のリレーションシップを作成

❼都道府県名のリレーションシップが作成される。

解説 リレーションシップの方向

矢印の向きは、必ずwikiテーブル→[テーブル1]になるようにしてください。

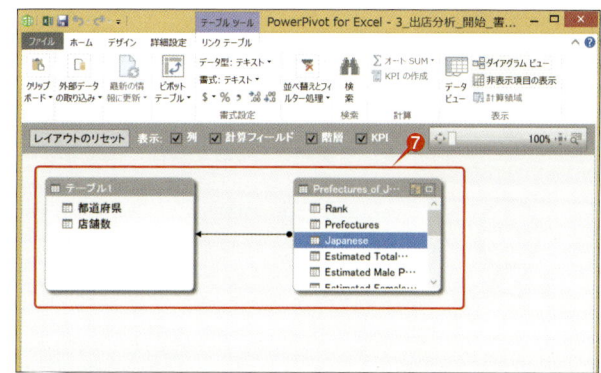

Column 関東地方以外を関連付けする

関東地方店舗数以外を関連付ける場合は、各地方のシートを用意し、「04 関連付け用の領域でリレーションシップを作成する」を参考に、再度関連付けしてください。ここの例では、九州地方をターゲットとして作成しています。

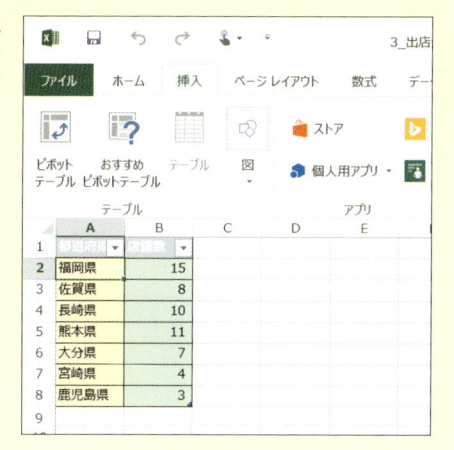

	A	B
1	都道府県	店舗数
2	福岡県	15
3	佐賀県	8
4	長崎県	10
5	熊本県	11
6	大分県	7
7	宮崎県	4
8	鹿児島県	3

その結果、表示されるPower Mapも九州地方の「女性の密度」が表示されます。データモデルに全国の支店数を入力すると全国の女性の人口密度が表示されます。

エクセルでできる！ ビッグデータの活用事例 121

Part 4　Wikipediaのデータを取り込んで新店舗展開のために利用する

05 地図を作成して女性の人口密度を表示する

操作事例

Power Map機能を利用して、地図上に人口密度を表示してみましょう。Power MapはPower Viewの地図機能よりも強力な表示機能を持っており、レイヤーによって分析したいデータを重ね合わせて地図上に配置することができます。

Power Mapで地図を表示する

1 Power Mapの起動

❶Excelに戻り、[挿入] タブをクリックする。
❷[マップ] ボタンをクリックする。

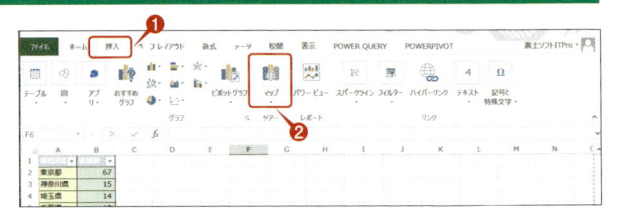

> **ヒント　Power Mapの有効化**
>
> Power Mapが無効に設定されている場合、次のメッセージが表示されます。[有効] ボタンをクリックして、有効化してください。

❸別の画面でPower Mapが起動し、地図が表示される。

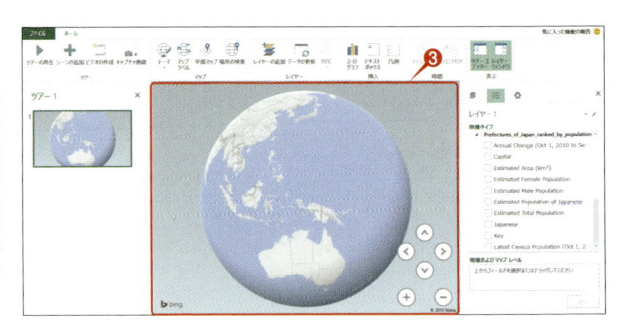

Column　Power Mapの操作

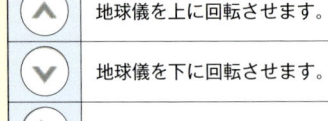

∧	地球儀を上に回転させます。
∨	地球儀を下に回転させます。
 ＞	地球儀を右に回転させます。
 ＜	地球儀を左に回転させます。

Power Mapの操作をするときは、地図（地球儀）の右下にある矢印を操作します。また、ディスプレイがタッチ操作に対応している場合は、直接触れて操作することも可能です。

地図上に関東地方の女性の人口密度を表示する

1 都道府県の設定

❶「地理タイプ」で、[テーブル1]の[都道府県]にチェックを入れる。

❷「地図およびマップレベル」の[1つ選択]から[都道府県]を選択する。

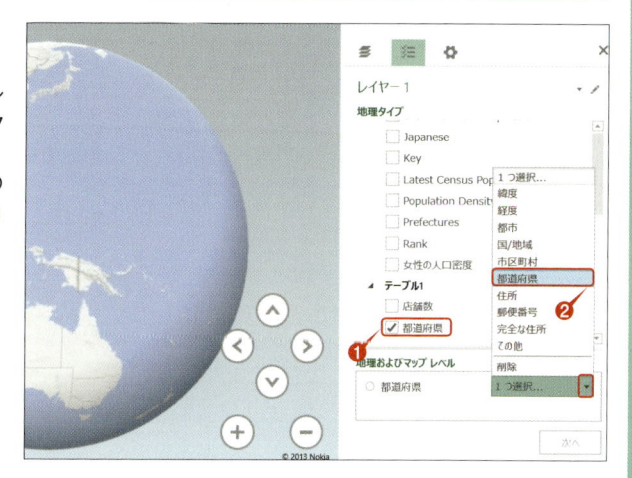

❸ 日本地図の関東地方の都道府県上に四角形のマーカーがプロットされる。

> **ヒント プロットとは**
>
> 地図やグラフ上に、データの数値に従って点を描画することを「プロット」と呼びます。

❹[次へ]をクリックする。

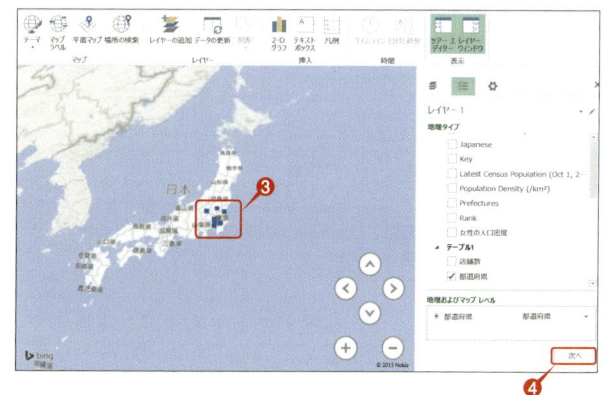

Column 拡大と縮小

＋	地図を拡大できます。
－	地図を縮小できます。

地図(地球儀)を拡大、縮小するときは[＋]と[－]で拡大と縮小ができます。

エクセルでできる！ ビッグデータの活用事例 123

Part 4　Wikipediaのデータを取り込んで新店舗展開のために利用する

2 ヒートマップの設定

❺ヒートマップのアイコンをクリックする。
❻地図上のマーカーにヒートマップが反映される。

> **ヒント　ヒートマップとは？**
>
> ヒートマップとは、データを可視化する際にそれぞれの値のデータを色として表す方法のことです。体温の高低を表すサーモグラフィー画像のように表示されるため、視覚的にデータの大小を捉えやすい地図を作成できます。

❼「地理タイプ」で、wikiデータから計算した［女性の人口密度］をクリックする。
❽関東地方の女性の人口密度が表示される。

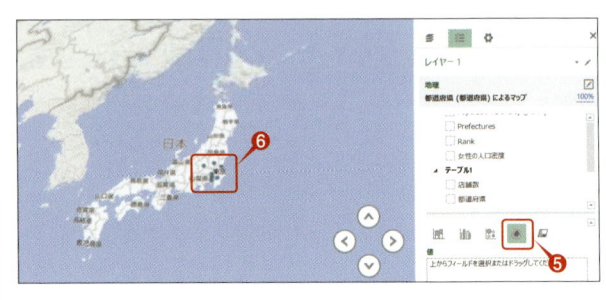

3 地図の拡大／縮小

❾マウス操作するか、または地図上の右下にある［＋］ボタンをクリックして、関東地方を拡大して表示する。

> **解説　ヒートマップによる人口密度の考察**
>
> ヒートマップで見ると、東京都の女性の人口密度が一番高いようです。女性の人口密度と店舗数がどのように対比しているのかが気になるところです。

124　エクセルでできる！　ビッグデータの活用事例

解説 「凡例」の表示／非表示

地図の上に表示されている「凡例」画面には、選択した「女性の人口密度」の合計が表示されています。

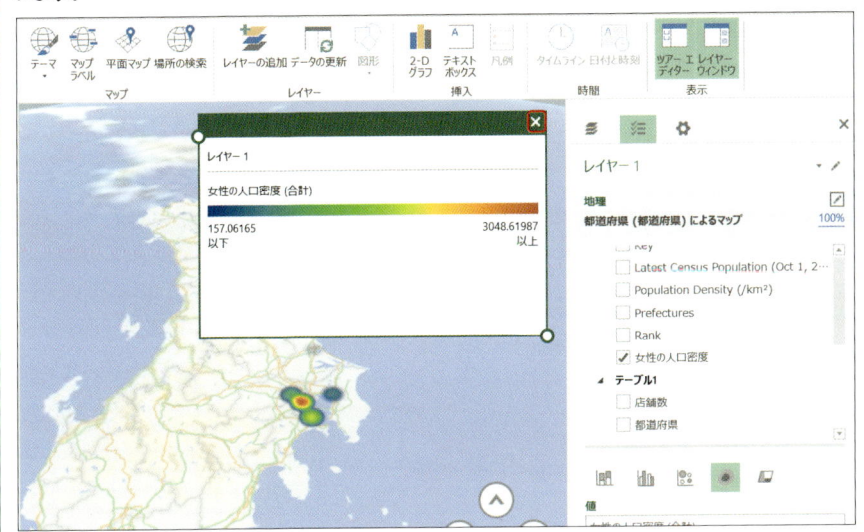

[×] ボタンをクリックしてこの画面を閉じると、地図を見やすく表示できます。「凡例」画面を再表示するには、リボンの [凡例] ボタンをクリックします。

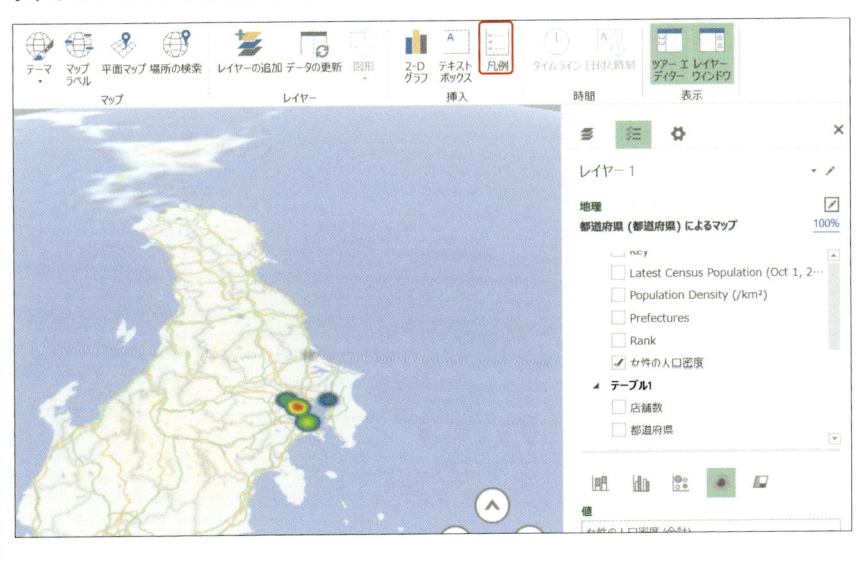

Part 4　Wikipediaのデータを取り込んで新店舗展開のために利用する

06 地図に店舗数を表示して今後の出店先を考察する

操作事例

Power Mapでは、複数のレイヤー上に地図を設定することで、多層的な分析が可能となっています。ここでは、作成済みの人口密度のマップの上に、店舗数を重ねて表示し、そこから今後の店舗展開について考察してみましょう。

地図にレイヤーを追加して店舗数を表示する

1 レイヤーを追加

❶ レイヤーボタンをクリックして、「レイヤーマネージャー」画面を表示する。
❷ [レイヤーの追加] ボタンをクリックする。
❸ 新しいレイヤーが作られる。

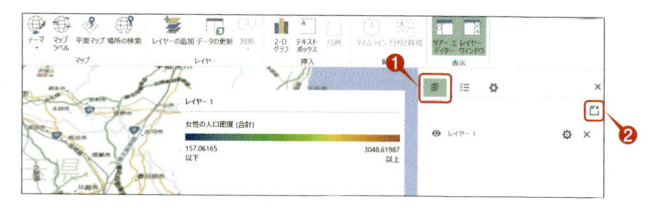

ヒント　不要なレイヤーの削除

「レイヤーマネージャー」画面で、削除したいレイヤーの [×] ボタンをクリックして削除することができます。

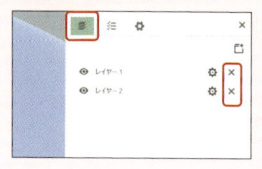

2 都道府県の設定

❹「地理タイプ」で、[テーブル1]の[都道府県]にチェックを入れる。
❺「地図およびマップレベル」の[1つ選択]から[都道府県]を選択する。
❻関東地方の都道府県上に四角形のマーカーがプロットされる。
❼[次へ]をクリックする。

3 グラフの設定

❽[積み上げ縦棒]ボタンをクリックする。
❾「地理タイプ」で、「テーブル1」の[店舗数]をクリックする。
❿地図上のマーカーに、関東地方の店舗数が積み上げ縦棒グラフで表示される。

4 地図の拡大／縮小

⓫マウス操作するか、または地図上の右下にある[+]ボタンをクリックして、関東地方を拡大して表示する。

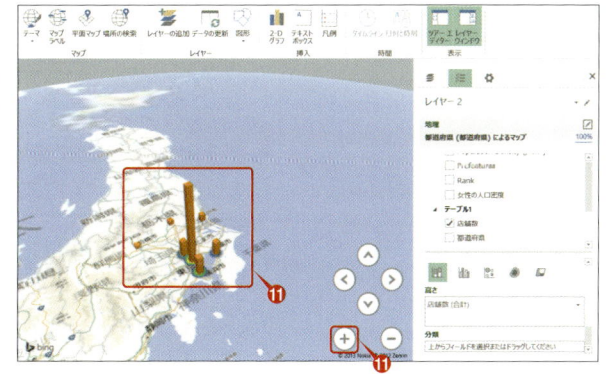

エクセルでできる！　ビッグデータの活用事例

Part 4　Wikipediaのデータを取り込んで新店舗展開のために利用する

5 都道府県ごとのデータを表示

⓬地図上の棒グラフをクリックすると、都道府県ごとのデータを表示できる。

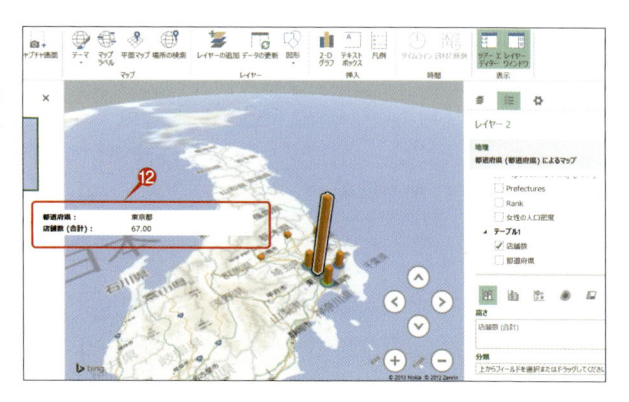

Column　2-Dグラフの利用

［2-Dグラフ］ボタンをクリックすると2-Dのグラフが表示されます。2-Dグラフは上位100位までを表示しますが、今回は関東地方しか表示されません。

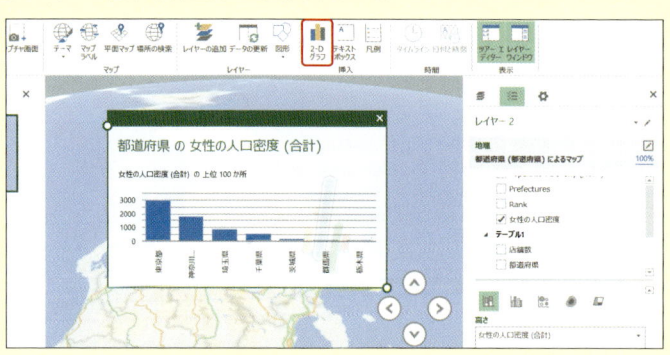

表示された棒グラフにマウスポインターを合わせると詳細な値が表示されます。

128　エクセルでできる！　ビッグデータの活用事例

レイヤーのオプションを設定する

　グラフの色や形、透明度などを調整して、地図上のデータを見やすくしてみましょう。これらのオプション設定は、レイヤーごとに設定する必要があります。

1 レイヤーの設定画面を表示

❶[設定]ボタンをクリックする。
❷[レイヤーのオプション]を選択する。

> **ヒント　レイヤーマネージャーからの表示**
>
> 「レイヤーマネージャー」画面で、編集したいレイヤーの編集ボタンをクリックすると、編集ができます。

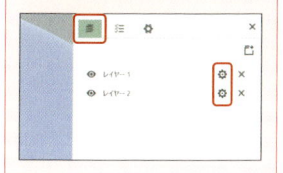

2 レイヤーのオプションを設定

❸「書式」で、グラフの不透明度、高さ、太さを設定する。
❹「色」では、グラフの色を設定する。

> **解説　設定するレイヤーの変更**
>
> レイヤー名の右に表示されている▼をクリックすると、ほかのレイヤーに切り替えることができます。

> **解説　地図による店舗展開の考察**
>
> Power Mapによって都道府県ごとの女性の人口密度と店舗数を地図上に重ね合わせてみると、どうやら2番目に人口密度の高い神奈川県は、まだコントソコーヒーの店舗数が少ないようです。
> 今後の展開として、神奈川県またはその次に売り上げの伸びが期待できそうな埼玉県に、新店舗を開拓するための立地場所を絞ることができます。

Part 4　Wikipediaのデータを取り込んで新店舗展開のために利用する

> **ヒント　地図のデザインを変更するには**
>
> 地図全体のデザインは、Microsoftの他のOffice製品と同じような方法で、好みのテーマを選択するだけで変更できます。
>
> ［ホーム］タブの［テーマ］ボタンをクリックしてテーマを選択
>
> テーマで［モダン］を選択
>
> テーマで［アース］を選択

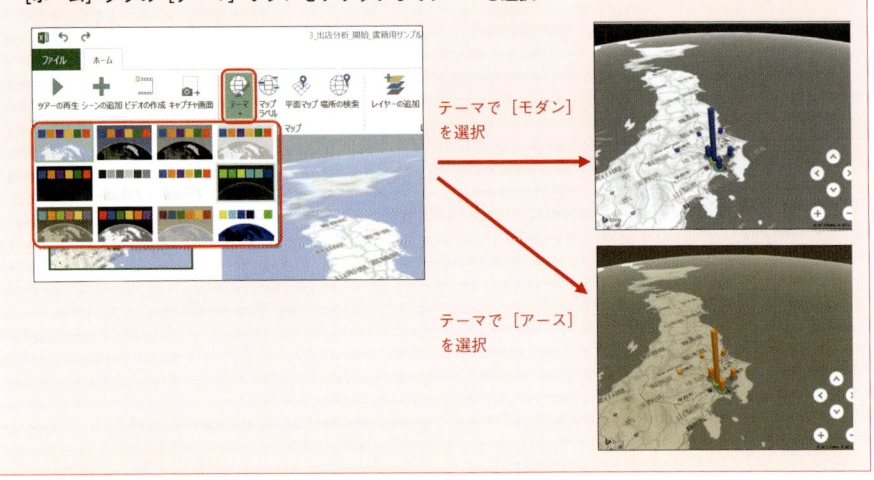

次回にPower Mapを起動する場合

Power Mapの画面は、［ファイル］タブ →［閉じる］を選択するか、右上の［×］ボタンをクリックして、閉じることができます。

次にPower Mapを起動すると、次のような画面が表示されます。「ツアー1」をクリックして起動すると、前に作成したマップを表示できます。新しいマップを作成したい場合は、［新しいツアー］をクリックしてください。

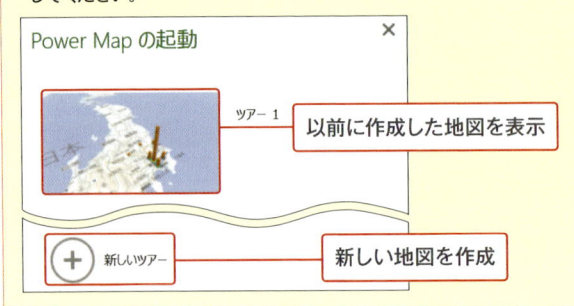

Power Mapの起動

ツアー1　以前に作成した地図を表示

新しいツアー　新しい地図を作成

応用編

展示会データの分析と営業活動への利用

Part 5

この章では、イベント会場の来客者をターゲットとして分析します。名刺から取得できる情報をもとに、年齢層や業種などを分析してイベントの成果のレポートを作成する方法について説明します。

Part 5 展示会データの分析と営業活動への利用

01 展示会イベント来場者を分析する背景

概要 このPartでは、会社の製品を売り込むために開催した展示会イベントの来客者を分析して、将来的な営業活動につなげるための指針とします。ここでは、読者はイベントを企画したマーケティング部門の社員の視点で操作を進めていきます。

大成功だったはずのイベントで何が起こっていたのか

「2014年6月4日から3日間開催したF社の**展示会イベントは、大成功**のうちに幕を閉じた。」──イベントの企画・運営を担当したマーケティング部門のメンバーは誰もがそう認識していました。マーケティング部門で入社8年目のA君も、会社の製品やソリューションを宣伝するための重要なイベントの企画・運営のリーダーを任される者として、ほっと胸をなでおろしていました。

しかし問題は予想外のところからやってきます。ある日、A君は、激怒している本イベントの責任者である役員から呼び出され、そこで出された指示に仰天することになります。

曰く「**まったく営業成績や売上に結びついていないぞ**」「**早急にテコ入れ策（受注増加対策）を考えろ**」

「何かの間違いでは？」と思ったA君が営業部門に問い合わせると、このイベントで得た顧客がまったく受注につながらず、営業担当者は皆不満を抱いているというではありませんか。A君にはまったくその理由が想像できません。

さてここで、今回の展示会イベントの詳細を振り返ってみましょう。今回のイベントでは、昨今のIT業界の流行にのっとって、次の4つのブースで自社の製品やソリューションを展示しています。

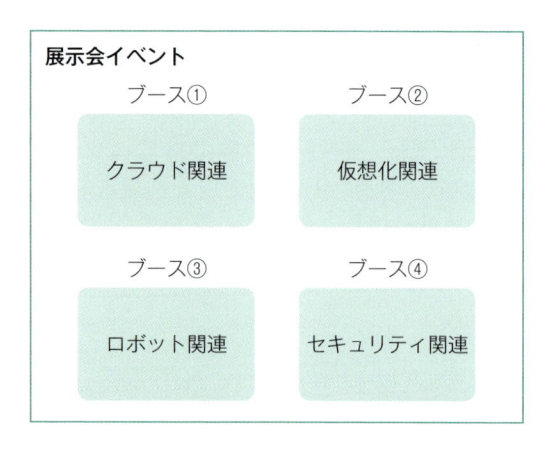

```
展示会イベント
 ブース①           ブース②
 クラウド関連      仮想化関連

 ブース③           ブース④
 ロボット関連      セキュリティ関連
```

132　エクセルでできる！　ビッグデータの活用事例

それぞれのブースでお客様の対応をした担当者は、ほとんどがマーケティング部門の人間です。ここで得られた貴重な情報は、資料にまとめられて、営業部の人間に渡され、後に営業に利用するというしくみとなっています。

どのデータをどのように分析すればよいのか

　役員からの指示にしたがって、マーケティング部門の担当者A君は、受注増加のテコ入れ策を考えるべく、まずは展示会イベントのデータ分析を行うことにしました。
　分析対象として集められそうなデータは、次の3つです。

①イベント全体のデータ（イベントに参加した全部門）
②ブースに来ていただいたお客様のデータ（マーケティング部門）
③営業の案件データ（営業部門）

　これらはすべてExcelで管理されています。ところがこれら3つのデータはそれぞれの各担当部門でばらばらに管理されているため、フォーマットは異なりますし、それぞれの持つ列行データの意味合いも違っています。
　担当者A君には、これらのデータを集め、集計し直し、分析を行い、原因を判明させるには相当骨が折れるものだということが容易に想像されました。さらには、役員たちの前で解決策を提案するために、それなりのレポートを作成しなければなりません。
　「過去の経験から考えても、結論を出すためには最低1週間は必要だ」ということを伝えたA君でしたが、今回はこの展示会イベントだけではなく、会社全体の受注が伸び悩んでいることもあり、早急に対策が必要というのが役員サイドの意見です。その結果、非情にも「明日までにやれ」と言い渡されてしまいました。
　さて、ここで挙げられるのは、以下の問題です。

・時間がない中で、ばらばらの資料をどのようにまとめるか
・テコ入れ策をどのように導き出すか
・一目で見てわかりやすく説得力のある分析資料をどのように作成するか

　途方に暮れていたA君が必死の思いでネットを検索し、探し出したのがMicrosoftの「Power BI」というツールでした。どうやらExcelを駆使して分析を行うアプリケーションらしいので、普段からExcelを使い慣れているA君にはぴったりかもしれません。また、Power BIは複数の部署などに散在しているExcelをリレーショナルデータベースとしてつなぎ合わせる機能も有しているらしいので、今回のようにばらばらの資料を分析しなければならないケースにはうってつけです。さらには、Excelによる分析シートは、レポートとしてそのまま使えそうです。
　A君は、自分にこのアプリケーションを扱えるのかという不安はあるものの、「普通ならどうにもならない期限付きの宿題を完成させることができるかもしれない」という希望を託し、慣れない手つきでこのPower BIでの分析を開始してみることにしました。

Part 5　展示会データの分析と営業活動への利用

02 複数箇所で管理されていた データを1つに集める

概要　Power BIでイベント分析を実施する前に、複数箇所で管理されていたデータを1カ所にまとめて内容を検討します。利用可能なデータを精査するのは、何をキーにしてデータ分析するかを考えるうえでも非常に重要なステップです。

このPartで行う分析の手順

1. すでにあるデータを1つにまとめる（このステップ）
2. ばらばらのデータを関連付ける（ステップ03～04）
3. 営業実績と集客が合っているかの指標を計算する（ステップ05）
4. 来場者の業種や人数を集計する（ステップ06～08）
5. 3と4を合わせて集客と営業方針が合っていたかを検証する（ステップ09～10）
6. 分析と検証をレポートに仕上げる（ステップ11）

データをどのように連携させるかを考える

マーケティング部の担当者A君が関係各所から入手することができた資料のうち、いくつかの資料が分析に使えそうだということが判明しています。ここでは、それらのデータを1つのExcelブックに保存します。

複数のデータをシートごとにまとめる

134　エクセルでできる！　ビッグデータの活用事例

> **ヒント　どのようにリレーションを作成するか**
>
> Power BIでは、関係するデータ間でリレーションを作成するため、まずはこの視点でデータを見る必要があります。いくら有用に見えるデータでも、関連性を見つけられなければ分析に使用することは難しくなります。

> **解説　本書で使用するサンプルデータについて**
>
> 本書で使用しているExcelデータは、実際に本書の手順を見ながら試すことができるサンプルファイルとして用意されています。詳しくは、「練習ファイルのダウンロード方法」（P.6）をご覧ください。

■ **来場者数**

まずは、イベント主催者から提供してもらった資料を確認してみます。このExcelファイルは、単純に、イベントへの来場者数を男女および年齢層でカウントして、去年と比較したものです。

「来場者数」シート

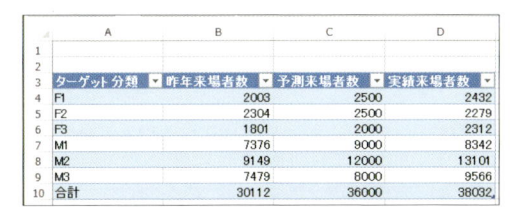

	A	B	C	D
3	ターゲット分類	昨年来場者数	予測来場者数	実績来場者数
4	F1	2003	2500	2432
5	F2	2304	2500	2279
6	F3	1801	2000	2312
7	M1	7376	9000	8342
8	M2	9149	12000	13101
9	M3	7479	8000	9566
10	合計	30112	36000	38032

このうち「**ターゲット分類**」は、来場者を次のように分類したものです。

ターゲット分類	概要	ターゲット分類	概要
F1	20～34歳の女性	M1	20～34歳の男性
F2	35～49歳の女性	M2	35～49歳の男性
F3	50歳以上の女性	M3	50歳以上の男性

このデータから見る限り、今年の来場者は、予想の3万6000人を2000名以上超過しており、イベントとしては成功しているようです。つまり、この時点では、マーケティング部のA君の読みはデータによって裏付けられていることになります。

Part 5 展示会データの分析と営業活動への利用

■来場者内訳

「来場者数」データに加えて、来場者の詳細なデータを、イベント主催者から提供してもらうことができました。

このExcelデータには、姓、名、性別、生年月日、年齢、ターゲット分類、社名、業種、役職という9つの項目が含まれています。

「来場者内訳」シート

■名刺内訳

「名刺内訳」はマーケティング部門が管理している帳票で、イベントのブースで対応したお客様のデータが記載されています。

「名刺内訳」シート

「名刺内訳」に記載されているのは、A列からU列までの21項目です。それぞれの項目の概要については、次ページの表を参照してください。

このうち、最も重要視すべき情報なのが、「**営業対応フラグ**」です。このフラグは営業部門に対して委任する内容で、「**A：訪問対応、B：電話による営業、C：お礼メールのみ**」のいずれかが設定されています。ブースで対応したマーケティング部門の担当者は、お客様の案件に対する温度感を探るために、「その製品やソリューションを導入するにあたって、予算を取得しているか」「その製品やソリューションを導入するにあたって、見積もりが欲しいかどうか」といったヒアリングを実施し、返ってきた答えでフラグ判定をしています。

「名刺内訳」の列項目

列	項目	概要
A	来場日	イベントの来場日が記載されている。
B	社名	お客様の会社名が記載されている。
C	業種	お客様の会社の業種が記載されている。
D	部署名	お客様の会社の部署名が記載されている。
E	姓	お客様の姓が記載されている。
F	名	お客様の名が記載されている。
G	住所	お客様の会社・部署の住所が記載されている。
H	電話番号	お客様の会社・部署の電話番号が記載されている。
I	FAX番号	お客様の会社・部署のFAX番号が記載されている。
J	メールアドレス	お客様のメールアドレスが記載されている。
K	対応ブース	お客様の対応をしたブースが記載されている。
L	コンテンツ	お客様が特に関心を持っているコンテンツが1つ記載されている。
M	対応者	ブースでお客様に対応した担当者名が記載されている。
N	名刺交換	名刺の交換が済んでいるかどうかが記載されている。
O	興味があるソリューション	お客様が興味を持っているソリューションが1つ記載されている。
P	予算取得	製品またはソリューションに対する予算を取得済みかどうかが記載されている。
Q	案件時期	案件の発生時期（四半期）が記載されている。
R	情報システム部門	来場したお客様の所属部署が情報システム部門に相当するかどうかが記載されている。
S	ITの製品選定に関わる	来場したお客様が、IT関連のサービスや製品の購入にあたって、選定や決裁権を持っているかどうかが記載されている。
T	営業対応フラグ	営業部門に渡す営業情報を、3段階のフラグで指定している。
U	重複	営業部門では会社単位で案件を整理していると聞いているため、担当者が違ったりブースが違ったりといった理由で同じ日付で重複している会社には、○を入力している。

■案件明細

「案件明細」シートは、営業部門が管理している案件明細リストの中から今回のイベント関連のデータを抽出した案件リストです。

> **ヒント　営業部門の案件明細からのイベントデータの抽出方法**
>
> 営業部門の案件明細リストには、案件が発生した日付をキーとして、それぞれのお客様ごとに案件が記載されており、進捗やプロセス、結果などがわかるようなデータになっています。
> 今回の分析ではイベント関連のデータのみが必要なため、イベントによって発生した事案であることがわかる列項目を利用してデータを抽出する必要があります。
> この案件明細リストをよく見ると、「チャネル」という列項目に「案件を発生させるために実施した行動」を意味するデータが記載されています。そこで、「案件発生日」に加えて、「チャネル」に「イベント」が含まれる行をすべて抽出しています。

「案件明細」シート

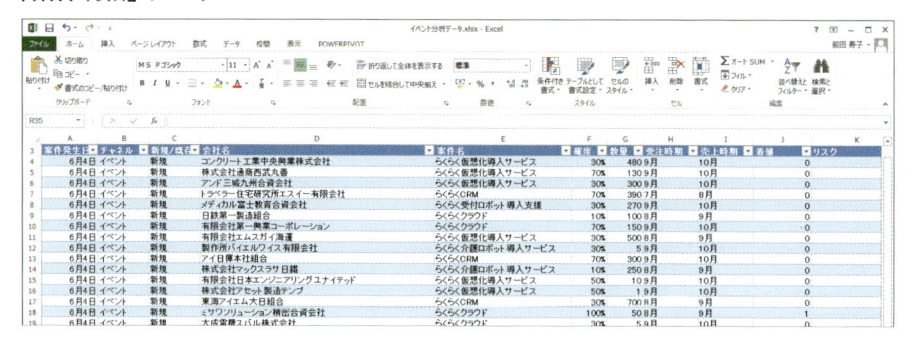

「案件明細」シートに記載されているのは、A列からK列までの11項目です。それぞれの項目の概要については、次の表を参照してください。

「案件明細」の列項目

列	項目	概要
A	案件発生日	案件が発生した日付が記載されている。
B	チャネル	案件を発生させるために実施した行動が記載されている。
C	新規/既存	案件が新規か既存かが記載されている。
D	会社名	案件対象の会社名が記載されている。
E	案件名	案件名のサービスが記載されている。
F	確度	案件の確実さの度合がパーセンテージで記載されている。
G	数量	案件の製品やライセンスの数量が記載されている。
H	受注時期	案件の受注時期が記載されている。
I	売上時期	案件の売上時期が記載されている。
J	着値	営業が数字を報告する際に使用する値が記載されている。
K	リスク	案件にリスクがあるかどうかが記載されている。

■業種マスター

業種マスターには、業種IDをキーにして、業種大分類、業種小分類、業種名に分類したデータが記載されています。

> **ヒント　業種マスターのもととなるデータ**
>
> ここで使用している「業種マスター」は、マーケティング部門の立ち上げ当初に、総務省統計局の「平成18年事業所・企業統計調査産業分類一覧」(http://www.stat.go.jp/data/jigyou/2006/bunrui.htm) を引用して作成したものを使用しています。

「業種マスター」シート

業種ID	業種大分類	業種小分類	業種名
A011	農業	農業	耕種農業
A012	農業	農業	畜産農業
A013	農業	農業	農業サービス業(園芸サービス業を除く)
A014	農業	農業	園芸サービス業
B021	林業	林業	育林業
B022	林業	林業	素材生産業
B023	林業	林業	特用林産物生産業(きのこ類の栽培を除く)
B024	林業	林業	林業サービス業
B029	林業	林業	その他の林業
C031	漁業	漁業	海面漁業
C032	漁業	漁業	内水面漁業
C041	漁業	水産養殖業	海面養殖業
C042	漁業	水産養殖業	内水面養殖業
D051	鉱業	鉱業	金属鉱業
D052	鉱業	鉱業	石炭・亜炭鉱業
D053	鉱業	鉱業	原油・天然ガス鉱業
D054	鉱業	鉱業	採石業,砂・砂利・玉石採取業
D055	鉱業	鉱業	窯業原料用鉱物鉱業(耐火物・陶磁器・ガラス・セメント原料用に限る)
D059	鉱業	鉱業	その他の鉱業
E061	建設業	総合工事業	一般土木建築工事業
E062	建設業	総合工事業	土木工事業(舗装工事業を除く)
E063	建設業	総合工事業	舗装工事業
E064	建設業	総合工事業	建築工事業(木造建築工事業を除く)
E065	建設業	総合工事業	木造建築工事業
E066	建設業	総合工事業	建築リフォーム工事業
E071	建設業	職別工事業(設備工事業を除く)	大工工事業
E072	建設業	職別工事業(設備工事業を除く)	とび・土工・コンクリート工事業
E073	建設業	職別工事業(設備工事業を除く)	鉄骨・鉄筋工事業

Part 5 展示会データの分析と営業活動への利用

03 データを関連付け用の領域に追加する

操作事例

Power BIでデータを分析するのに先立って、Excelブックのシートに取り込んだそれぞれのデータを関連付けるために、PowerPivotでデータモデルとして追加していきます。

データモデルに追加する

1 「来場者数」をデータモデルに追加

❶[来場者数]シートをクリックして表示する。
❷[POWERPIVOT]タブをクリックする。
❸[データモデルに追加]ボタンをクリックする。

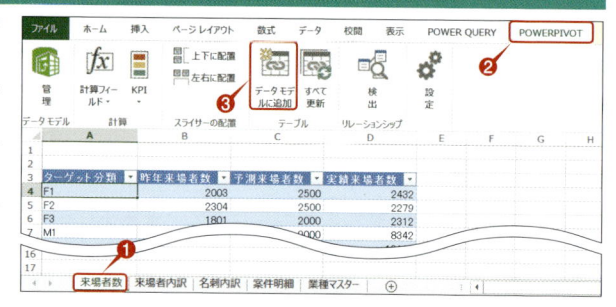

2 PowerPivot ウィンドウの表示

❹「来場者数」がデータモデルに追加される。

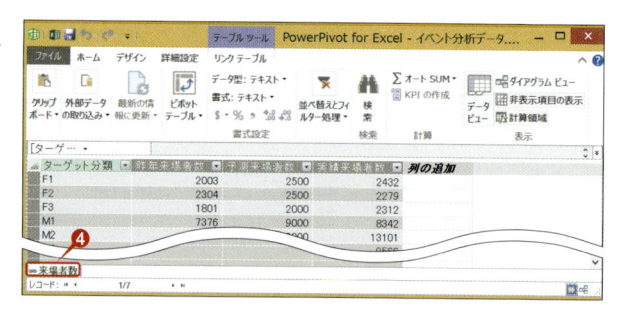

> **ヒント 間違って追加したデータモデルを削除するには**
>
> 「PowerPivot ウィンドウ」画面で、シート名を右クリックして表示されるメニューから[削除]を選択すると、読み込んだモデルを削除できます。

140 エクセルでできる！ ビッグデータの活用事例

3 「来場者内訳」をデータモデルに追加

❺ [POWERPIVOT] タブの画面をクリックして戻る。

❻ [来場者内訳] シートをクリックして表示する。

❼ [データモデルに追加] ボタンをクリックする。

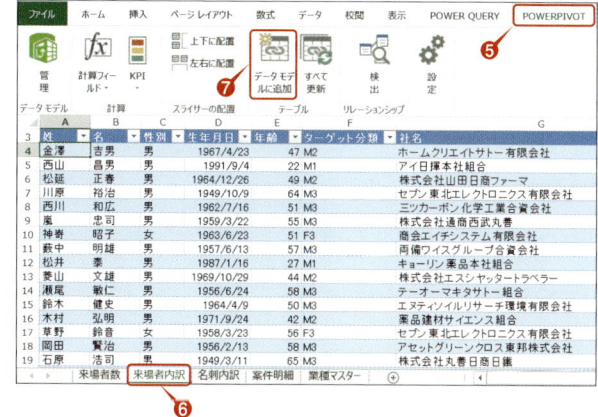

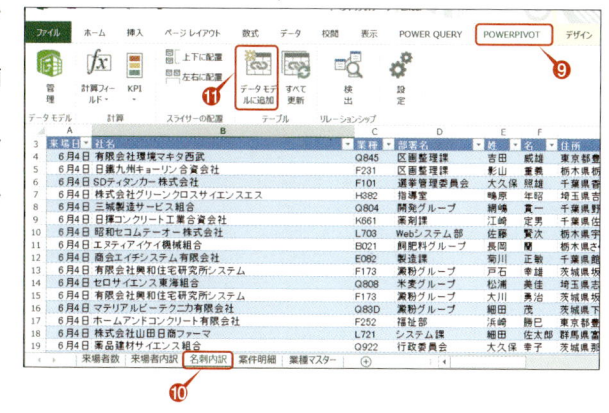

4 PowerPivot ウィンドウの表示

❽「来場者内訳」がデータモデルに追加される。

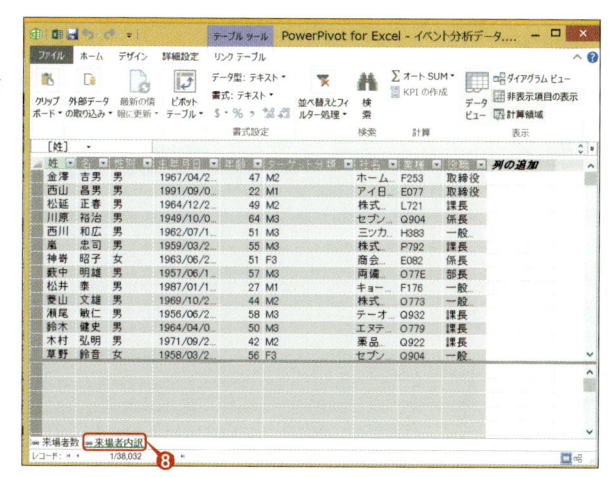

5 「名刺内訳」をデータモデルに追加

❾ [POWERPIVOT] タブの画面をクリックして戻る。

❿ [名刺内訳] シートをクリックして表示する。

⓫ [データモデルに追加] ボタンをクリックする。

エクセルでできる！ ビッグデータの活用事例 141

Part 5　展示会データの分析と営業活動への利用

6 PowerPivot ウィンドウの表示

⓬[名刺内訳]がデータモデルに追加される。

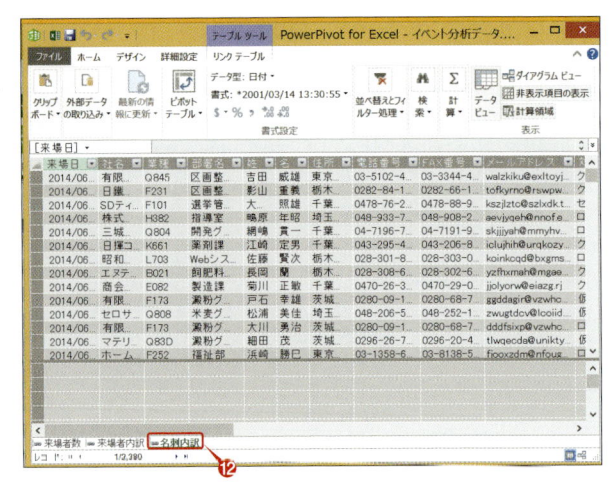

7 「案件明細」をデータモデルに追加

⓭[POWERPIVOT]タブの画面をクリックして戻る。
⓮[案件明細]シートをクリックして表示する。
⓯[データモデルに追加]ボタンをクリックする。

8 PowerPivot ウィンドウの表示

⓰「案件明細」がデータモデルに追加される。

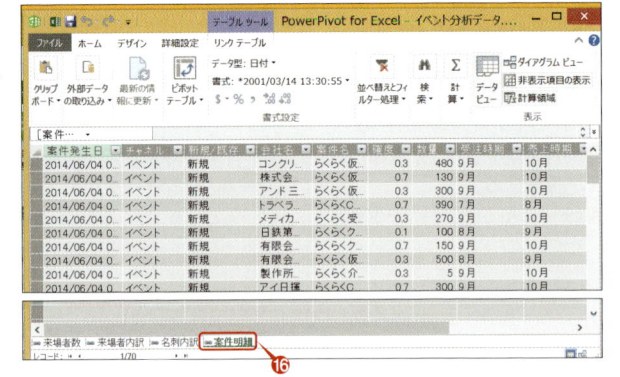

142　エクセルでできる！　ビッグデータの活用事例

9 「業種マスター」をデータモデルに追加

⓱[POWERPIVOT] タブの画面をクリックして戻る。

⓲[業種マスター] シートをクリックして表示する。

⓳[データモデルに追加] ボタンをクリックする。

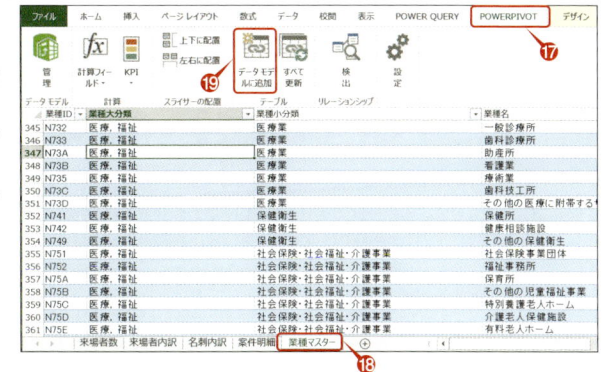

10 PowerPivot ウィンドウの表示

⓴「業種マスター」がデータモデルに追加される。

解説　シートの確認

5つのシートがすべてテーブルとしてPowerPivotウィンドウに作成されたら、データモデルへの追加は終了です。

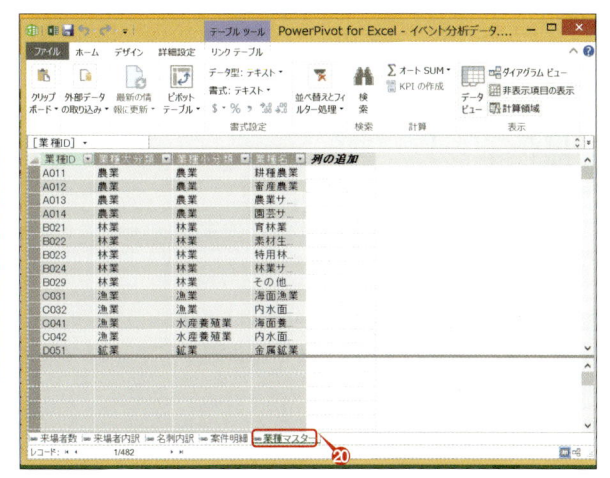

エクセルでできる！　ビッグデータの活用事例　143

Part 5 展示会データの分析と営業活動への利用

04 分析に使用するデータを連携させる

操作事例

データモデルに追加したテーブル間で関連するデータを連携します。まずは、複数のテーブルが持っている「業種」の情報と業種マスター間でリレーションシップを作成し、次に、会社名を持つテーブル間でリレーションシップを作成します。

ダイアグラムビューへの切り替え

1 データの表示

❶「PowerPivot ウィンドウ」画面で[ダイアグラムビュー]ボタンをクリックする。
❷ダイアグラムビューが表示される。

ヒント テーブルの移動

それぞれのテーブルは、操作しやすいように、ドラッグして移動したり、大きさを調節したりしてください。

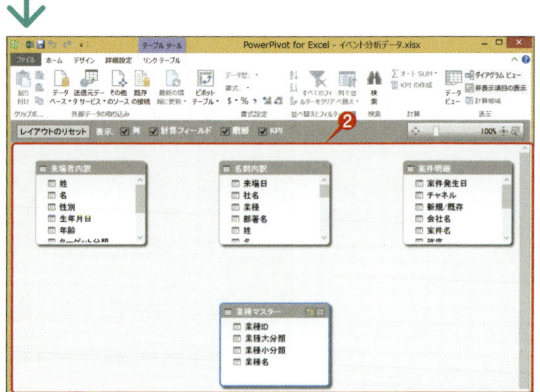

2 「来場者内訳」の業種と「業種マスター」の業種IDを連携

❸「来場者内訳」テーブルの[業種]を右クリックする。
❹表示されたメニューから、[リレーションシップの作成]をクリックする。

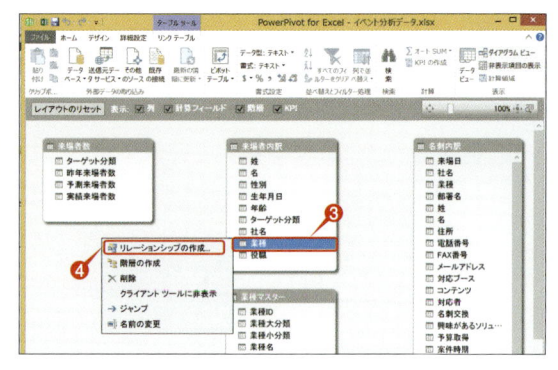

144 エクセルでできる！ ビッグデータの活用事例

❺「関連する参照テーブル」欄から[業種マスター]を選択する。
❻「関連する参照列」欄から[業種ID]を選択する。
❼[作成]ボタンをクリックする。

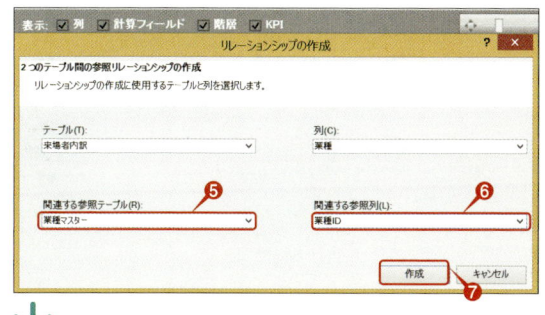

ヒント ドラッグ&ドロップによる設定

「来場者内訳」テーブルの[業種]を「業種マスター」テーブルの[業種ID]にドラッグしてもリレーションを作成できます。

❽業種コードとのリレーションシップが作成される。

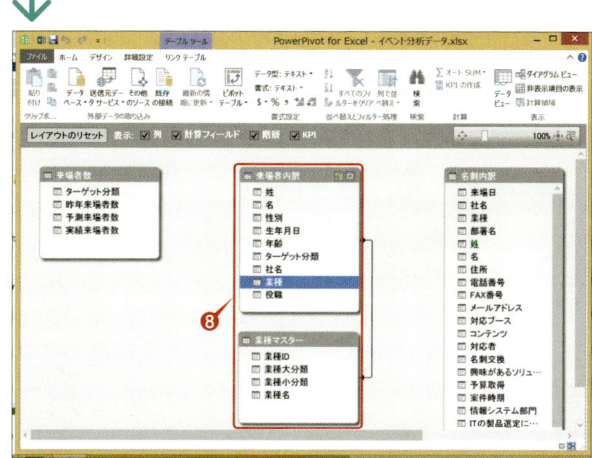

名刺内訳の業種と業種マスターの業種IDを連携させる

1 「名刺内訳」の業種と「業種マスター」の業種IDを連携

❶「名刺内訳」テーブルの[業種]を右クリックする。
❷表示されたメニューから、[リレーションシップの作成]をクリックする。

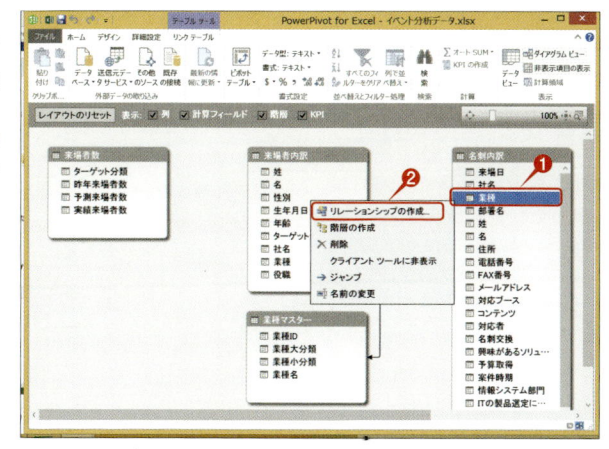

≫次ページへ

エクセルでできる！ ビッグデータの活用事例 145

❸「関連する参照テーブル」欄から[業種マスター]を選択する。
❹「関連する参照列」欄から[業種ID]を選択する。
❺[作成]ボタンをクリックする。

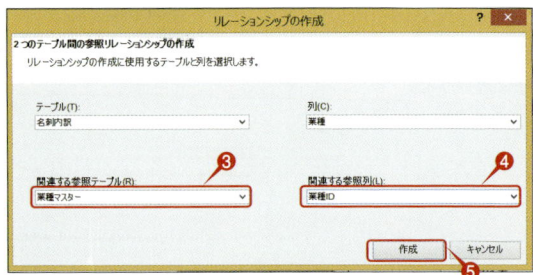

> **ヒント ドラッグによる設定**
> 「名刺内訳」テーブルの[業種]を「業種マスター」テーブルの[業種ID]にドラッグしてもリレーションを作成できます。

❻業種コードとのリレーションシップが作成される。

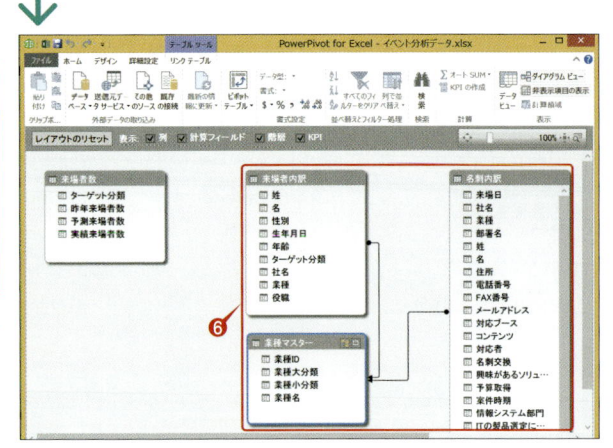

案件明細の会社名と名刺内訳の社名を連携させる

　マーケティング部門が管理している「案件明細」のテーブルと営業部門が管理している「名刺内訳」のテーブルを連携させるために、会社名でリレーションシップを作成します。

1 「案件明細」の会社名と「名刺内訳」の社名を連携

❶「名刺内訳」テーブルの[社名]を右クリックする。
❷表示されたメニューから、[リレーションシップの作成]をクリックする。

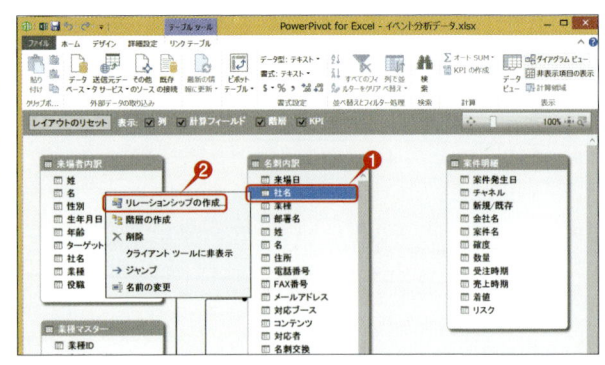

❸「関連する参照テーブル」欄から[案件明細]を選択する。
❹「関連する参照列」欄から[会社名]を選択する。
❺[作成]ボタンをクリックする。

↓

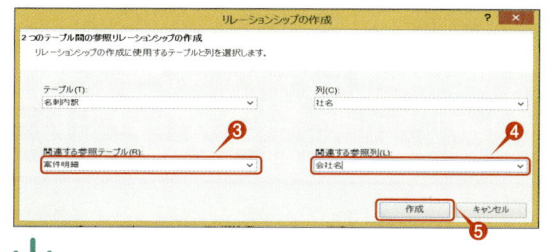

> **ヒント　ドラッグによる設定**
>
> 「名刺内訳」テーブルの[社名]を「案件明細」テーブルの[会社名]にドラッグしてもリレーションを作成できます。

❻「名刺内訳」と「案件明細」間でリレーションシップが作成される。

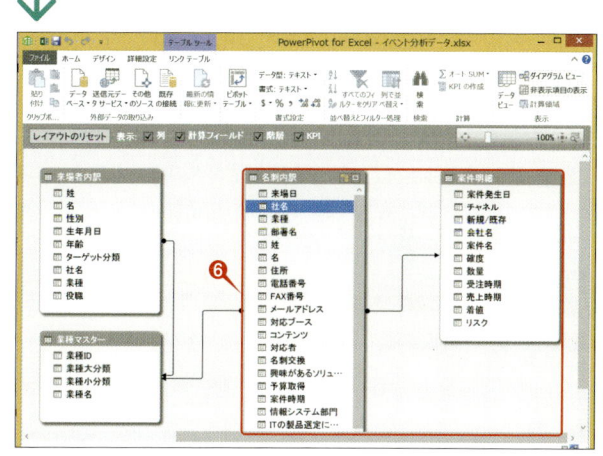

2 データビューへの切り替え

❼「PowerPivot ウィンドウ」画面で[データビュー]ボタンをクリックする。
❽データビューが表示される。

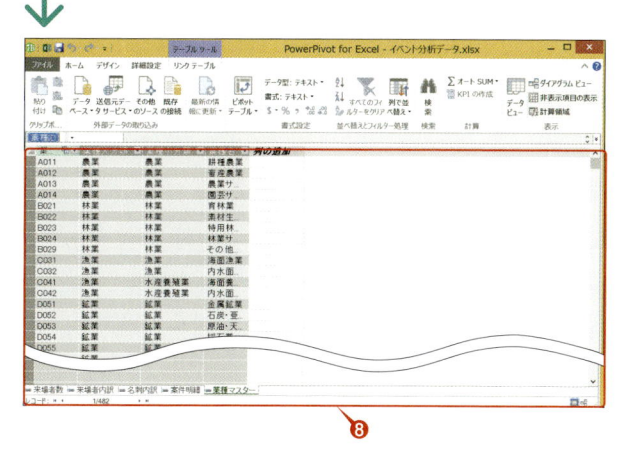

エクセルでできる！ ビッグデータの活用事例　147

Part 5　展示会データの分析と営業活動への利用

05 名刺内訳と案件明細を比較するための列を追加する

操作事例

マーケティング部門の「名刺内訳」と営業部門の「案件明細」を比較するために、「案件明細」テーブルの「確度」を「名刺内訳」テーブルに追加します。これによって、マーケティング部門と営業部門の温度差を測ることを目的としています。

新しい列に計算式を追加する

営業部門の「案件明細」には、案件の確実さの度合を示す「確度」が記載されています。ここでは、マーケティング部門の「名刺内訳」テーブルに新しい列を追加し、お客様の来場日が「案件明細」の案件発生日と同じ日付の場合に、「案件明細」の「確度」を関連付けて表示します。

❶「名刺内訳」テーブルの新しい列に、「確度」を関連付ける数式を設定

❶［名刺内訳］を選択する。
❷「列の追加」列の一番上のセルをクリックする。
❸数式バーに以下の数式を設定して、［Enter］キーを押す。

=IF([来場日]=RELATED('案件明細'[案件発生日]),RELATED('案件明細'[確度]))

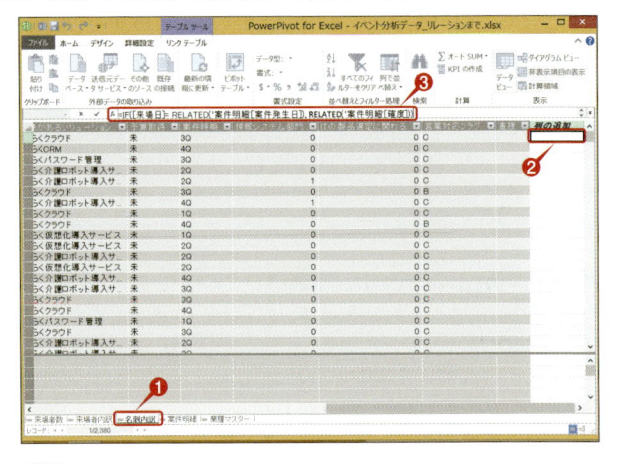

💡ヒント　候補を選択して数式を入力する

関数名やテーブル名、列名などの候補が表示される場合は、マウスやキーボードで選択して［Tab］キーで入力を確定できます。

148　エクセルでできる！　ビッグデータの活用事例

❹「Calculated Column1」という列が新しく追加され、数式の計算結果が表示される。

> **解説** 列の書式設定
>
> 「案件明細」テーブルの「確度」のデータが追加されているかどうかを比べてみてください。ただし、この時点では、数値はパーセント表記ではなく、小数点で表示されています。

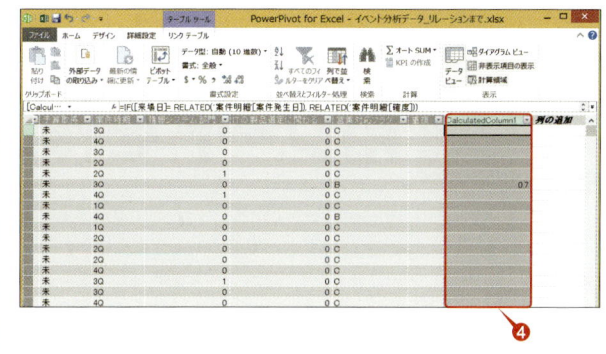

2 列の設定

❺新しく追加された行のタイトルを「確度」に設定する。
❻[ホーム] タブの「書式設定」で、[パーセントスタイル] ボタンをクリックする。
❼数値がパーセント表示に切り替わる。

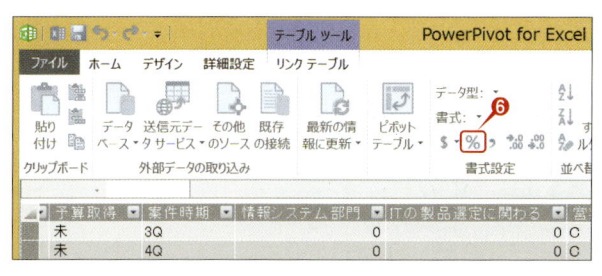

> **解説** PowerPivotの設定
>
> PowerPivotによるデータモデルの設定は以上で終了です。「PowerPivot ウィンドウ」画面を閉じて、レポートを作成する手順に進みましょう。

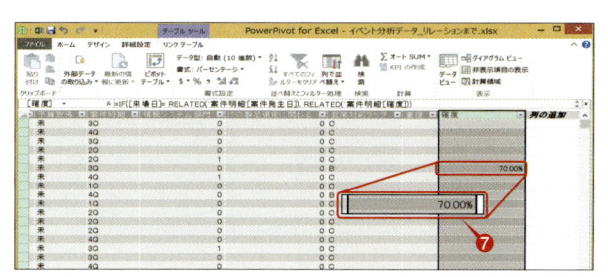

エクセルでできる！ ビッグデータの活用事例 149

Part 5　展示会データの分析と営業活動への利用

06 展示会イベントの分析用シートを作成する

操作事例

PowerPivotによるデータモデルの設定が終わったら、Power Viewを用いて展示会イベントの分析用シートを作成します。また、分析操作のために、自動的に作成される不要なテーブルを削除しておきます。

Power Viewシートを作成する

1 Power Viewシートの作成

❶一番右のデータシートを表示する。
❷[挿入]タブをクリックする。
❸[パワービュー]ボタンをクリックする。

2 Power Viewシートの表示

❹PowerPivotによるデータモデルの設定が解析され、「Power View1」という名前でシートが作成される。

3 テーブルの削除

❺作成された業種マスターのテーブルはここでの分析では使用しないので、削除しておく。

> **ヒント　テーブルの削除方法**
>
> テーブルが選択されている状態で、[Delete]キーを押すと、削除できます。

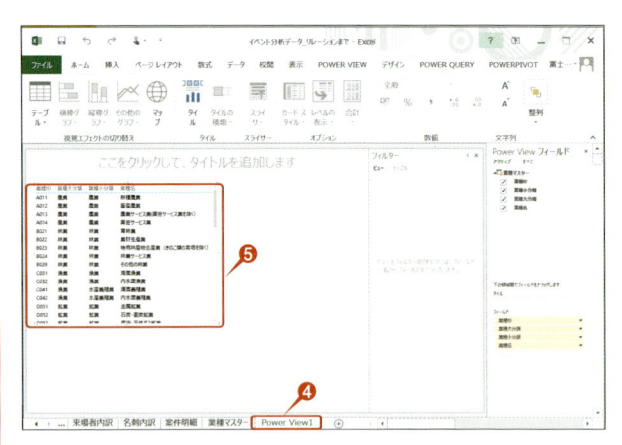

150　エクセルでできる！　ビッグデータの活用事例

07 来場者の業種を調べる

操作事例

この段階では、まだ何もテーブルが表示されていない状態になっているはずです。はじめに、「来場者内訳」テーブルのデータをもとに、どのような業種のお客様が多かったのかをグラフにして分析してみましょう。

来場者内訳を分析する

1 フィールドの選択と設定

❶ フィールドセクションで[来場者内訳]の[姓]にチェックを入れる。

❷ ビューに選択したフィールドのデータが表示される。ここでは、お客様の名前が一覧表示される。

❸「フィールド」設定で、[姓]の右端の▼をクリックし、表示されたメニューから[カウント(空白なし)]をクリックする。これによって、来場者の数が数えられる。

> **ヒント データのカウント方法**
>
> フィールドデータを数える際に、[カウント(空白なし)]を選択すると、空白は数えられません。また、[カウント(一意の値のみ)]を選択すると、重複する値は1つとして数えられます。

2 グラフの作成

❹[デザイン]タブで、[縦棒グラフ]ボタン→[積み上げ縦棒]をクリックすると、棒グラフが作成される。

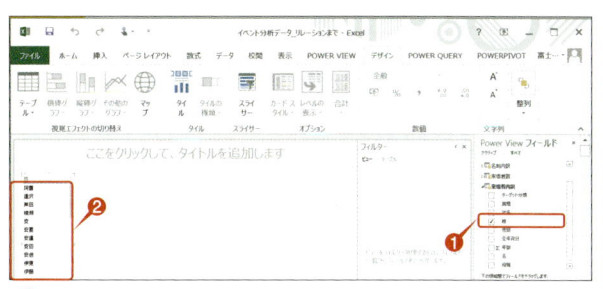

エクセルでできる！ ビッグデータの活用事例 151

Part 5　展示会データの分析と営業活動への利用

3　グラフの軸設定

❺フィールドセクションで、[業種マスター]の[業種大分類]にマウスポインターを合わせたときに表示される、右端の▼をクリックし、表示されたメニューから[軸として追加]をクリックする。

❻レイアウトセクションの「軸」欄に「業種大分類」が設定される。

解説　グラフの大きさと位置の調整

作成されたグラフの大きさや表示エリアは、グラフをドラッグして見やすく調整できます。

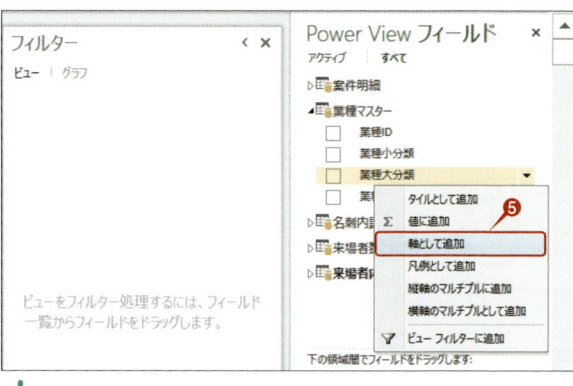

4　業種による来場者の把握

❼グラフの軸に[業種大分類]が設定され、業種ごとの来場者数が棒グラフで表示されるようになった。

解説　業種ごとの来場者数による気づき

このグラフによると、サービス業と製造業の来場者数が群を抜いているのが一目瞭然です。
さらに、男女比や年齢層の比率がどのようになっているのかを積み上げて表現してみましょう。

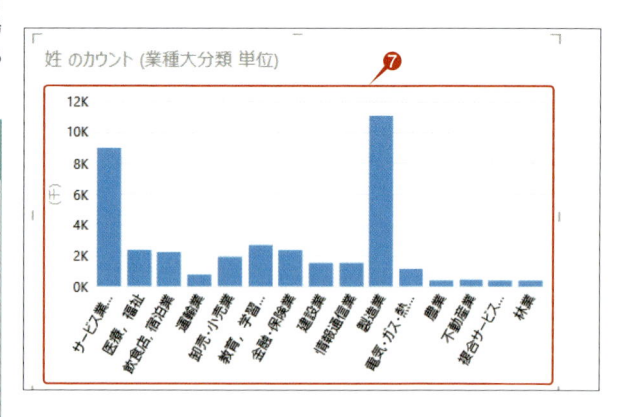

152　エクセルでできる！　ビッグデータの活用事例

5 凡例に「来場者内訳」テーブルの「ターゲット分類」を追加

❽ フィールドセクションで、[来場者内訳]の[ターゲット分類]にマウスポインターを合わせたときに表示される、右端の▼をクリックし、表示されたメニューから[凡例として追加]をクリックする。

❾ レイアウトセクションの「凡例」欄に「ターゲット分類」が設定される。

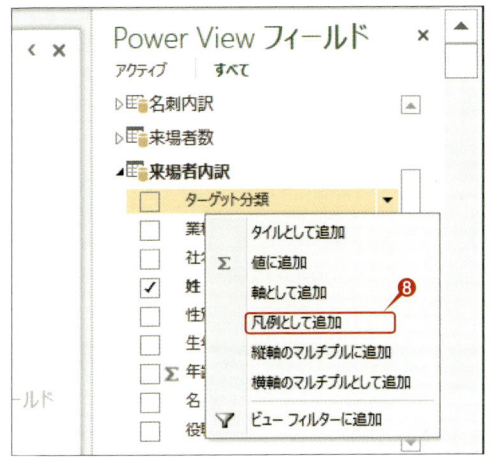

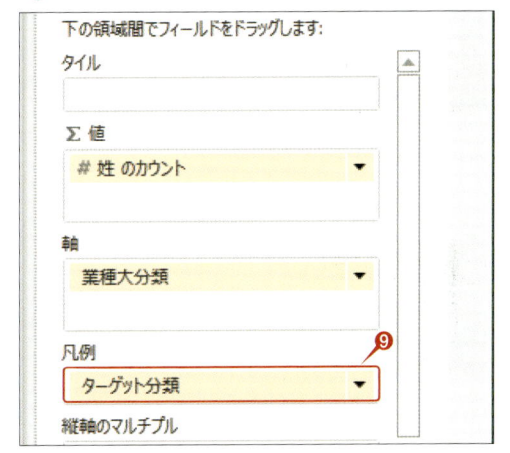

6 ターゲット分類による来場者の把握

❿ グラフの凡例に「ターゲット分類」が設定され、男女別／年齢ごとの来場者数が表示されるようになった。

解説　ターゲット分類による気づき

この結果によると、35〜49歳の男性が最も多く、サービス業と製造業中心の中堅クラスのビジネスマンが多く来場しているように見えます。
これは、マーケティング部が想定したとおりの結果となっています。

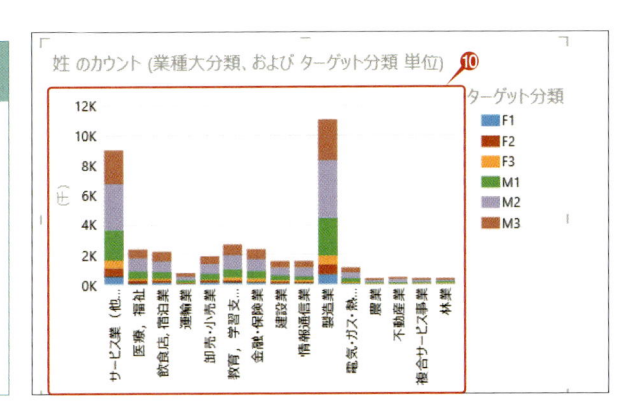

エクセルでできる！ ビッグデータの活用事例　153

08 来場者数の推移を調べる

操作事例

次に、マーケティング部門が作成した展示会イベントの「名刺内訳」テーブルをもとに分析してみます。具体的には、来場者個人ではなく、会社名によって来場数をカウントしてその推移をグラフ化し、問題がなかったかどうかを調べます。

名刺内訳で来場日ごとの来場者を分析する

1 フィールドの選択と設定

❶ フィールドセクションで[名刺内訳]の[社名]にチェックを入れる。

解説 新規でグラフを作成する場合

ここでは、新しいグラフを作るため、一度何もないところをクリックして、フィールドが選択されていない状態で開始してください。

❷ ビューに選択したフィールドのデータが表示される。ここでは、お客様の会社名が一覧表示される。

❸「フィールド」欄で、[社名]の右端の▼をクリックし、表示されたメニューから[カウント（空白なし）]をクリックする。これによって、来場者の会社名の数がカウントされる。

2 グラフの作成

❹[デザイン]タブで、[その他のグラフ]をクリックし、[線]をクリックすると、折れ線グラフが作成される。

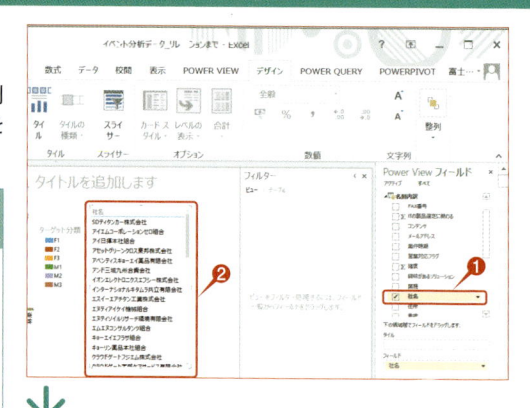

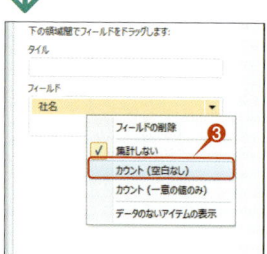

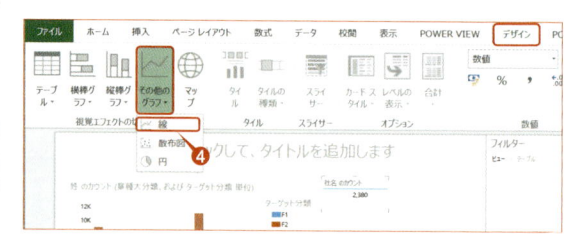

3 グラフの軸に「来場日」を設定

❺ フィールドセクションで、[名刺内訳]の[来場日]にマウスポインターを合わせたときに表示される、右端の▼をクリックし、表示されたメニューから[軸として追加]をクリックする。

❻ レイアウトセクションの「軸」欄に「来場日」が設定される。

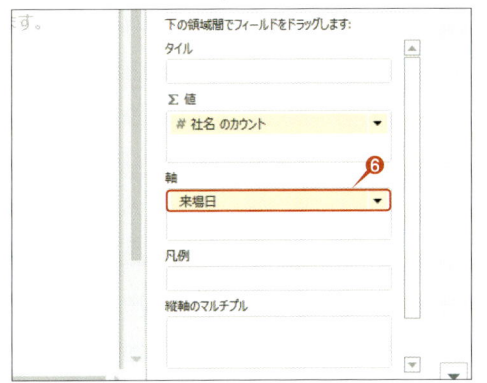

4 来場日ごとの来場数の推移の把握

❼ グラフの軸に「来場日」が設定され、来場日ごとの来場数が表示されるようになった。

解説 来場日ごとの来場数による気づき

ここでは、ブースに来場したお客様の会社名を数えています。グラフを見る限り、後半の人数が増加傾向にありますが、ブースに来ていた人の数の推移も問題ないようです。

エクセルでできる！ ビッグデータの活用事例 155

Part 5　展示会データの分析と営業活動への利用

09 確度の高い案件がどのようなものだったのかを調べる

操作事例

マーケティング部門による「営業フラグ」は、お客様が製品やソリューションに対してどのような感触を持っているかを示すデータです。これと、営業部門による案件の確実さの度合を示す「確度」を組み合わせて分析してみましょう。

名刺内訳の営業フラグを分析する

1　フィールドの選択と設定

❶ フィールドセクションで[名刺内訳]の[社名]にチェックを入れる。

解説　新規でグラフを作成する場合

ここでは、新しいグラフを作るため、一度何もないところをクリックして、フィールドが選択されていない状態で開始してください。

❷ ビューに選択したフィールドのデータが表示される。ここでは、お客様の会社名が一覧表示される。

❸「フィールド」欄で、[社名]の右端の▼をクリックし、表示されたメニューから[カウント（空白なし）]をクリックする。これによって、来場者の会社名の数がカウントされる。

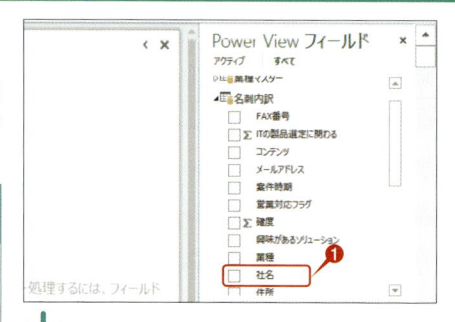

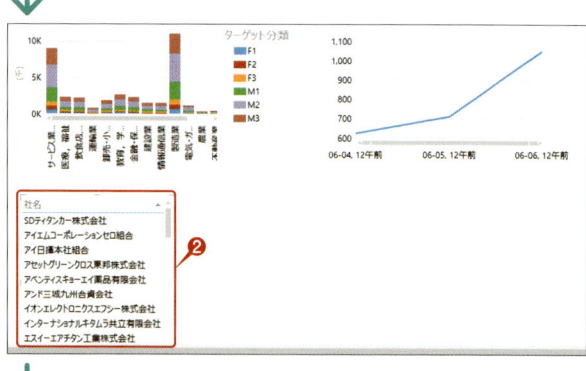

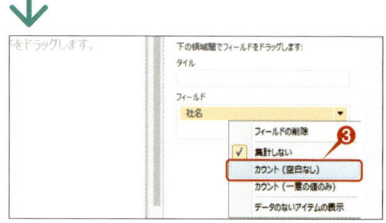

156　エクセルでできる！　ビッグデータの活用事例

2 グラフの作成

❹[デザイン]タブで、[その他のグラフ]ボタンをクリックし、[円]をクリックすると、円グラフが作成される。

> **解説 円グラフをどのデータで分割表示するか**
>
> この状態では、カウント数の1つしかデータがないので、円グラフは1色で表示されます。次に、円グラフを色分割して表現するためのフィールドデータを設定する必要があります。

3 円グラフの色設定

❺フィールドセクションで、[名刺内訳]の[営業対応フラグ]にマウスポインターを合わせたときに表示される、右端の▼をクリックし、表示されたメニューから[色として追加]をクリックする。

❻レイアウトセクションの「色」欄に「営業対応フラグ」が設定され、円グラフがデータで色分けして表示される。

> **解説 営業対応フラグの分析**
>
> この円グラフからは、(C)のフラグ、つまり「お礼メールのみ」で十分だと思われる会社が非常に多く、訪問対応(A)や電話による営業活動(B)が必要だと思われる会社は少なかったことがわかります。ただし、これはマーケティング部門によるデータです。次は、営業部門の「確度」を分析してみましょう。

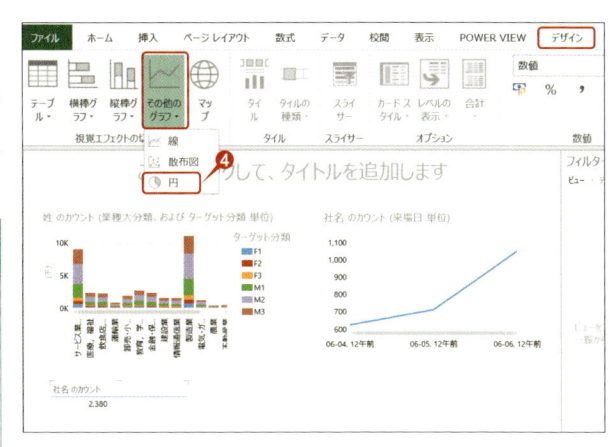

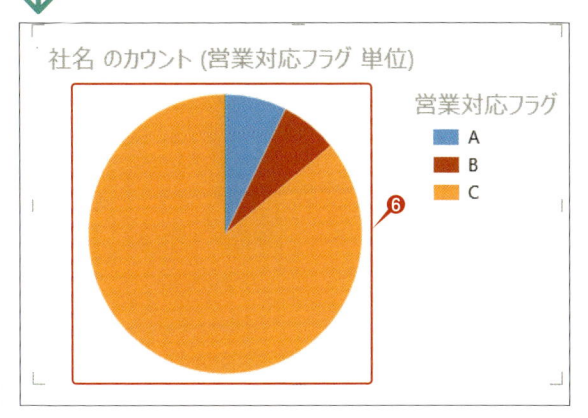

エクセルでできる！ ビッグデータの活用事例 157

Part 5　展示会データの分析と営業活動への利用

どの確度でどの営業対応フラグが多いのかを分析する

「確度」ごとにどの営業フラグが多いのかを調べるために、ここではタイルを追加して、確度を切り替えて営業対応フラグの円グラフを表示するようにします。

1　タイルとして追加するフィールドの設定

❶ フィールドセクションで、[名刺内訳]の[確度]にマウスポインターを合わせたときに表示される、右端の▼をクリックし、表示されたメニューから[タイルとして追加]をクリックする。

❷ レイアウトセクションの「タイル」欄に「確度」が設定され、ビューには確度ごとに営業フラグの円グラフを切り替えて表示するためのタイルが作成される。

正確な分析のために

ここでデータ分析を始める前に、同じ日に同じ会社の来場者がいるため、重複するデータをカウントしないようにフィルターを設定します。

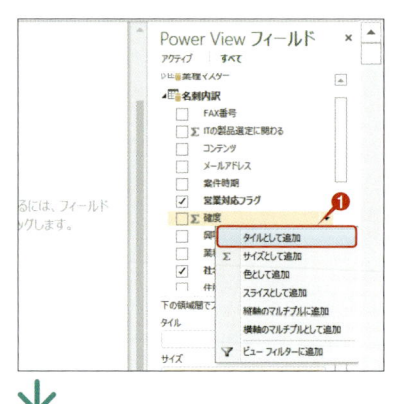

2　フィルターをかけて、重複データ以外を表示

❸ フィールドセクションで、[名刺内訳]の[重複]にマウスポインターを合わせたときに表示される、右端の▼をクリックし、表示されたメニューから[ビューフィルターに追加]を選択すると、フィルターエリアにフィルターが追加される。

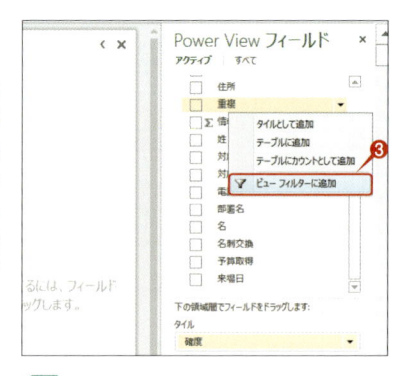

❹フィルターエリアで、「重複」フィルターの[空白]にチェックを入れる。

> 💬 **解説** フィルターの反映
>
> このフィルターによって、「重複」に「○」が付いているデータは、カウントされないようになります。

3 確度ごとの営業対応フラグの分析

❺確度が「空白」の場合（確度が決められない状態）、「C:お礼メールのみ」という対応は妥当であるように見える。

> 💬 **解説** フィルターの反映
>
> 確度のタイル（Ⓐ）は、右方向ほど確度が高いデータが表示されます。

❻レイアウトセクションの「タイル」欄に表示された「確度」の[10.00%]をクリックする。ビューに、10.00%の営業対応フラグの円グラフが表示されるので、以下、「100.00%」の確度まで同様にクリックし、各結果を読み取る。ここからは、確度が「10.00%」（確度が最も低い状態）であるにもかかわらず、「A:訪問対応」がすべてという矛盾した結果が読み取れる。

❼同様に、「30.00%」をクリックすると、確度がそれほど高くないにもかかわらず、「A:訪問対応」がほとんどという矛盾した結果が読み取れる。

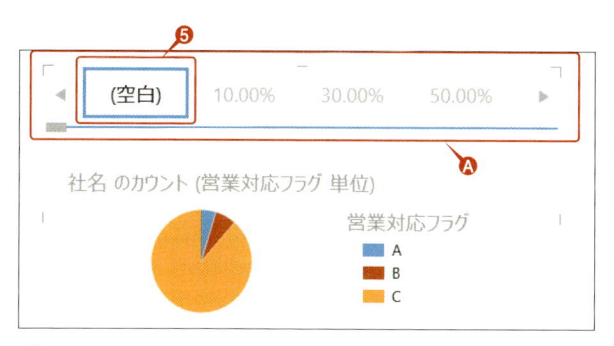

》次ページへ

エクセルでできる！ ビッグデータの活用事例

Part 5　展示会データの分析と営業活動への利用

❽同様に、[50.00%]をクリックすると、確度が半々のときに、「A:訪問対応」がすべてという結果が読み取れる。

❾同様に、「70.00%」（確度が高い状態）のときにも、「A:訪問対応」が多いが、「B:電話による営業」の割合も増えてきていることが読み取れる。

❿同様に、確度が「100.00%」（確実な状態）ではあるが、「B:電話による営業」の割合が非常に多くなっている。

ヒント　仮説による分析

営業部門とマーケティング部門の温度差がない場合、「営業の確度が低い場合は、マーケティング部門の営業対応フラグもCが多くなるはずである」という仮説が成り立つはずですが、ここからは逆の結果が導き出されています。

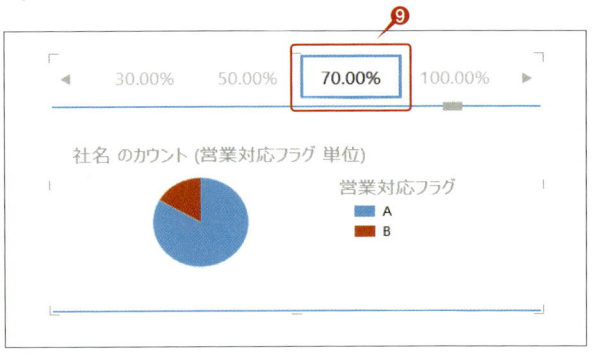

解説　確度と営業対応フラグによる分析結果

確度の高い案件に営業対応フラグ「B」が多く、営業部門では「B」の案件にはあまり対応していないようです。この分析からは、実はマーケティング部門が「A」を付けた会社よりも、「B」を付けた案件のほうが実際には営業的な引き合いがよく、優先的に対応するべきなのではないか、という結果が導き出されます。
次は、この原因を業種割合で探ってみます。

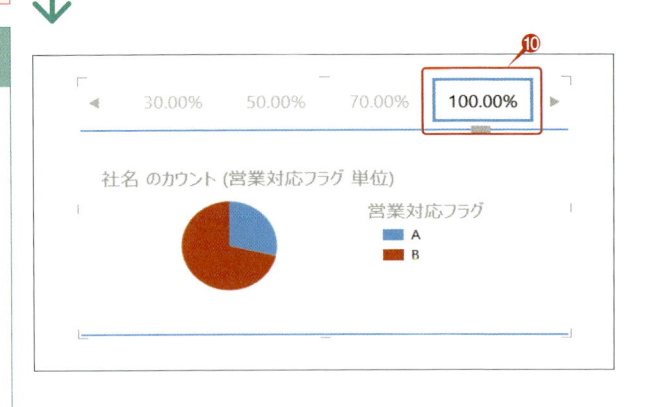

10 営業対応フラグごとの業種割合を分析する

操作事例

マーケティング部門と営業部門の温度差がなぜ出てしまったのかを調べるために、営業対応フラグごとの業種がどのように異なるのかを分析してみます。分析結果は営業活動に活用できるほか、次回のイベント開催時に役立てることもできます。

名刺内訳の会社の業種割合を分析する

1 フィールドの選択と設定

❶ フィールドセクションで[名刺内訳]の[社名]にチェックを入れる。

> **解説 新規でグラフを作成する場合**
>
> ここでは、新しいグラフを作るため、一度何もないところをクリックして、フィールドが選択されていない状態で始めてください。

❷ ビューに選択したフィールドのデータが表示される。ここでは、お客様の会社名が一覧表示される。

❸「フィールド」欄で、[社名]の右端の▼をクリックし、表示されたメニューから[カウント(空白なし)]をクリックする。これによって、来場者の会社名の数がカウントされる。

2 グラフの作成

❹ [デザイン]タブで、[その他のグラフ]ボタンをクリックし、[線]をクリックすると、折れ線グラフが作成される。

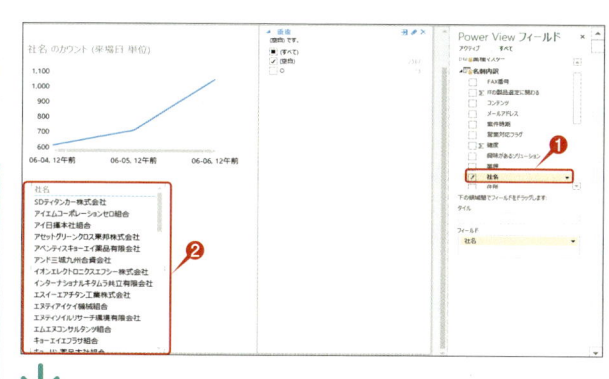

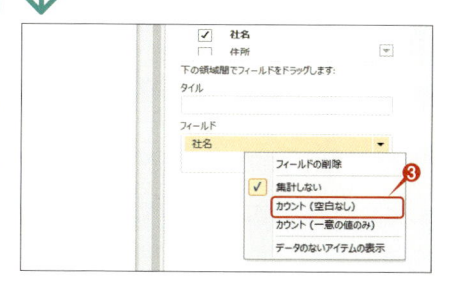

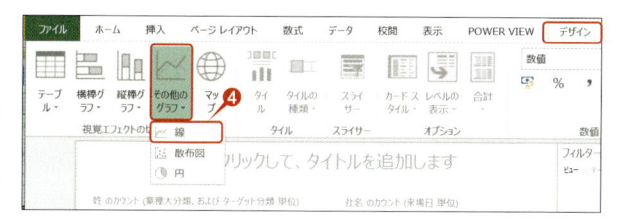

エクセルでできる！ ビッグデータの活用事例 161

Part 5　展示会データの分析と営業活動への利用

3 円グラフの色設定

❺ フィールドセクションで、[業種マスター]の[業種大分類]にマウスポインターを合わせたときに表示される、右端の▼をクリックし、表示されたメニューから[色として追加]をクリックする。

❻ レイアウトセクションの「色」欄に「業種大分類」が設定され、円グラフがデータで色分けして表示される。

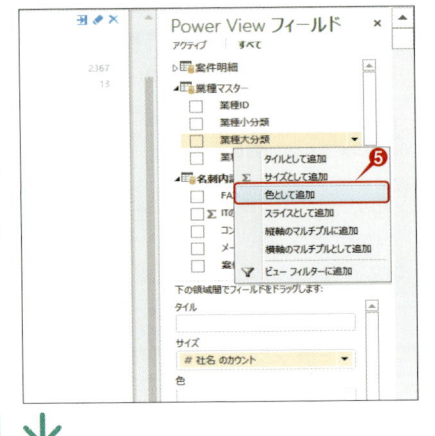

解説　業種の分析

この円グラフから読み取れる情報は、サービス業と製造業の会社の割合が高い，ということです。
次は、営業対応フラグごとの業種割合を分析してみましょう。

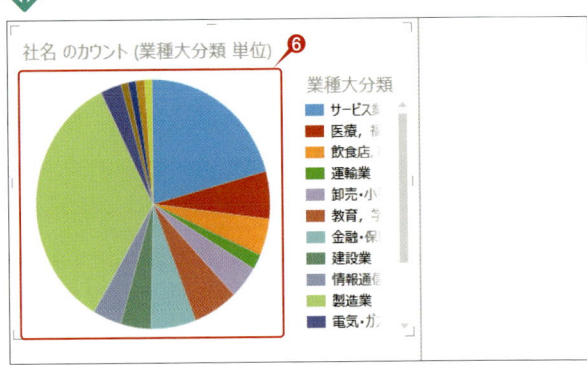

営業対応フラグごとの業種割合をタイルで分析する

1 タイルとして追加するフィールドの設定

❶ フィールドセクションで、[営業対応フラグ]にマウスポインターを合わせたときに表示される、右端の▼をクリックし、表示されたメニューから[タイルとして追加]をクリックする。

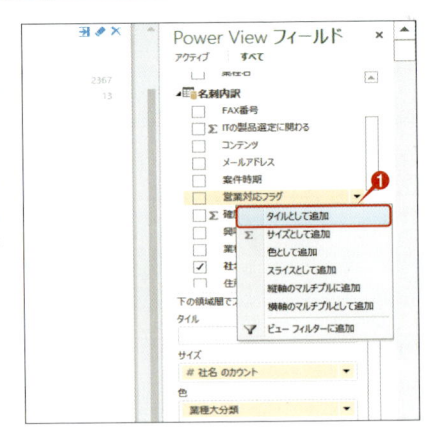

2 営業対応フラグごとの業種割合を分析

❷ レイアウトセクションの「タイル」欄に表示された営業対応フラグの[A]をクリックする。ビューに、営業対応フラグの円グラフが表示され、営業対応フラグが「A」の場合は、「医療,福祉」が最も多く、次いで「サービス業」となっている。

❸ 同様に、営業対応フラグが「B」の場合は、「製造業」が過半数近くを占め、次いで「サービス業」が多くなっている。

❹ 同様に、営業対応フラグが「C」の場合も、「製造業」が最も多く、次いで「サービス業」が多くなっている。

解説 展示会イベントデータ分析による結論

この結果からは、今回、マーケティング部門が医療関係に力を入れていたということが、営業対応フラグ「A」に色濃く反映されています。

営業対応フラグ「B」「C」は今回のイベント全体と同じような比率となっています。

イベントとしては狙ったとおりの顧客を獲得できていたことがわかりますが、どうやら営業成績につながるのはその狙っていた層ではないところだったようです。

テコ入れ策として、営業対応フラグ「B」の会社に対しても積極的に営業をかけていくという案を提出するのがよいという結論に至りました。

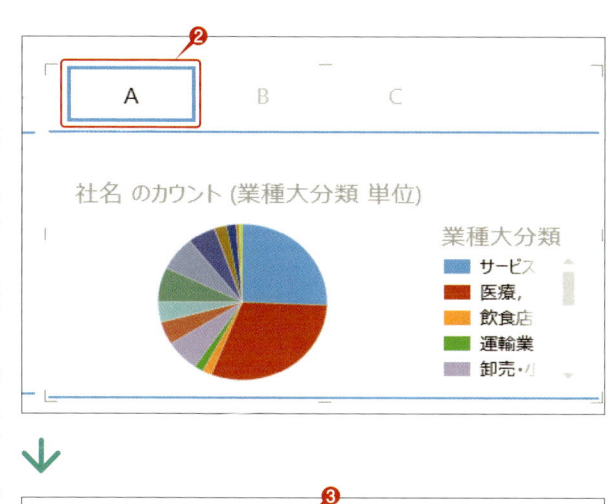

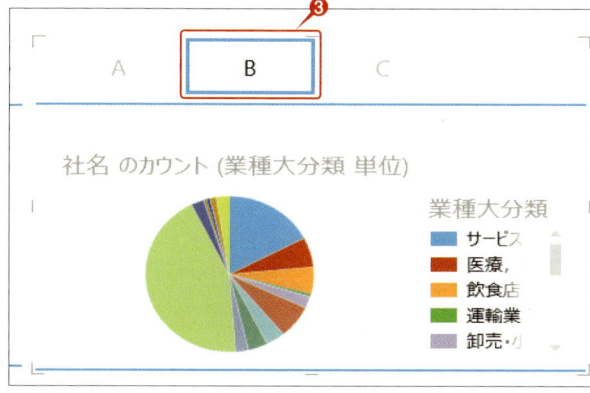

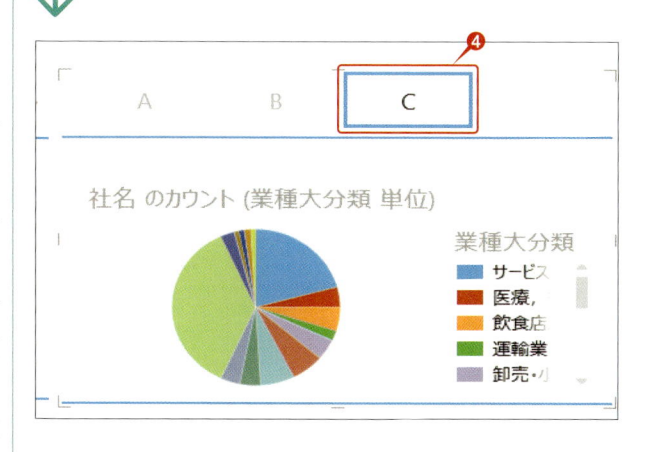

エクセルでできる！ ビッグデータの活用事例

Part 5 展示会データの分析と営業活動への利用

11 レポートとしてPower Viewシートの見た目を整える

操作事例

プレゼンテーションや報告などで使用するために、最後の仕上げとして、Power Viewシートを構成するそれぞれのグラフの位置や大きさを整え、タイトルや見出しなどを追加します。また、レポートの全体的なデザインを選択します。

レポートにタイトルと説明を追加する

1 レポートのタイトルを設定

❶[ここをクリックして、タイトルを追加します]という表示をクリックし、レポートのタイトルを入力する。

❷レポート上部にタイトルが設定される。

解説　グラフの説明を追加するには

それぞれのグラフがどういうものなのかをわかりやすく説明するためにテキストを追加したいことがあります。Power Viewでは、次の手順でテキストボックスを追加します。

2 テキストボックスの追加

❸[POWER VIEW]タブをクリックする。

❹[挿入]ボタンをクリックし、[テキストボックス]を選択する。

❺画面上に追加されたテキストボックスに文字を入力する。

❻テキストボックスの枠をドラッグして大きさを調整する。

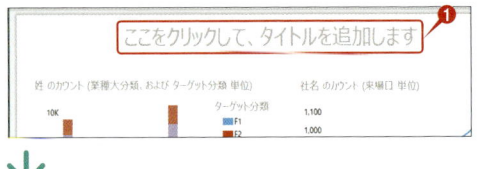

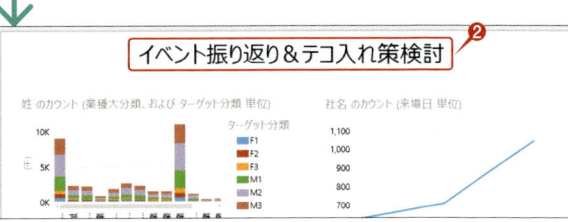

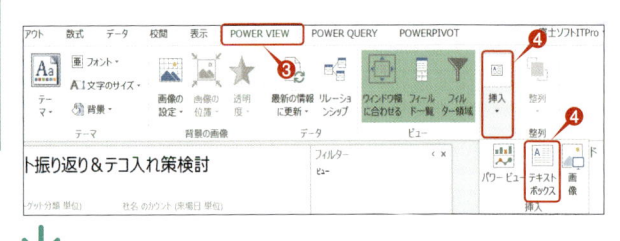

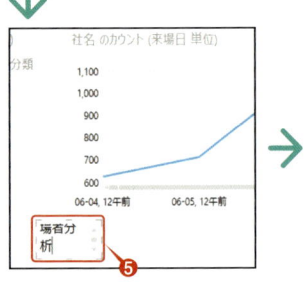

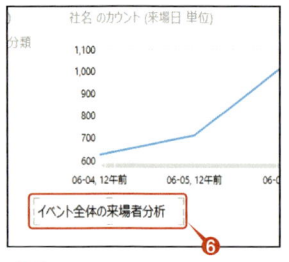

164 エクセルでできる！ビッグデータの活用事例

❼テキストボックスの枠をドラッグして移動し、グラフの上に配置する。

> **解説　テキストの設定**
>
> タイトルやテキストボックスの文字に対して、個別にフォントの種類やサイズなどを設定する場合は、[文字列]タブをクリックしてください。このリボンでセンター揃えなどの配置も設定できます。
>
> ただし、Power Viewの場合、フォントの色や塗りつぶしといった設定はできません。

❽ ❸～❼の手順で、グラフの上にテキストボックスによる説明を追加する。

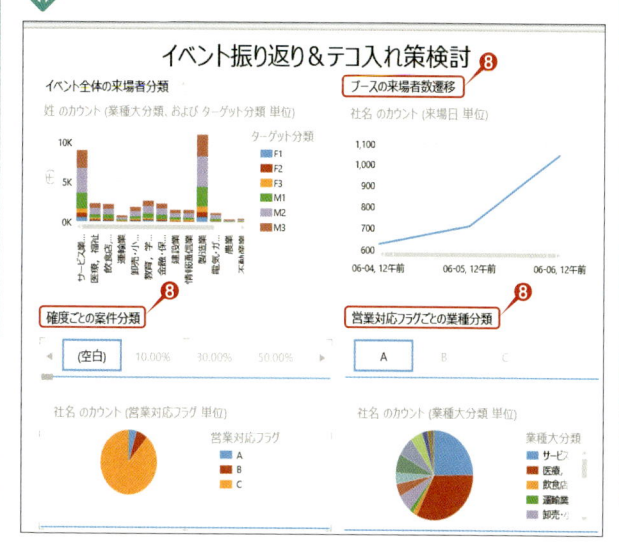

テーマを選択してデザインを変更する

1　背景の設定

❶ [POWER VIEW]タブで[背景]ボタンをクリックすると、用意されているパターンの中から背景を変更できる。
ここでは、ためしに濃いグレーの背景を選んでみる。

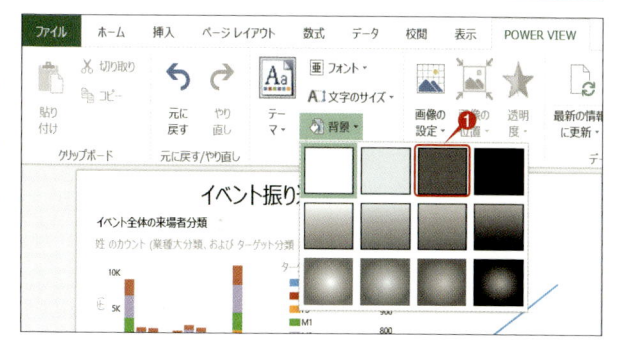

» 次ページへ

エクセルでできる！　ビッグデータの活用事例　165

Part 5　展示会データの分析と営業活動への利用

❷フィルターエリアも含め、ビューの背景とフォントの色が変更される。

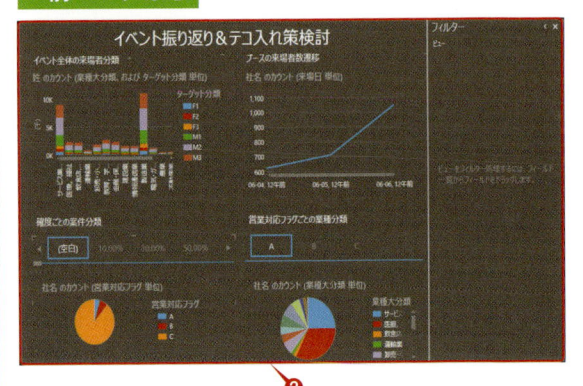

≫前ページから

ヒント　テーマとは

Microsoft Officeのドキュメントには、色の組み合わせ、フォント、およびその他の書式設定のセットで構成されるデザイン要素である「テーマ」を適用することで、視覚的な効果を与えられます。
Power Viewでもテーマを変更して、グラフの配色を好みのものに変更してみましょう。

2　テーマの設定

❸[POWER VIEW] タブで [テーマ] ボタンをクリックすると、用意されているパターンの中からテーマを変更できる。

❹選択したテーマがすぐに反映され、グラフの配色や罫線の色が変更される。

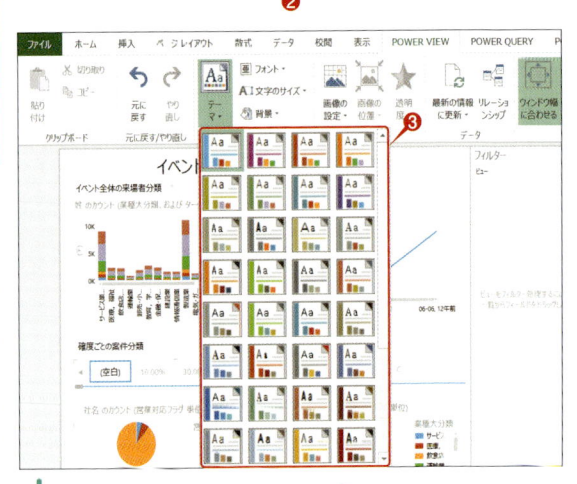

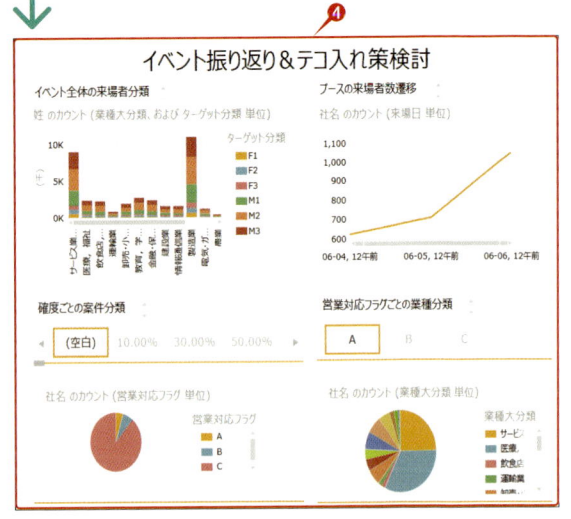

解説　画面全体のフォント設定

[POWER VIEW] タブで、「テーマ」グループの [フォント] や [文字のサイズ] を変更すると、ビュー全体に反映されます。

166　エクセルでできる！　ビッグデータの活用事例

応用編

ダイエットサプリの広告展開を考える

Part 6

この章では、1つの商品の売上を多角的に分析します。分析データを増やすことで細かいデータを収集し、Twitterと連動した利用方法についても説明します。

Part 6　ダイエットサプリの広告展開を考える

01 このPartで解説する広告戦略分析の背景と概要

概要　このPartでは、ダイエットサプリの輸入代理店がさらなる売上アップをねらって企画した広告戦略を分析して、それが本当に効果的なのかを解明していきます。ここでは、読者は広報・広告部門の若手社員の視点で操作を進めていきます。

広告戦略の分析例の背景

　このPartでは、ダイエットサプリを輸入販売している「ヘルスグッドネス」社の広告部に勤務する藤花子さんが、社運をかけた広告戦略が効果的なのかを予測するという分析例を解説します。

藤花子
花子さんは入社3年目の20代女性社員。つい先日、希望していた広告部に異動。

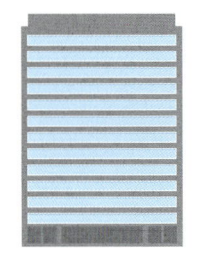

ヘルスグッドネス社
ヘルスグッドネス社は、海外で評判のダイエットサプリを輸入販売している。規模は小さいが、扱っている商品の知名度が向上するにつれ、会社自体の評判も上昇している。

伸び悩む売上

　これまでヘルスグッドネス社の販売モデルはネット通販が主体でしたが、ここ1年は試験的に都心のショッピングモールの一角を借りてリアル店舗での販売も並行しています。さらにこの6月は販売強化月間と位置づけて、会社として大胆に投資を実施し、売上を大幅に拡大しようとしていました。Web広告を制作するなど、あれこれ手探りでマーケティング活動及び営業活動を行ってきましたが、売上実績と事前の予測とを比較すると、いまひとつ売上が伸び悩んでいるというのが現状です。そこで伸び悩みの原因はいったいどこにあるのか？　また、今後どのような対策を講じて販売を拡大させていくのか？　活路を見出すべく社内で緊急の対策会議が開かれました。

社長からのTVCM案には漠然とした不安がある

　その対策会議で社長から出されたのが、ゴールデンタイムにテレビCMを流すという提案でした。他の広告媒体と比較して、テレビCMには莫大な費用がかかります。「社運をかけたプロジェクトになるかもしれない」ということは、社内の人間だれしもが感じていました。ところが、そのほとんどが漠然と「うまくいくだろう」という楽観的な意見だったこともあり、対策会議ではあれよあれよという間に「ゴールデンタイムのテレビドラマでCMを放映する」と決定してしまいました。一方、一部の人間の中では「本当にうまくいくだろうか？」という不安が渦巻いていました。主人公の花子さんもその一人です。しかしながら、彼女はただ直感的に「意味がないのでは…」と感じているに過ぎません。

　「単純にテレビCMを放映しても、投資した資金を回収できずに、失敗してしまうおそれはないのだろうか」

　――そのような不安を抱えつつも、データ的に説得できる証拠もない状況では、経験が浅い彼女にうまく説明できるわけもありません。
　会議後、自分の上司である部長が、早速「この一大プロジェクトを成功させるぞ」と息巻き、テレビCMの制作会社と交渉を開始すべく、複数の広告代理店に連絡を取り始めました。部長だけではなく、社内全体がその空気をまといだしている中、まだどこかで納得できず、「なんとか社長の提案の可能性を論理的にデータで分析したい」と頭のどこかで思っている花子さんでした。

自分で入手可能な情報で分析したい

　さて、夜の21時をまわって帰宅するなりソファに座り込んだ彼女は、「なぜ自分がテレビCMに深く納得できなかったのか」について考えていました。もしかしたら、原因は、単に自分がテレビをほとんど見ないこと、いわゆる「テレビ離れ」していることにあるのかも？またそういった人間がまわりに多いことをなんとなく感じているからでは？　と考えつきました。
　彼女はすかさずスマホでSNSアプリを起動し、「いまテレビ見てる人〜？」とつぶやいてみました。続々とかえってくる返信を見ると、どうやら自分の予想は当たっていたようです。返信してきたほとんどのSNSユーザーは、ゴールデンタイムと呼ばれるこの時間帯にテレビをつけていません。しかし、少し時間が経つと「月9視聴中なう。今回のドラマ面白いよ〜おすすめ☆」といった返信がちらほら見受けられるようになりました。どうやら完全にテレビを見ていないわけでもないようです。
　ですが、このようにスマホを見ながらテレビを見る、いわゆる「ながら視聴」では、CMなどそうそう目に入らないのではないでしょうか。さらには「平日は帰りが遅くて見れないから、オレは録画派！」といった返信も目に入ってきました。これでは、結局のところCMカットされて、ますます見てもらえないのではないでしょうか。

Part 6　ダイエットサプリの広告展開を考える

> **仮説　TVCMの効果は高くないのでは？**
>
> ・そもそものテレビ離れ　・TVのながら視聴によるCM不視聴　・録画視聴によるCMカット

　——これらの情報に触発された彼女は「まずはやってみよう」と思い立ち、分析を開始してみることにしました。まずは分析に使用するデータ集めです。「ビッグデータ時代というぐらいだから、Webから入手できる限りのデータを利用するとして、社内のシステム部門からできる限りのデータを見せてもらおう」「自分に手に入れられる社内データがそれほど多くないのはわかっているが、これらを組み合わせることで見えてくるものがあるのではないか？」そんな希望的観測を胸に、花子さんは自分のデスクに向かったのでした。

> **花子さんの思考経路は次のステップから**
>
> この例は、分析者自身にもはっきりとした理由がつかめずに漠然と不安を感じている状況からスタートし、入手可能なあらゆるデータをもとにミステリを解き明かしていく謎解き物語だということもできます。主人公がいかなる試行錯誤の後に結論を導いたのか。その思考のたどる道筋にも注目してください。

02 分析に必要なデータを確認する

操作事例

ここでは、社内のシステム部門から入手した売上データや問い合わせ情報、インターネットから入手可能な統計情報、SNSでつぶやかれたビッグデータなどの多様なデータを利用して分析を行います。まずはデータを確認してみましょう。

分析に利用できそうなデータをまとめる

今回の分析にあたって、花子さんが社内システム部門やインターネットからどのようなデータを集めたのかを見ていきましょう。以下は、それらのデータを1つのExcelブックに保存した状態です。

■ダイエットサプリの広告展開分析用ブック

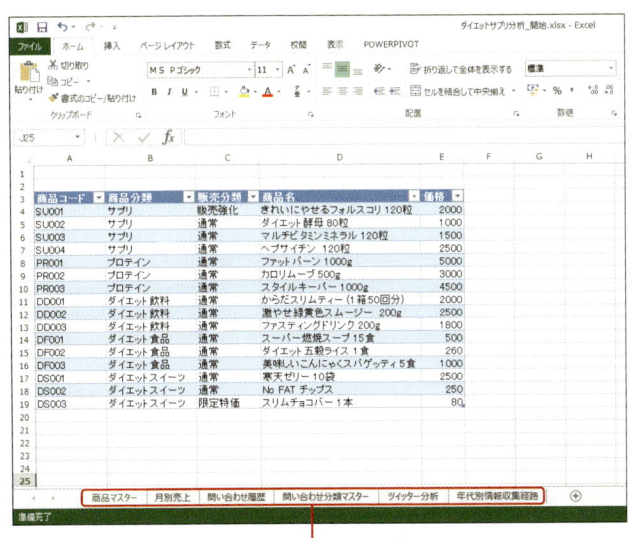

商品コード	商品分類	販売分類	商品名	価格
SU001	サプリ	販売強化	きれいにやせるフォルスコリ120粒	2000
SU002	サプリ	通常	ダイエット酵母80粒	1000
SU003	サプリ	通常	マルチビタミンミネラル120粒	1500
SU004	サプリ	通常	ヘブサイチン120粒	2500
PR001	プロテイン	通常	ファットバーン1000g	5000
PR002	プロテイン	通常	カロリムーブ500g	3000
PR003	プロテイン	通常	スタイルキーパー1000g	4500
DD001	ダイエット飲料	通常	からだスリムティー（1箱50回分）	2000
DD002	ダイエット飲料	通常	激やせ緑黄スムージー200g	2500
DD003	ダイエット飲料	通常	ファスティングドリンク200g	1800
DF001	ダイエット食品	通常	スーパー燃焼スープ15食	500
DF002	ダイエット食品	通常	ダイエット五勢サイズ1食	260
DF003	ダイエット食品	通常	美味しいこんにゃくスパゲッティ5食	1000
DS001	ダイエットスイーツ	通常	寒天ゼリー10袋	2500
DS002	ダイエットスイーツ	通常	No FATチップス	250
DS003	ダイエットスイーツ	限定特価	スリムチョコバー1本	80

シート：商品マスター／月別売上／問い合わせ履歴／問い合わせ分類マスター／ツイッター分析／年代別情報収集経路

複数のデータをシートごとにまとめる

解説　本書で使用するサンプルデータについて

本書で使用しているExcelデータは、実際に本書の手順を見ながら試すことができるサンプルファイルとして用意されています。詳しくは、「練習ファイルのダウンロード方法」（P.6）をご覧ください。

Part 6　ダイエットサプリの広告展開を考える

■商品マスター

まずは、情報システム部門から受け取ったデータを確認してみます。この「商品マスター」には、ヘルスグッドネス社で取り扱っているサプリやダイエット食品などの商品がすべて含まれているようです。

「商品マスター」シート

商品コード	商品分類	販売分類	商品名	価格
SU001	サプリ	販売強化	きれいにやせるフォルスコリ 120粒	2000
SU002	サプリ	通常	ダイエット酵母 80粒	1000
SU003	サプリ	通常	マルチビタミンミネラル 120粒	1500
SU004	サプリ	通常	ヘブサイチン 120粒	2500
PR001	プロテイン	通常	ファットバーン 1000g	5000
PR002	プロテイン	通常	カロリムーブ 500g	3000
PR003	プロテイン	通常	スタイルキーパー 1000g	4500
DD001	ダイエット飲料	通常	からだスリムティー (1箱50回分)	2000
DD002	ダイエット飲料	通常	激やせ緑黄色スムージー 200g	2500
DD003	ダイエット飲料	通常	ファスティングドリンク 200g	1800
DF001	ダイエット食品	通常	スーパー燃焼スープ 15食	500
DF002	ダイエット食品	通常	ダイエット五穀ライス 1食	260
DF003	ダイエット食品	通常	美味いこんにゃくスパゲッティ 5食	1000
DS001	ダイエットスイーツ	通常	寒天ゼリー 10袋	2500
DS002	ダイエットスイーツ	通常	No FAT チップス	250
DS003	ダイエットスイーツ	限定特価	スリムチョコバー 1本	80

■月別売上

次に情報システム部門から受け取ったデータには「月別売上」がありました。ヘルスグッドネス社では月単位で売上を集計しています。あとから店舗を作った関係で、一番右に「店舗」か「通販」かを選択するための「分類」列が追加されています。

「月別売上」シート

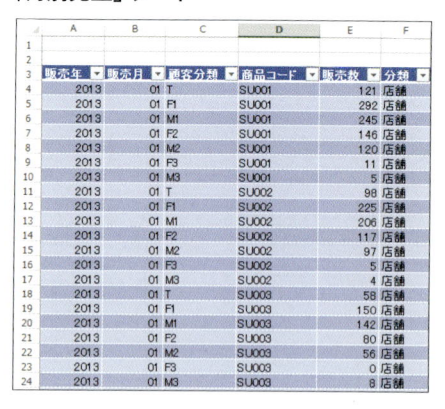

販売年	販売月	顧客分類	商品コード	販売枚	分類
2013	01	T	SU001	121	店舗
2013	01	F1	SU001	292	店舗
2013	01	M1	SU001	245	店舗
2013	01	F2	SU001	146	店舗
2013	01	M2	SU001	120	店舗
2013	01	F3	SU001	11	店舗
2013	01	M3	SU001	5	店舗
2013	01	T	SU002	98	店舗
2013	01	F1	SU002	225	店舗
2013	01	M1	SU002	206	店舗
2013	01	F2	SU002	117	店舗
2013	01	M2	SU002	97	店舗
2013	01	F3	SU002	5	店舗
2013	01	M3	SU002	4	店舗
2013	01	T	SU003	58	店舗
2013	01	F1	SU003	150	店舗
2013	01	M1	SU003	142	店舗
2013	01	F2	SU003	80	店舗
2013	01	M2	SU003	56	店舗
2013	01	F3	SU003	0	店舗
2013	01	M3	SU003	8	店舗

このうち「顧客分類」列は、顧客を年齢層で次のように分類したものです。

「顧客分類」の概要

ターゲット分類	概要
T	10代の男女
F1	20～34歳の女性
F2	35～49歳の女性
F3	50歳以上の女性
M1	20～34歳の男性
M2	35～49歳の男性
M3	50歳以上の男性

■問い合わせ履歴

お客様からの問い合わせデータについては、内容に個人情報が含まれるため、主人公の花子さんの権限では参照することが許可されていません。どのような問い合わせがあったのかという分類と、問い合わせに対応した件数のみを受け取ることができました。

「問い合わせ履歴」シート

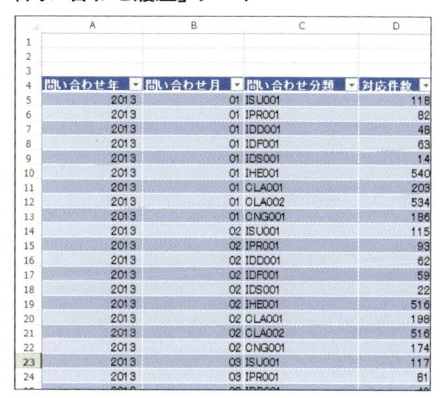

問い合わせ年	問い合わせ月	問い合わせ分類	対応件数
2013	01	ISU001	118
2013	01	IPR001	82
2013	01	IDD001	48
2013	01	IDF001	63
2013	01	IDS001	14
2013	01	IHE001	540
2013	01	CLA001	203
2013	01	CLA002	534
2013	01	CNG001	186
2013	02	ISU001	115
2013	02	IPR001	93
2013	02	IDD001	62
2013	02	IDF001	59
2013	02	IDS001	22
2013	02	IHE001	516
2013	02	CLA001	198
2013	02	CLA002	516
2013	02	CNG001	174
2013	03	ISU001	117
2013	03	IPR001	81

■問い合わせ分類マスター

「問い合わせ履歴」のデータと紐付く「問い合わせ分類マスター」は以下のとおりです。

「問い合わせ分類マスター」シート

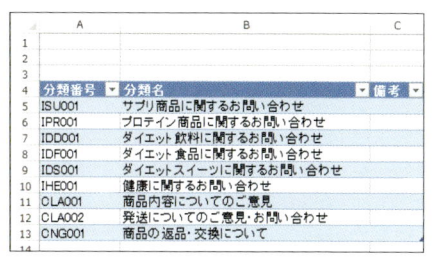

分類番号	分類名	備考
ISU001	サプリ商品に関するお問い合わせ	
IPR001	プロテイン商品に関するお問い合わせ	
IDD001	ダイエット飲料に関するお問い合わせ	
IDF001	ダイエット食品に関するお問い合わせ	
IDS001	ダイエットスイーツに関するお問い合わせ	
IHE001	健康に関するお問い合わせ	
CLA001	商品内容についてのご意見	
CLA002	発送についてのご意見・お問い合わせ	
CNG001	商品の返品・交換について	

Part 6 ダイエットサプリの広告展開を考える

■ツイッター分析

主人公の花子さんがあらかじめ「ツイッター分析アプリ」で収集しておいたTwitterのつぶやきの一覧です。検索ワードにヘルスグッドネス社で取り扱っている商品名を設定してTwitterを検索しています。

「ツイッター分析アプリ」の使い方については、Part2の「Twitterのつぶやきから利用者の意見を分析する」をご覧ください。

「ツイッター分析」シート

■年代別情報収集経路

最後のデータは、健康食品を購入する際の情報をどこから収集するかを年代別にまとめた表です。これは、Webで公開されている内閣府の消費者委員会事務局による「消費者の「健康食品」の利用に関する実態調査（アンケート調査）」をダウンロードし、年代別情報収集経路のデータを抜き出してExcelのシートに記載しています。

「年代別情報収集経路」シート

03 データを関連付け用の領域に追加する

操作事例

Excelブックのシート上にまとめたそれぞれのデータを関連付けるために、PowerPivotでデータモデルとして追加していきます。このほかに、分析に利用できそうな気象情報を気象庁から入手してデータモデルとして取り込みます。

データモデルに追加する

1 「商品マスター」をデータモデルに追加

❶[商品マスター]シートを表示する。
❷[POWERPIVOT]タブをクリックする。
❸表のいずれかのセルを選択した状態で[データモデルに追加]ボタンをクリックする。

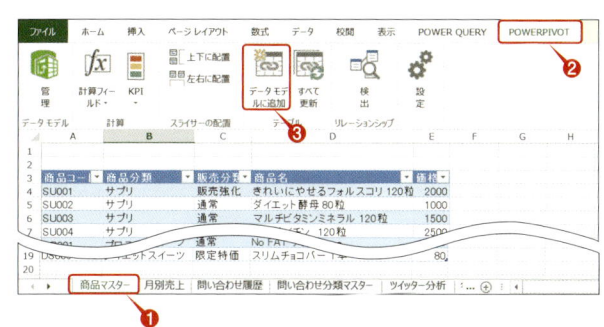

2 PowerPivot ウィンドウ

❹[商品マスター]がデータモデルに追加される。

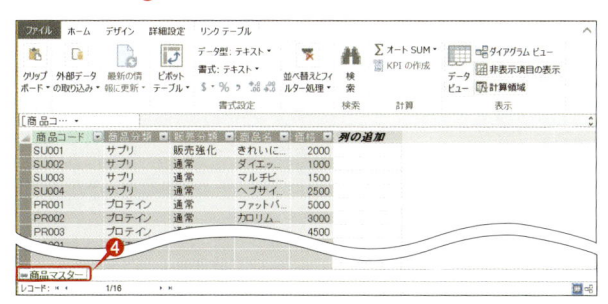

ヒント　間違って追加したデータモデルを削除するには

「PowerPivot ウィンドウ」画面で、シート名を右クリックして表示されるメニューから[削除]を選択すると、読み込んだモデルを削除できます。

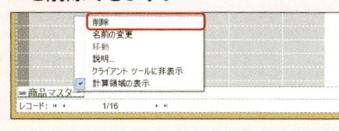

エクセルでできる！　ビッグデータの活用事例　175

Part 6　ダイエットサプリの広告展開を考える

3 「月別売上」をデータモデルに追加

❺[POWERPIVOT] タブをクリックする。
❻[月別売上] シートをクリックして表示する。
❼表のいずれかのセルを選択した状態で [データモデルに追加] ボタンをクリックする。

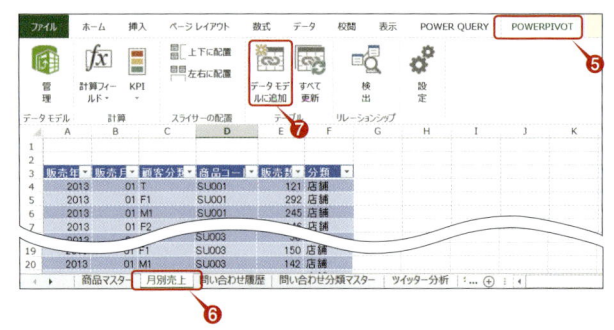

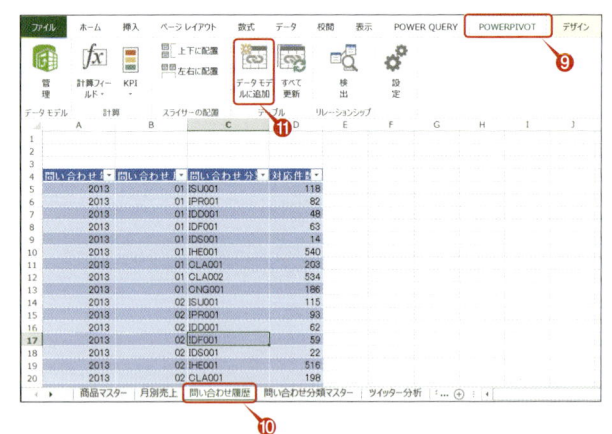

4 PowerPivot ウィンドウの表示

❽[月別売上] がデータモデルに追加される。

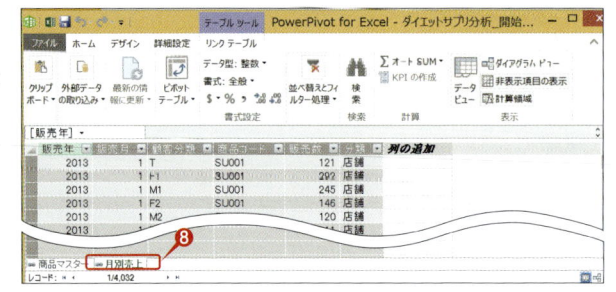

5 「問い合わせ履歴」をデータモデルに追加

❾[POWERPIVOT] タブをクリックする。
❿[問い合わせ履歴] シートをクリックして表示する。
⓫表のいずれかのセルを選択した状態で [データモデルに追加] ボタンをクリックする。

176　エクセルでできる！　ビッグデータの活用事例

6 PowerPivot ウィンドウの表示

⓬[問い合わせ履歴]がデータモデルに追加される。

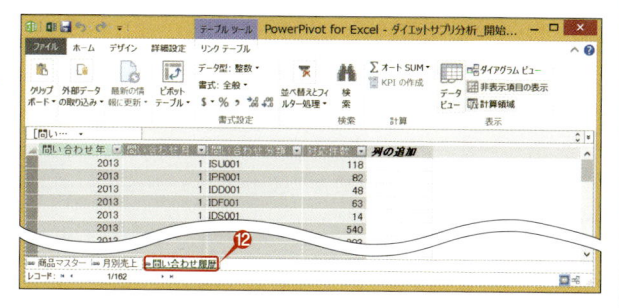

7 「問い合わせ分類マスター」をデータモデルに追加

⓭[POWERPIVOT]タブをクリックする。
⓮[問い合わせ分類マスター]シートをクリックして表示する。
⓯表のいずれかのセルを選択した状態で[データモデルに追加]ボタンをクリックする。

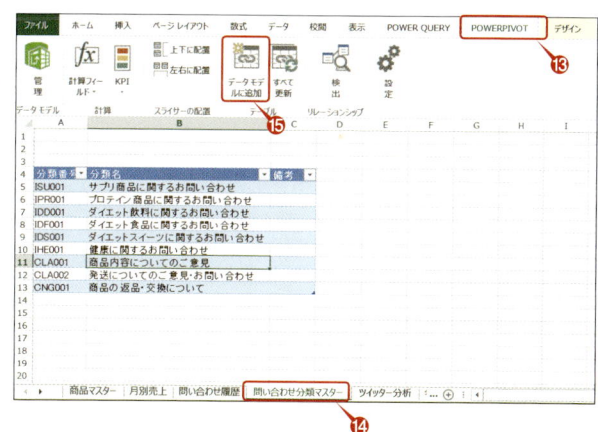

8 PowerPivot ウィンドウの表示

⓰[問い合わせ分類マスター]がデータモデルに追加される。

エクセルでできる！ ビッグデータの活用事例 177

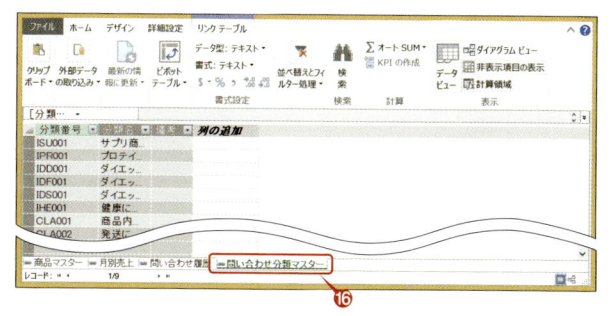

Part 6　ダイエットサプリの広告展開を考える

9　[ツイッター分析]をデータモデルに追加

❶[POWERPIVOT]タブをクリックする。

❷[ツイッター分析]シートをクリックして表示する。

❸表のいずれかのセルを選択した状態で[データモデルに追加]ボタンをクリックする。

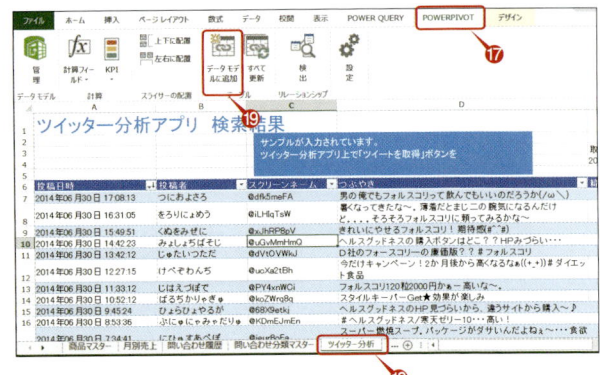

10　PowerPivotウィンドウの表示

❷Excel上の[ツイッター分析]が[searchResult]としてデータモデルに追加される。

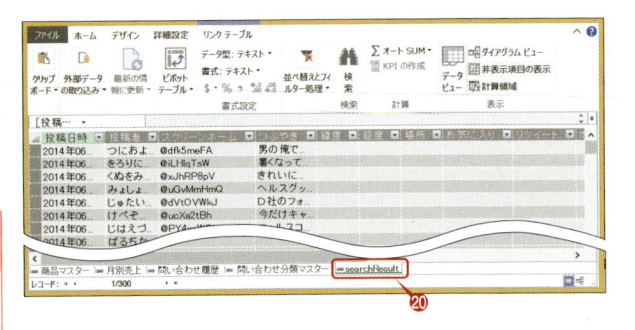

> **ヒント　テーブル名が変更されるのは?**
>
> [searchResult]というテーブル名は、ツイッター分析アプリが自動的に作成した分析結果のテーブル名です。Excel上でシート名を変更していましたが、ここでは、もとのテーブル名として表示されます。

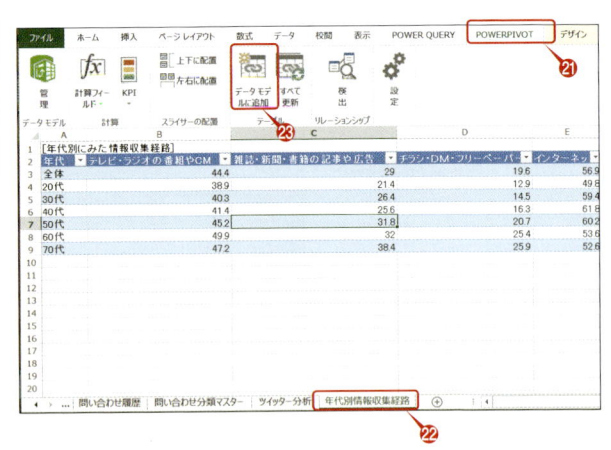

11　[年代別情報収集経路]をデータモデルに追加

❷[POWERPIVOT]タブをクリックする。

❷[年代別情報収集経路]シートをクリックして表示する。

❷表のいずれかのセルを選択した状態で[データモデルに追加]ボタンをクリックする。

178　エクセルでできる!　ビッグデータの活用事例

12 PowerPivot ウィンドウの表示

㉔ [年代別情報収集経路] がデータモデルに追加される。

解説 シートの確認

6つのシートがすべてデータモデルとしてPower Pivotウィンドウに作成されたら、データモデルへの追加は終了です。

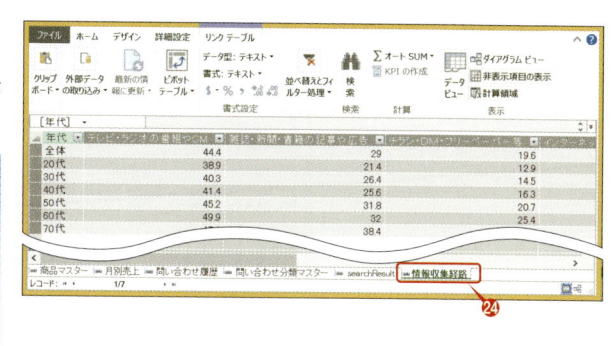

2013年の気象データを取り込む

花子さんの思考経路

社内のシステム部門などから入手したデータを分析すべくデータモデルに追加してきたところで、花子さんは「そういえば、先輩が気温と売上には何か関係があるらしいとか言っていたな」ということを思い出します。BIツールを用いることで、複数のデータに潜む相関関係を分析できます。また、Power BIには、Web上にあるデータを取り込む機能があることもわかっています。「なるほど、そんなこともあるかもしれない」と思った花子さんは、気象庁にアクセスして使えそうなデータを探してみることにしました。

気温と売上との相関関係を調べるため、気象庁のWebサイト上で公開されている過去の気象データをデータソースとしてExcelに取り込む方法について説明します。まずは、2013年の東京の気象データを取り込みます。

1 気象庁のWebで資料の検索を開始

❶ Webブラウザーで、気象庁のWebサイト（http://www.jma.go.jp/）にアクセスする。

❷ [各種データ・資料] をクリックする。

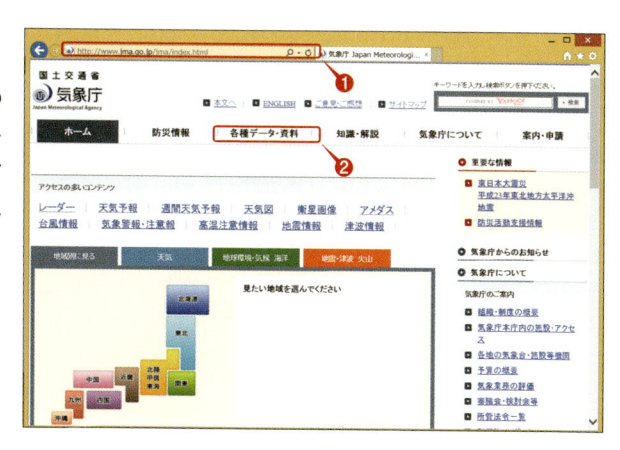

》次ページへ

エクセルでできる！ビッグデータの活用事例 179

Part 6　ダイエットサプリの広告展開を考える

❸[過去の気象データ検索]をクリックする。

≫前ページから

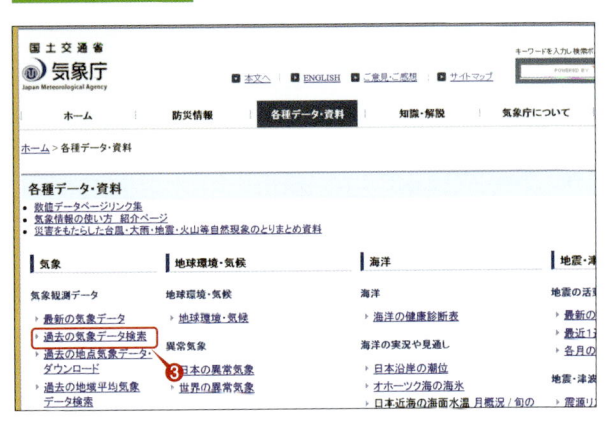

2 地域を選択

❹[都府県・地方を選択]をクリックする。
❺表示された日本地図上で、[東京]をクリックする。

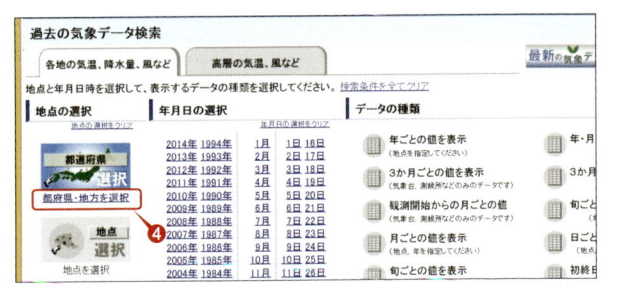

180　エクセルでできる！　ビッグデータの活用事例

❻東京周辺の地図が拡大されて表示されたら、さらに[東京]をクリックする。

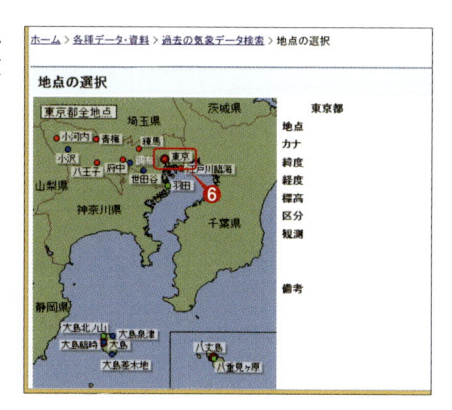

3 年月日を選択

❼「年月日の選択」から[2013年]をクリックする。
❽表示された「データの種類」から[2013年の月ごとの値を表示]をクリックする。

Part 6　ダイエットサプリの広告展開を考える

4　URLをコピー

❾検索結果のページのアドレス欄をクリックし、[Ctrl]＋[C]キーを押してURLをコピーする。

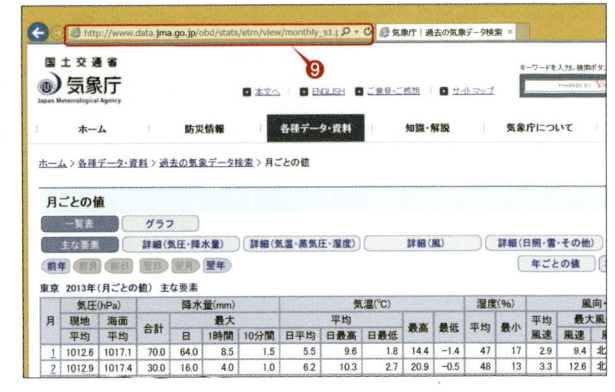

5　Excelで、検索した気象データを取得

❿[POWER QUERY]タブをクリックする。
⓫[Webから]ボタンをクリックする。
⓬「URL」欄をクリックし、[Ctrl]＋[V]キーを押してURLを貼り付ける。
⓭[OK]ボタンをクリックする。

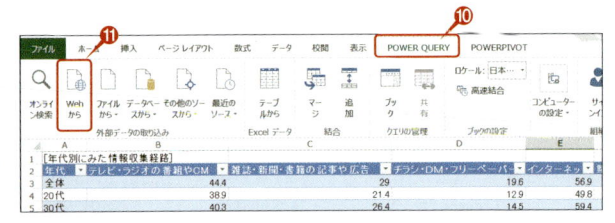

6　クエリの編集開始

⓮ナビゲーターで、「東京 2013年（月ごとの値）主な要素」テーブルを選択する。
⓯[編集]ボタンをクリックする。

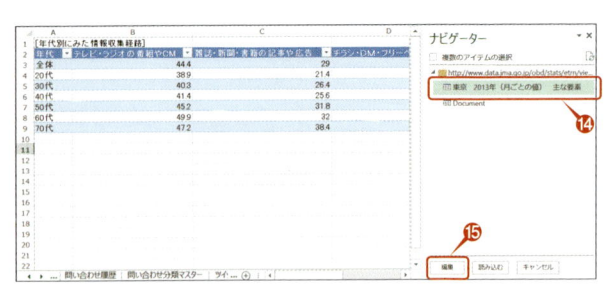

182　エクセルでできる！　ビッグデータの活用事例

7 不要な行の削除

⓰ 表示された「クエリエディター」画面で、4行目を選択する。
⓱ リボンの[上位の行の削除]をクリックして表示されるメニューから、[上位の行の削除]を選択する。
⓲ 表示された画面で、行数に「4」を入力して、[OK]ボタンをクリックする。

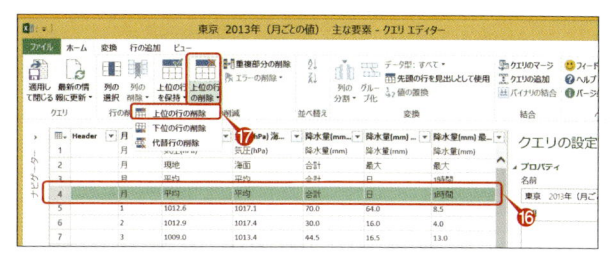

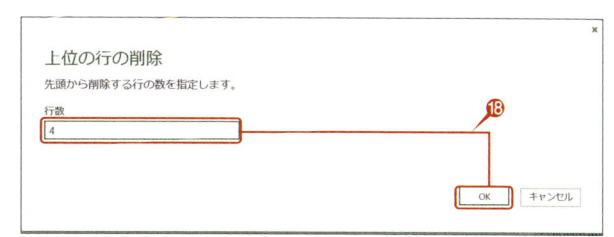

8 不要な列の削除

⓳ 「Header」列を選択する。
⓴ リボンの[列の削除]ボタンをクリックする。

9 クエリ編集の反映

㉑ リボンの[適用して閉じる]ボタンをクリックする。

エクセルでできる! ビッグデータの活用事例 183

Part 6　ダイエットサプリの広告展開を考える

10 シート名を変更

㉒Excel上で管理しやすいように、わかりやすいシート名に変更しておく。ここでは、「東京2013年」というシート名を設定している。

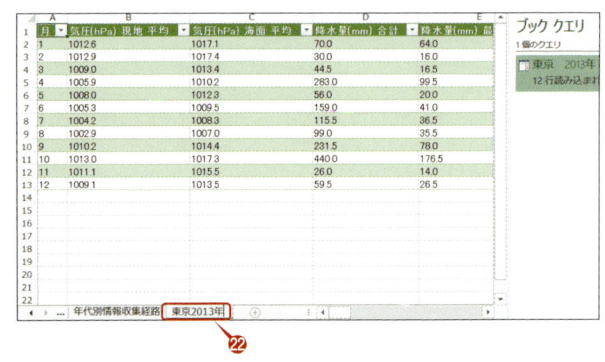

2014年の気象データを取り込む

　続いて、2014年の東京の気象データを取り込みます。本書の執筆時は2014年7月のため、以降の月のデータは存在しません。そこで、2014年については、7月以降の行を削除します。この設定は、環境にあわせて変更するようにしてください。

1 気象庁のWebで資料の検索を開始

❶Webブラウザーで、気象庁のWebサイト（http://www.jma.go.jp/）にアクセスする。

❷[各種データ・資料]をクリックする。

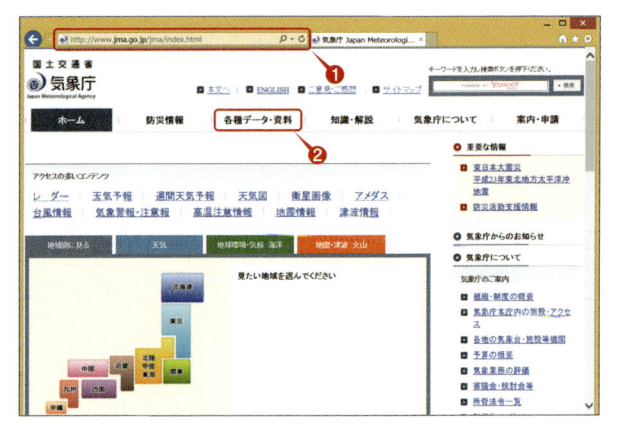

184　エクセルでできる！　ビッグデータの活用事例

❸ [過去の気象データ検索]をクリックする。

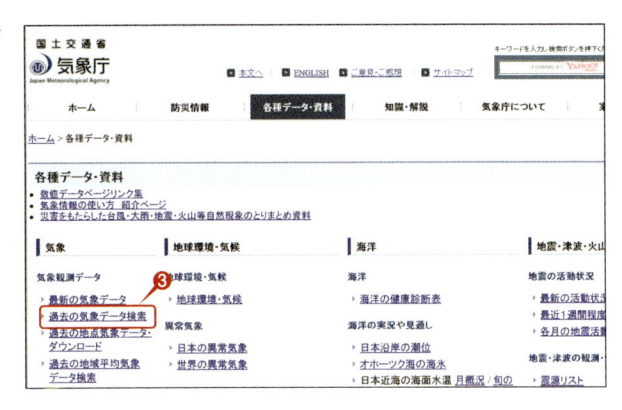

2 地域を選択

❹ [都府県・地方を選択]をクリックする。
❺ 表示された日本地図上で、[東京]をクリックする。

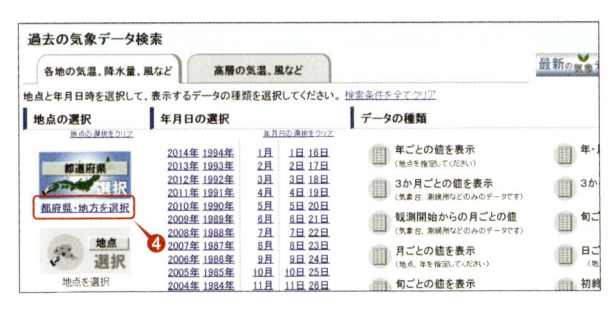

≫ 次ページへ

エクセルでできる！ ビッグデータの活用事例　185

Part 6　ダイエットサプリの広告展開を考える

》前ページから

❻東京周辺の地図が拡大されて表示されたら、さらに［東京］をクリックする。

3　年月日を選択

❼「年月日の選択」から［2014年］をクリックする。
❽表示された「データの種類」から［2014年の月ごとの値を表示］をクリックする。

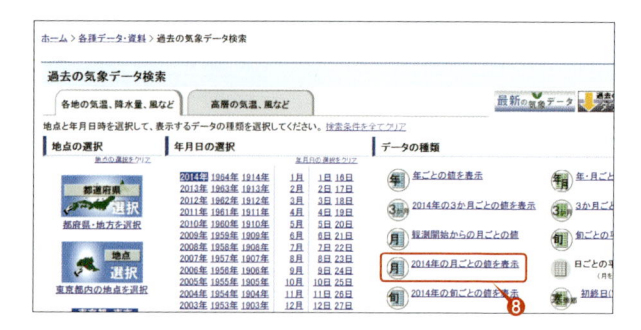

↓

186　エクセルでできる！　ビッグデータの活用事例

4 URLをコピー

❾ 検索結果のページのアドレス欄をクリックし、[Ctrl]+[C]キーを押してURLをコピーする。

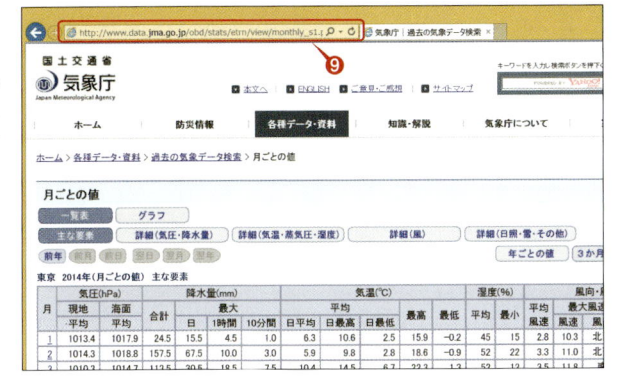

5 Excelで、検索した気象データを取得

❿ [POWER QUERY]タブをクリックする。

⓫ [Webから]ボタンをクリックする。

⓬ 「URL」欄をクリックし、[Ctrl]+[V]キーを押してURLを貼り付ける。

⓭ [OK]ボタンをクリックする。

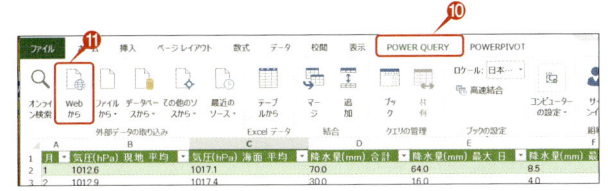

6 クエリの編集開始

⓮ ナビゲーターで、「東京2014年(月ごとの値)主な要素」テーブルを選択する。

⓯ [編集]ボタンをクリックする。

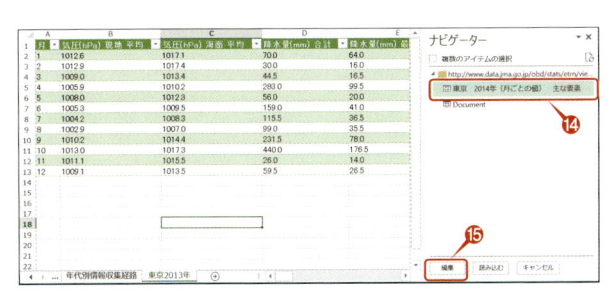

エクセルでできる！ ビッグデータの活用事例 187

7 不要な行の削除

⓰ 表示された「クエリエディター」画面で、4行目を選択する。

⓱ リボンの[上位の行の削除]ボタンをクリックして表示されるメニューから、[上位の行の削除]を選択する。

⓲ 表示された画面で、行数に「4」を入力して、[OK]ボタンをクリックする。

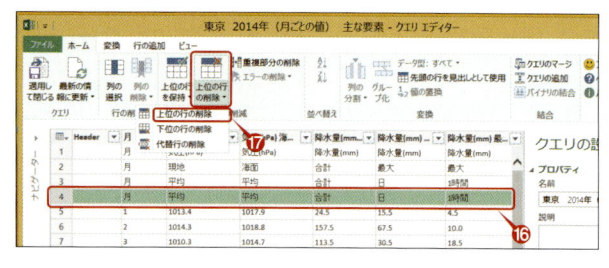

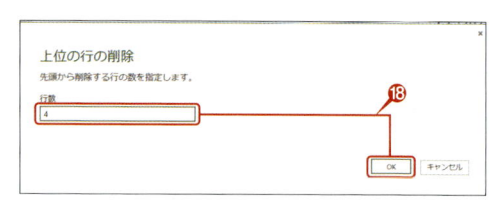

8 不要な月データの削除

⓳ 7行目を選択する。

⓴ リボンの[上位の行の削除]ボタンをクリックして表示されるメニューから、[下位の行の削除]を選択する。

㉑ 表示されたダイアログで、行数に「6」を入力して、[OK]ボタンをクリックする。

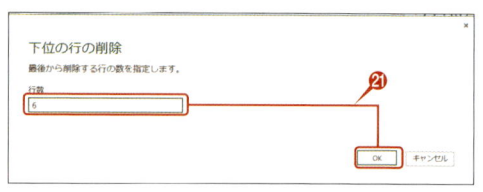

> **ヒント 削除する行数**
>
> ここでは、7月～12月までの6カ月分のデータを削除するために「6」と入力しています。この数値は環境にあわせて変更するようにしてください。

9 不要な列の削除

㉒「Header」列を選択する。
㉓リボンの[列の削除]ボタンをクリックする。

10 クエリ編集の反映

㉔リボンの[適用して閉じる]ボタンをクリックする。

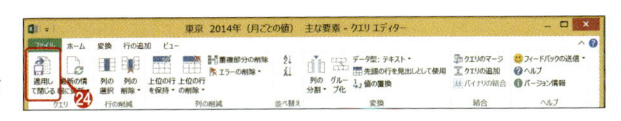

11 シート名を変更

㉕Excel上で管理しやすいように、わかりやすいシート名に変更しておく。ここでは、「東京2014年6月まで」というシート名を設定している。

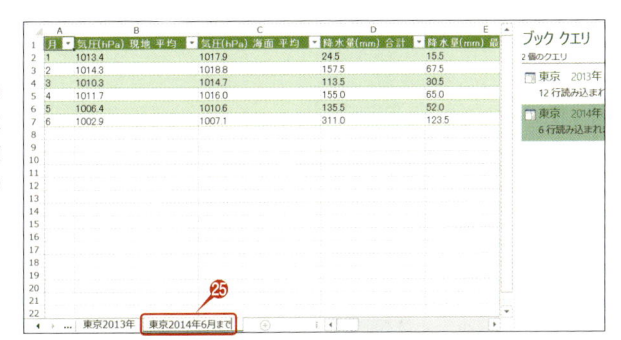

気象データをデータモデルに追加する

1 「東京2013年」をデータモデルに追加

❶[東京2013年]シートを表示する。
❷[POWERPIVOT]タブをクリックする。
❸表のいずれかのセルを選択した状態で[データモデルに追加]ボタンをクリックする。

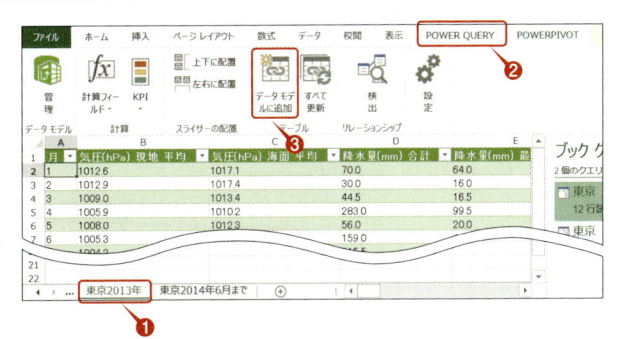

エクセルでできる！ ビッグデータの活用事例 189

Part 6　ダイエットサプリの広告展開を考える

2 PowerPivot ウィンドウの表示

❹東京2013年のデータが「東京_2013年_月ごとの値_主な要素」というテーブル名でデータモデルに追加される。

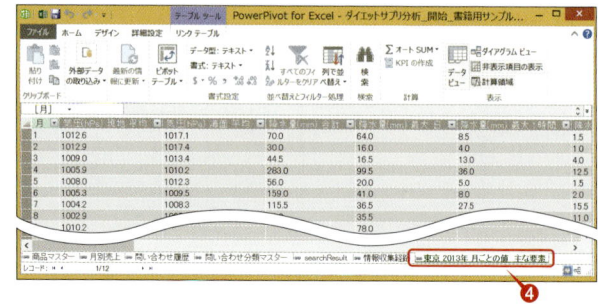

3 「東京2014年6月まで」をデータモデルに追加

❺[POWERPIVOT] タブをクリックする。
❻[東京2014年6月まで]シートをクリックして表示する。
❼表のいずれかのセルを選択した状態で[データモデルに追加]ボタンをクリックする。

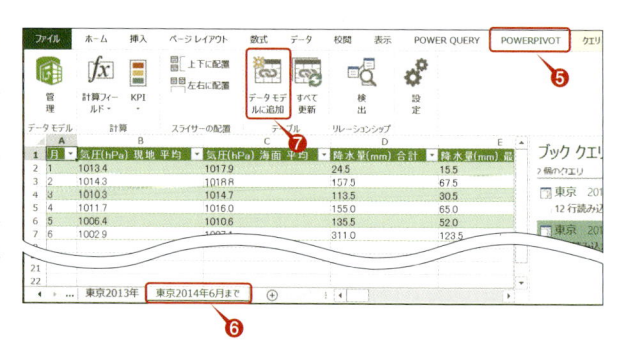

4 PowerPivot ウィンドウの表示

❽東京2014年6月までの月ごとのデータが「東京_2014年_月ごとの値_主な要素」というテーブル名でデータモデルに追加される。

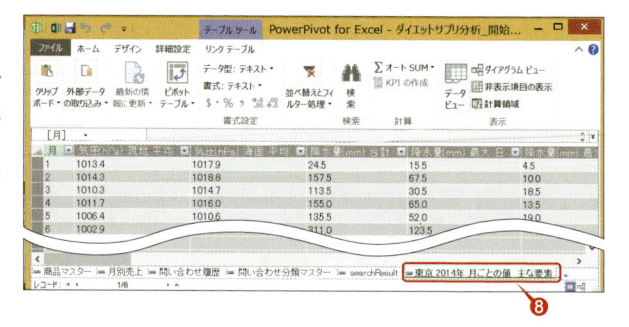

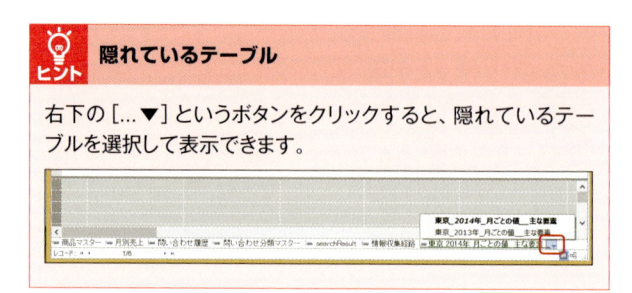

> **ヒント　隠れているテーブル**
>
> 右下の [...▼] というボタンをクリックすると、隠れているテーブルを選択して表示できます。

190　エクセルでできる！　ビッグデータの活用事例

04 分析に使用するデータを連携させる

操作事例

データモデルに追加したテーブル間で関連するデータを連携します。まずは、月別売上のテーブルが持っている「商品コード」の情報と商品マスター間でリレーションシップを作成します。次に、問い合わせ履歴と問い合わせ履歴マスター間でリレーションシップを作成します。

商品マスターの月別売上の商品コードを連携させる

1 ダイアグラムビューへの切り替え

❶「PowerPivot ウィンドウ」画面で[ダイアグラムビュー]ボタンをクリックする。
❷ダイアグラムビューが表示される。

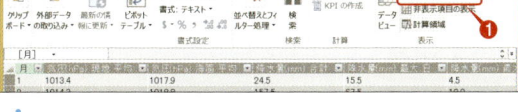

解説 テーブルの移動

それぞれのテーブルは、操作しやすいように、ドラッグして移動したり、大きさを調節したりしてください。

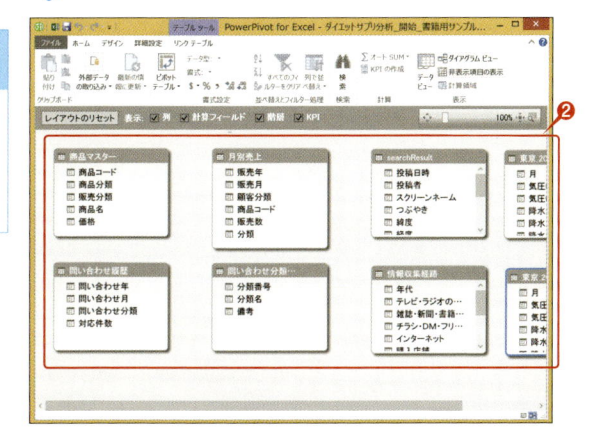

2 「月別売上」と「商品マスター」の商品コードを連携

❸「月別売上」テーブルの[商品コード]を右クリックする。
❹表示されたメニューから、[リレーションシップの作成]をクリックする。

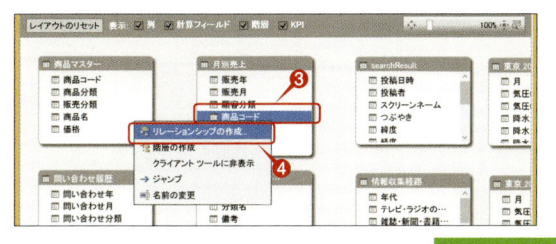

» 次ページへ

Part 6 ダイエットサプリの広告展開を考える

❺「関連する参照テーブル」欄から[商品マスター]を選択する。

❻「関連する参照列」に[商品コード]が設定されていることを確認する。

❼[作成]ボタンをクリックする。

》前ページから

ヒント ドラッグによる設定

「月別売上」テーブルの[商品コード]を「商品マスター」テーブルの[商品コード]にドラッグしてもリレーションを作成できます。

❽商品コードによるリレーションシップが作成される。

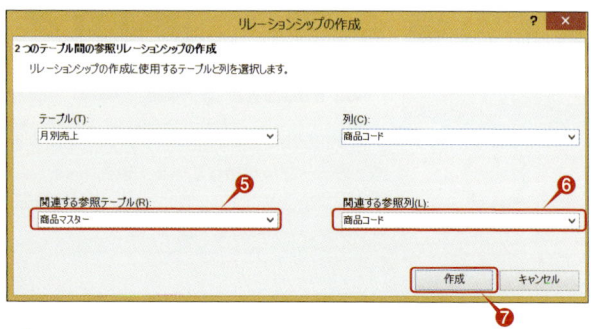

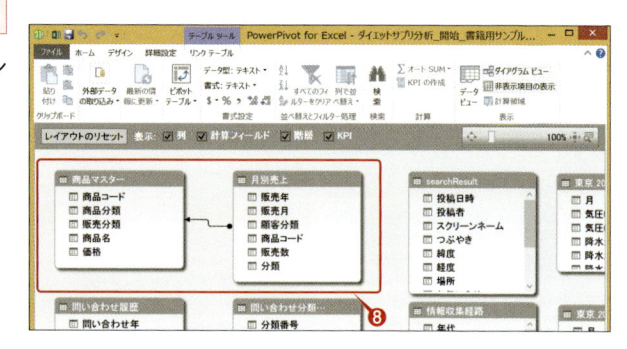

問い合わせ履歴の問い合わせ分類と問い合わせ履歴マスターの分類番号を連携させる

1 リレーションシップの作成

❶「問い合わせ履歴」テーブルの[問い合わせ分類]を右クリックする。

❷表示されたメニューから、[リレーションシップの作成]をクリックする。

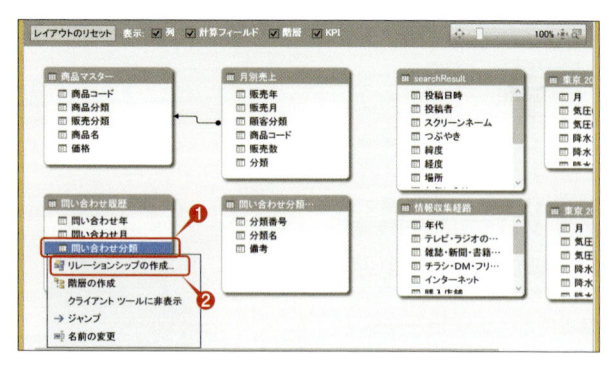

192 エクセルでできる! ビッグデータの活用事例

❸「関連する参照テーブル」欄から[問い合わせ分類マスター]を選択する。
❹「関連する参照列」欄から[分類番号]を選択する。
❺[作成]ボタンをクリックする。

ヒント ドラッグによる設定

「問い合わせ履歴」テーブルの[問い合わせ分類]を「問い合わせ分類マスター」テーブルの[分類番号]にドラッグしてもリレーションを作成できます。

❻問い合わせの分類によるリレーションシップが作成される。

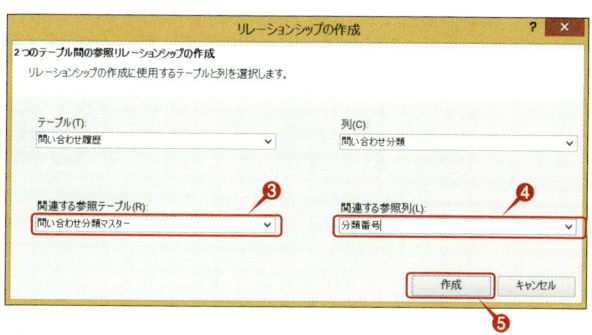

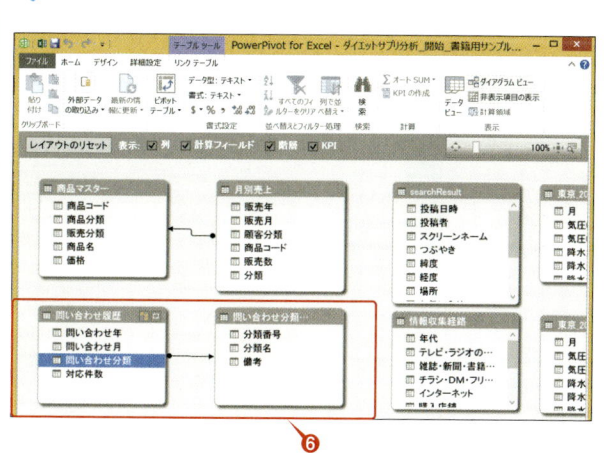

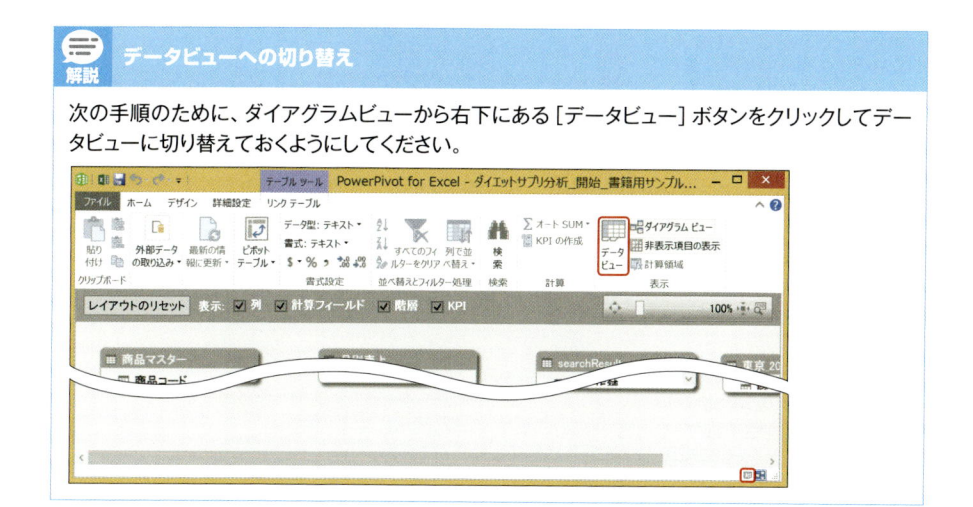

解説 データビューへの切り替え

次の手順のために、ダイアグラムビューから右下にある[データビュー]ボタンをクリックしてデータビューに切り替えておくようにしてください。

エクセルでできる！　ビッグデータの活用事例

Part 6 ダイエットサプリの広告展開を考える

05 月別売上に売上合計額を計算する列を追加する

操作事例

「月別売上」テーブルに、売上の合計金額を表示するための列を追加します。そのためには、「商品マスター」から価格を取得して、「月別売上」の販売数と掛け合わせる計算式を入力します。

新しい列に計算式を追加する

1 売上の合計金額を計算する数式を設定

❶ [月別売上] テーブルを選択する。
❷ 「列の追加」列の一番上のセルをクリックする。
❸ 数式バーに以下の数式を設定して、[Enter] キーを押す。

=RELATED('商品マスター'[価格])*[販売数]

解説 RELATED関数とは？

既存のリレーションシップにしたがって、指定されたテーブルから、一致しているすべての行を取得し、テーブルとして返します。
ここでは、商品マスターから価格を取得して、販売数を掛けて売上を計算しています。

ヒント 候補を選択して数式を入力する

関数名やテーブル名、列名などの候補が表示される場合は、マウスやキーボードで選択して [Tab] キーで入力を確定することができます。

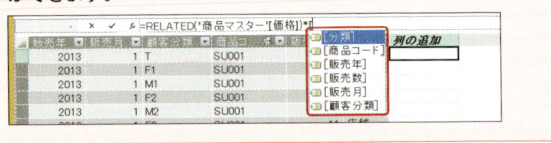

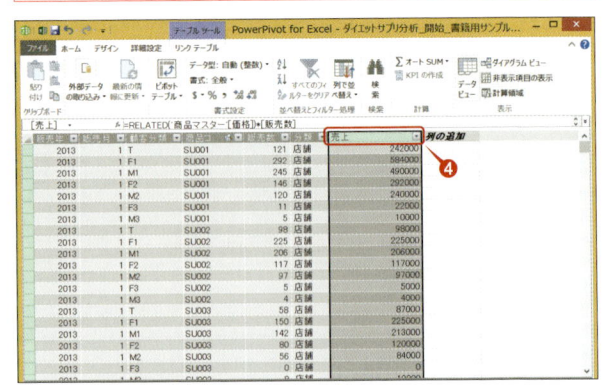

2 列の設定

❹ 新しく追加された行のタイトルを「Calculated Column1」から「売上」に設定する。

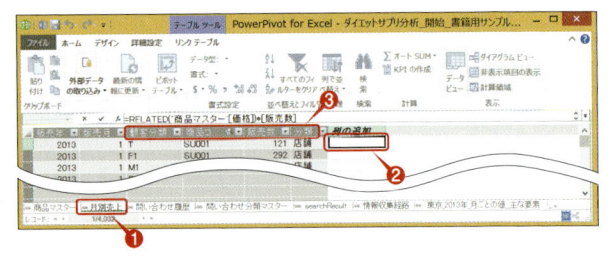

194 エクセルでできる！ ビッグデータの活用事例

06 分析に使用するデータのデータ型を変更する

操作事例

引き続き「テーブルツール」画面で、気象庁のWebサイトから取り込んだ「東京2013年」と「東京2014年」の気象データのテーブルのそれぞれで、分析に使用する「気温 平均 日最高」のデータ型を「小数」に変更します。

気温のデータ型を「小数」に変更する

1 2013年の「気温 平均 日最高」のデータ型を「小数」に変更

❶[東京_2013年_月ごとの値_主な要素]テーブルを選択する。
❷「気温 平均 日最高」列を選択する。
❸リボンの[データ型]ボタンをクリックする。

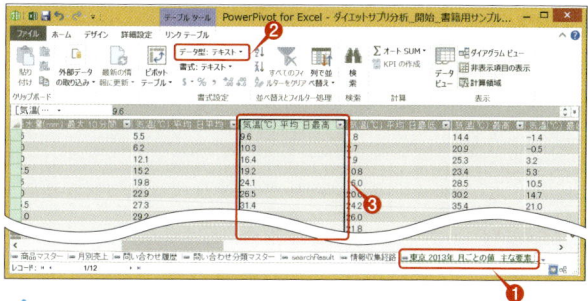

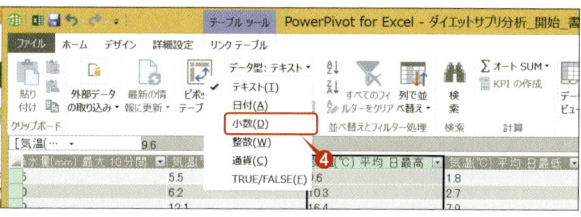

解説 取り込んだ気象データの型

Webから取り込んだままの状態では、データ型はテキストとして保存されています。データを数値として分析するには、データ型をいずれかの数値型に変更する必要があります。

❹表示されたメニューから[小数]をクリックする。
❺「気温 平均 日最高」列のデータ型が「10進数」として設定され、データが右揃えで表示される。

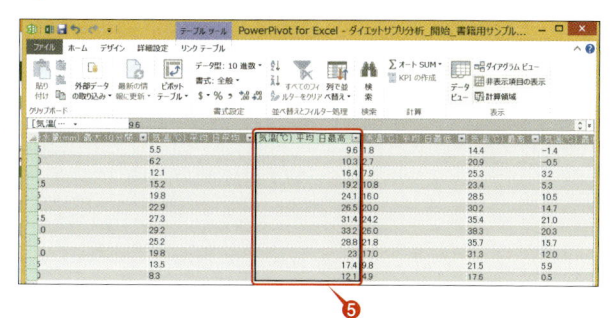

Part 6 ダイエットサプリの広告展開を考える

2 2014年の「気温 平均 日最高」のデータ型を「小数」に変更

❻[東京_2014年_月ごとの値_主な要素] テーブルを選択する。

❼「気温 平均 日最高」列を選択する。

❽リボンの[データ型]ボタンをクリックする。

❾表示されたメニューから[小数]をクリックする。

❿「気温 平均 日最高」列のデータ型が「10進数」として設定され、データが右揃えで表示される。

> **PowerPivotの設定**
>
> PowerPivotによるデータモデルの設定は以上で終了です。「PowerPivot」画面を閉じて、レポートを作成する手順に進みましょう。

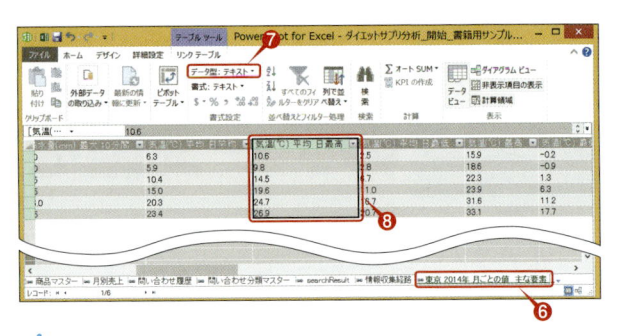

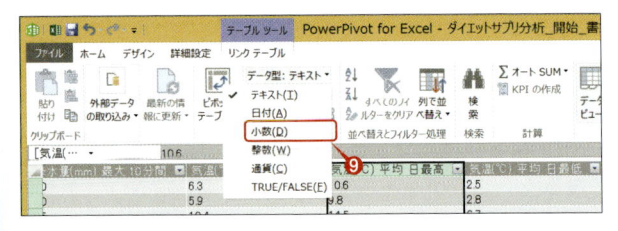

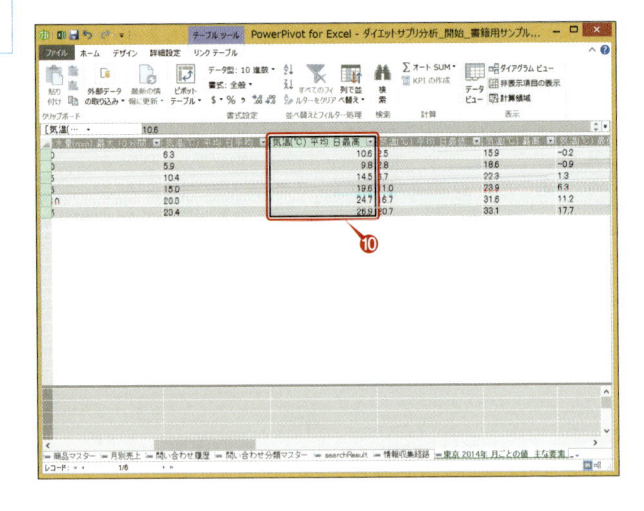

196 エクセルでできる！ ビッグデータの活用事例

07 分析レポートを作成する

操作事例

PowerPivotによるデータモデルの設定が終わったら、Power Viewを用いて分析用シートを作成します。また、以降の分析操作のために、自動的に作成される不要なテーブルを削除しておきます。

Power Viewシートを作成する

1 Power Viewシートの作成

❶一番右のデータシートを表示する。
❷[挿入]タブをクリックする。
❸[パワービュー]ボタンをクリックする。

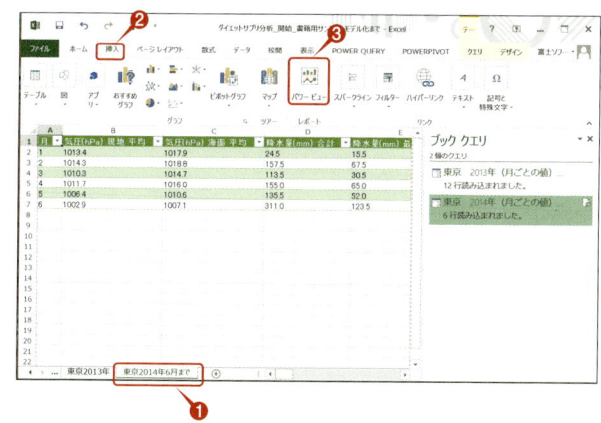

2 Power Viewシートの表示

❹PowerPivotによるデータモデルの設定が解析され、[Power View1]という名前でシートが作成される。

3 テーブルの削除

❺標準で作成されるテーブルはここでの分析では直接使用しないため、削除しておく。

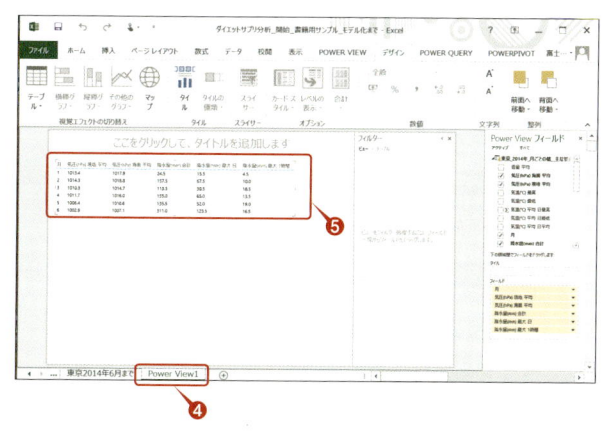

> **ヒント テーブルの削除方法**
> テーブルが選択されている状態で、[Delete]キーを押すと、削除できます。

エクセルでできる！ ビッグデータの活用事例 197

Part 6　ダイエットサプリの広告展開を考える

08 商品の売上傾向を分析する

操作事例　この段階では、まだ何もテーブルが表示されていない状態になっているはずです。はじめに、「月別売上」テーブルのデータをもとに、ヘルスグッドネス社の商品の売上をグラフにして分析してみましょう。

売上データを分析する

1 フィールドの選択と設定

❶ フィールドセクションで[月別売上]テーブルの[売上]にチェックを入れる。

❷ ビューに選択したフィールドのデータが表示される。ここでは、売上の合計金額が表示される。

2 グラフの作成

❸ [デザイン]タブで、[その他のグラフ]ボタンをクリックし、[線]をクリックすると、折れ線グラフが作成される。

解説　グラフの大きさと位置の調整

作成されたグラフの大きさや表示エリアは、グラフをドラッグして見やすく調整してください。

3 グラフの横軸に「月」を設定

❹ フィールドセクションで、[月別売上]の[販売月]にマウスポインターを合わせたときに表示される、右端の▼をクリックし、表示されたメニューから[軸として追加]をクリックする。

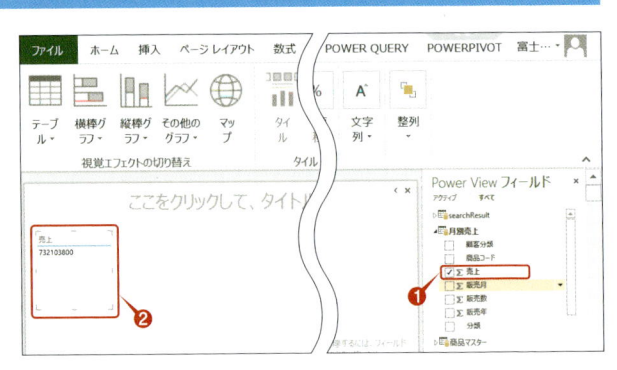

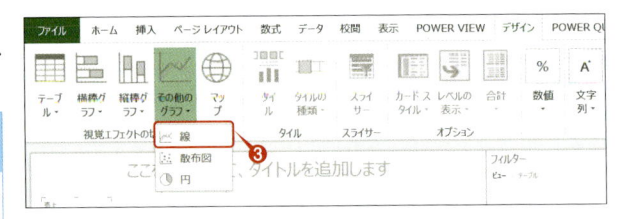

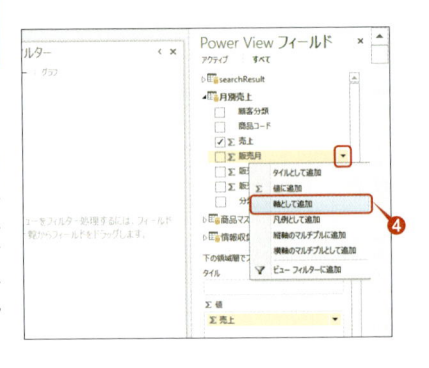

198　エクセルでできる！　ビッグデータの活用事例

4 凡例に年を追加

❺ フィールドセクションで、[月別売上]の[販売年]にマウスポインターを合わせたときに表示される、右端の▼をクリックし、表示されたメニューから[凡例として追加]をクリックする。

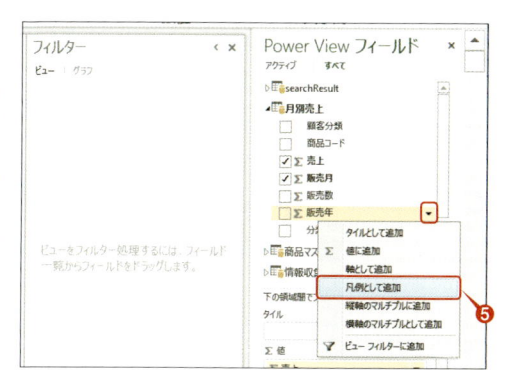

5 販売年ごとの売上推移の把握

❻ グラフの軸に[月]が設定され、販売年ごとの売上の推移が表示されるようになった。

売上推移による気づき

この分析結果からは、ヘルスグッドネス社が急成長中なのがよくわかります。

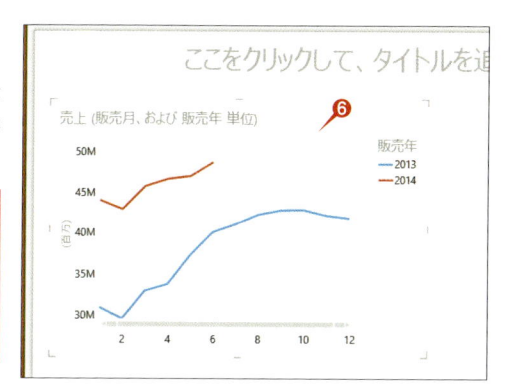

売上と気象データの相関関係を調べる

1 フィールドの選択と設定

❶ 何もないところをクリック。
❷ フィールドセクションで[東京_2013年_月ごとの値_主な要素]テーブルの[気温(℃)平均 日最高]にチェックを入れる。
❸ ビューに選択したフィールドのデータが表示される。

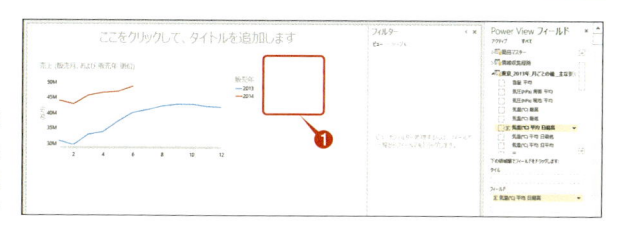

エクセルでできる！ ビッグデータの活用事例 199

Part 6　ダイエットサプリの広告展開を考える

2 グラフの作成

❹[デザイン]タブで、[その他のグラフ]ボタンをクリックし、[線]をクリックすると、折れ線グラフが作成される。

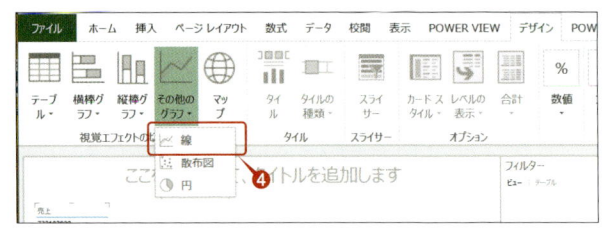

3 グラフの横軸に「月」を設定

❺フィールドセクションで、[東京_2013年_月ごとの値_主な要素]テーブルの[月]にマウスポインターを合わせたときに表示される、右端の▼をクリックし、表示されたメニューから[軸として追加]をクリックする。

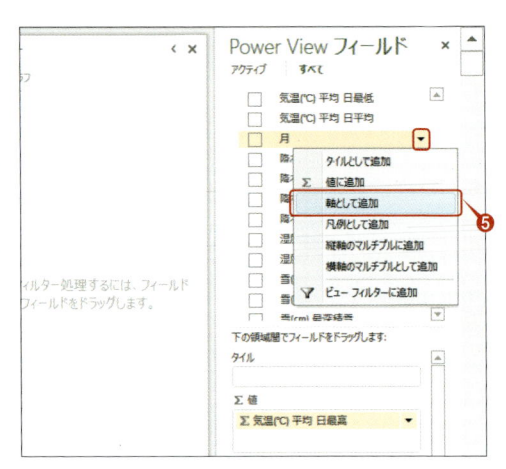

4 気象データと売上推移の関係性の把握

❻グラフの軸に[月]が設定され、2013年の温度の変化が表示されるようになった。

気象データと売上推移による気づき

グラフからは、気温が3月から上がりだし、8月がピークになるという点で、売上とほぼ同じ推移であることが確認できます。
2つのグラフを縦に並べて表示することで、変化を把握しやすくなります。

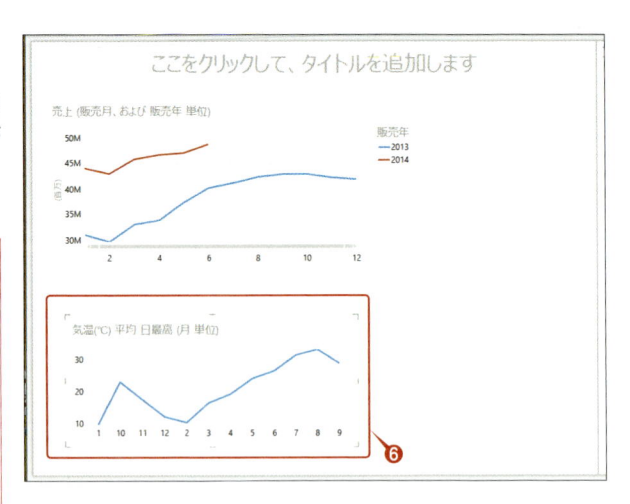

200　エクセルでできる！　ビッグデータの活用事例

09 年齢層による売上傾向の違いを分析する

操作事例

次に、「月別売上」テーブルの「顧客分類」をもとに、年齢層による売上傾向を分析してみましょう。ヘルスグッドネス社では、リアル店舗でのテスト的な販売を開始していますので、その分類からも何かが見えてくるかもしれません。

売上データを顧客分類の積み上げ棒グラフにする

1 フィールドを設定

❶ フィールドセクションで[月別売上]テーブルの[売上]にチェックを入れる。

❷ ビューに選択したフィールドのデータが表示される。

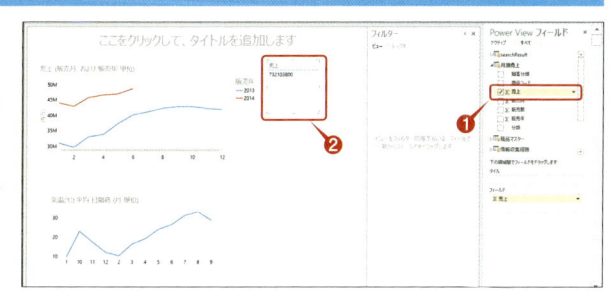

2 グラフの作成

❸ [デザイン]タブで、[縦棒グラフ]をクリックし、[積み上げ縦棒]ボタンをクリックすると、棒グラフが作成される。

解説 グラフの大きさと位置の調整

作成されたグラフの大きさや表示エリアは、グラフをドラッグして見やすく調整してください。

3 グラフの横軸に「販売月」と「販売年」を設定

❹ フィールドセクションで、[月別売上]の[販売月]にマウスポインターを合わせたときに表示される、右端の▼をクリックし、表示されたメニューから[軸として追加]をクリックする。

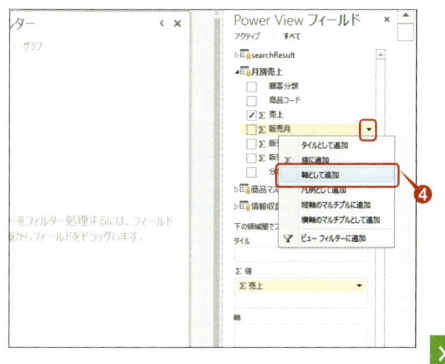

》次ページへ

エクセルでできる！ ビッグデータの活用事例 201

Part 6　ダイエットサプリの広告展開を考える

❺フィールドセクションで、[月別売上]の[販売年]にマウスポインターを合わせたときに表示される、右端の▼をクリックし、表示されたメニューから[軸として追加]をクリックする。

> **解説　軸の設定順序**
>
> ここでは、[販売月]→[販売年]の順番で軸を追加するようにしてください。

》前ページから

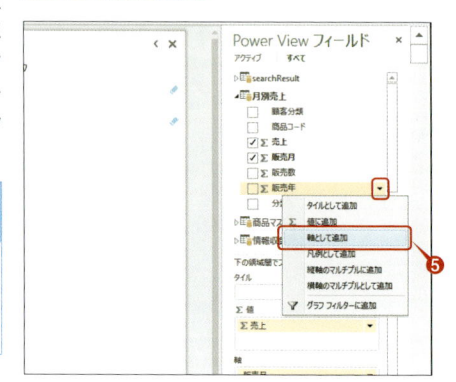

4 グラフフィルターを設定して、2014年のデータを表示

❻フィルターエリアで[グラフ]を選択する。
❼[販売年]フィルターを開く。
❽[販売年]の右端に表示されているアイコンをクリックして、リストフィルターモードで表示する。
❾[2014]にチェックを入れる。

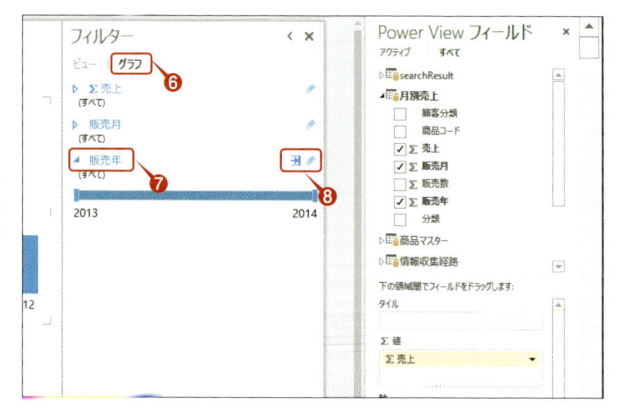

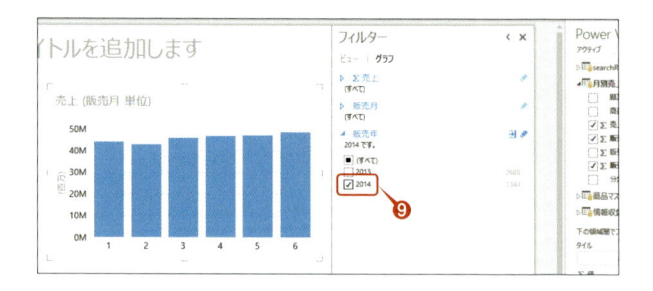

202　エクセルでできる！　ビッグデータの活用事例

5 凡例に「顧客分類」を追加

❿ フィールドセクションで、[月別売上]の[顧客分類]にマウスポインターを合わせたときに表示される、右端の▼をクリックし、表示されたメニューから[凡例として追加]をクリックする。

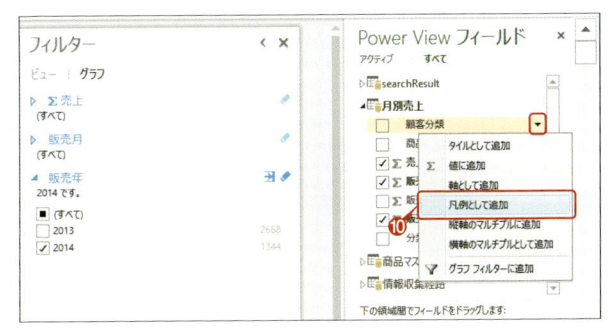

6 顧客分類による売上の把握

⓫ 顧客分類によって、売上が積み上げ表示されるようになった。

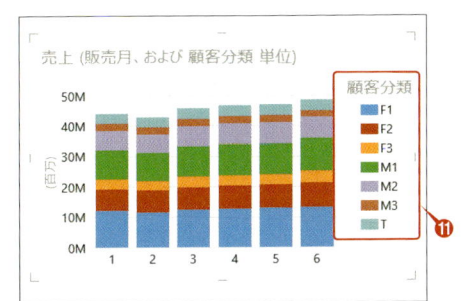

顧客分類による気づき

この分析結果からは、F1層（20〜34歳の女性）が一番多いことがわかります。しかし、これだけでは新たな発見はないため、もう少し分析する必要がありそうです。

フィルターを追加して店舗の売上を分析する

ここまで作成してきたグラフに「分類」フィルターを追加して、ヘルスグッドネス社の販売モデルである「通販」と「店舗」のそれぞれで、どのような層が多いのかを調べてみましょう。

1 グラフフィルターに「分類」を追加

❶ フィールドセクションで、[月別売上]の[分類]にマウスポインターを合わせたときに表示される、右端の▼をクリックし、表示されたメニューから[グラフフィルターに追加]をクリックする。

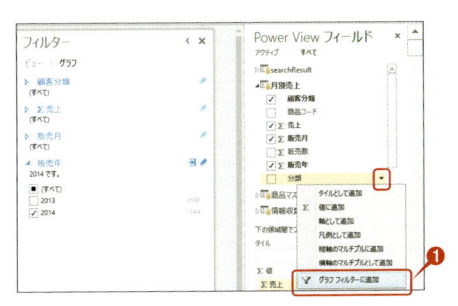

エクセルでできる！ ビッグデータの活用事例 203

Part 6　ダイエットサプリの広告展開を考える

2 分類フィルターによる売上の把握

❷ グラフフィルターで、[店舗] にチェックを入れる。

❸ 店舗の売上のみが、顧客分類で積み上げ表示されるようになった。

解説　店舗の売上表示による気づき

この分析結果によって、店舗では、T層（10代の女性）にかなり売れていることがわかりました。社内では聞かれませんが、どうやら店舗ではかなりT層が主要な顧客となっていたようです。もう一方の、「通販」と比較してみる必要もありそうです。

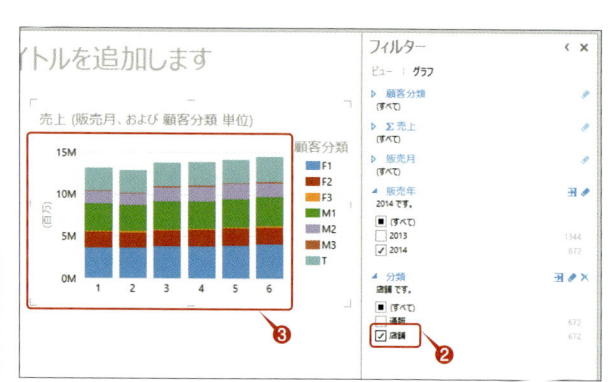

解説　通販の売上を分析する

ここまで作成してきたグラフと同じものを作成し、「通販」の売上ではどのような層が多いのかを調べてみましょう。
「売上データを顧客分類の積み上げ棒グラフにする」の手順1～6、「フィルターを追加して店舗の売上を分析する」の手順1～2を繰り返して、グラフを新しく作成します。最後に、グラフフィルター「分類」で[通販]にチェックを入れます。
以下は、「分類」フィルターでそれぞれ[店舗]と[通販]にチェックを入れたグラフを縦に並べた状態です。通販ではやはりF層（20～34歳の女性）がメインで、T層（10代の女性）などの若い層ではほとんど利用されていないのがわかりました。

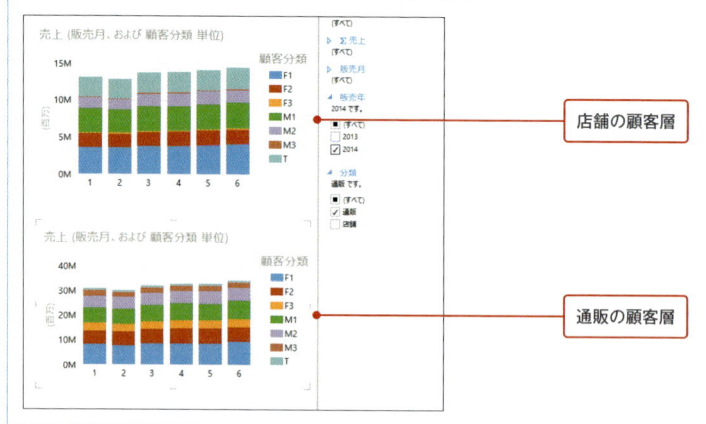

204　エクセルでできる！　ビッグデータの活用事例

10 広告対象のメディアを分析する

操作事例

販売モデルごとの顧客層が分析できたところで、どのような広告が有効なのか、あるいは有効ではないのかを探るために、有力な顧客となりつつある若者がどのように情報を収集しているのかを探っていきます。

若者の情報収集経路は?

ここで、Webから入手した「年代別情報収集経路」の表を見ると、若者はテレビから離れつつあるような印象を受けます。わかりやすく色分けして表示してみましょう。

1 「年代別情報収集経路」シートの分析

❶ Excelで[年代別情報収集経路]シートを表示する。
❷ 20代から70代の行を選択する。
❸ リボンの[ホーム]タブで、[条件付き書式]→[カラースケール]を開き、最上段の左からふたつ目のパターンを選択する。
❹ データの大きさによって、色分けして表示される。

解説 色分けによる年代別情報収集経路の気づき

こうして色分けして表示してみると、若者の間で情報収集の中心はインターネットのようにみえます。

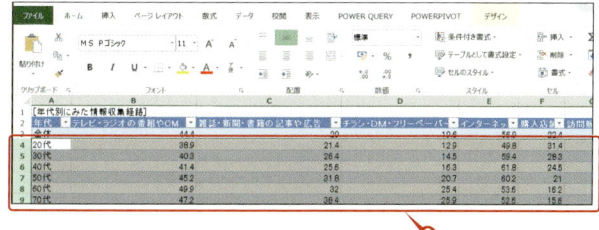

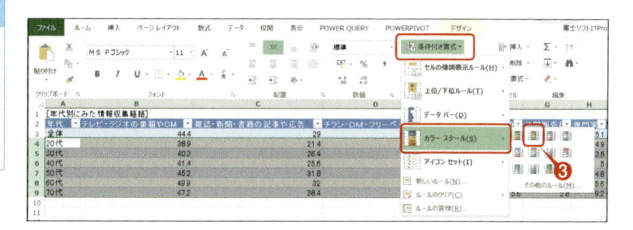

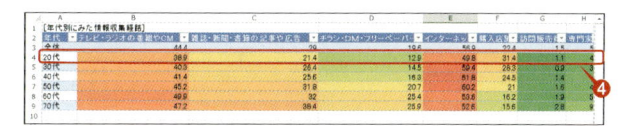

エクセルでできる! ビッグデータの活用事例

Part 6　ダイエットサプリの広告展開を考える

若者のテレビ離れは本当なのか？

さらにインターネット上の情報を参照して、若者のテレビ離れの実態を調べてみることにしましょう。

1 インターネットでの調査

❶「テレビ×ビデオリサーチ 実例! Twitterからみるテレビ番組評価」(http://www.videor.co.jp/casestudies/research/tv/2013/04.htm) にアクセスする。

❷「M1・F1総研」の分析レポート (http://m1f1.jp/?p=202) にアクセスする。

花子さんの思考経路

❶の情報を参照すると、どうやら自社の新しいターゲット層である若者は、情報収集がWebに移っており、テレビから離れた分、SNSに時間を割いているようです。そこで、「広告をやるならメディアミックスなのではないか？」花子さんは、社長にそう提案しようと決めます。
しかし、❷によると、いまだ若者の中でもテレビが大きいウェイトを占めることには変わりないようです。「Twitterと組み合わせてみると、新しい傾向が見えるのかもしれない」花子さんはさらに調査を進めてみることにしました。

11 分析結果と今後の対策

操作事例

ここでは、新しい分析レポートを作成して、商品ごとの売上の伸びを調べます。さらにツイッター分析によるポジティブ／ネガティブのつぶやき分析、問い合わせ状況の分析も加えて今後の対策方法を導き出します。

売上を再確認する

1 2014年の売上の伸びを確認

❶先に作成した折れ線グラフを確認する。

> **解説　売上の伸びから見る気づき**
>
> 売上の伸びは順調ではありますが、販売強化月間という割には6月が伸びていないような気がします。

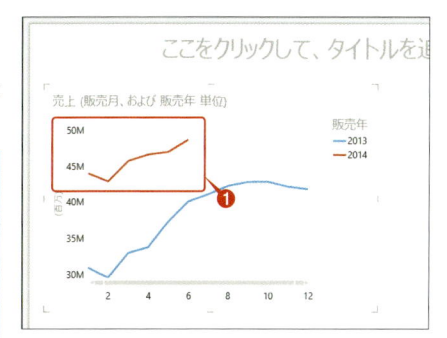

新しい分析レポートを作成して商品を分析する

1 Power Viewシートの作成

❶[挿入]タブをクリックする。
❷[パワービュー]ボタンをクリックして、新しく「Power View2」という分析シートを作成する。

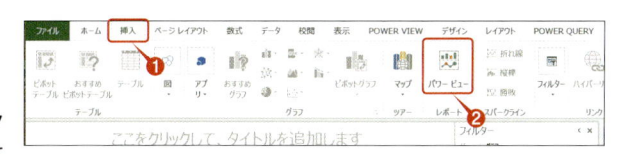

2 売上グラフを作成

❸「09　年齢層による売上傾向の違いを分析する」の手順1〜4を繰り返して、売上グラフを作成し、フィルターで2014年のデータを表示する。

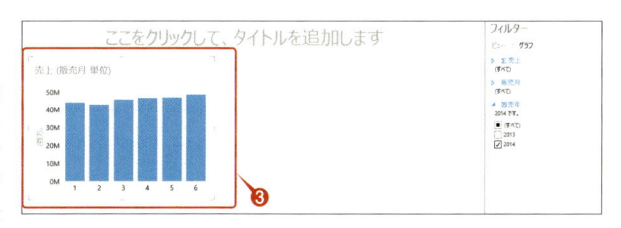

エクセルでできる！　ビッグデータの活用事例　207

Part 6　ダイエットサプリの広告展開を考える

3 凡例に「商品分類」を追加

❹ フィールドセクションで、[商品マスター]の[商品分類]にマウスポインターを合わせたときに表示される、右端の▼をクリックし、表示されたメニューから[凡例として追加]をクリックする。

4 商品分類による売上の把握

❺ 商品分類によって、売上が積み上げ表示されるようになった。

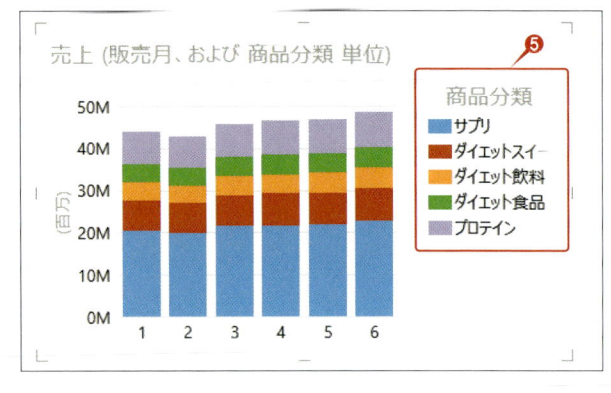

商品分類による気づき

販売強化をしていたのは「フォルスコリ」という商品です。その割に、サプリが伸びていないようです。もう少し詳しく調べてみましょう。

5 商品名によるサプリの売上の把握

❻ グラフフィルターの[商品分類]を表示し、[サプリ]にチェックを入れる。

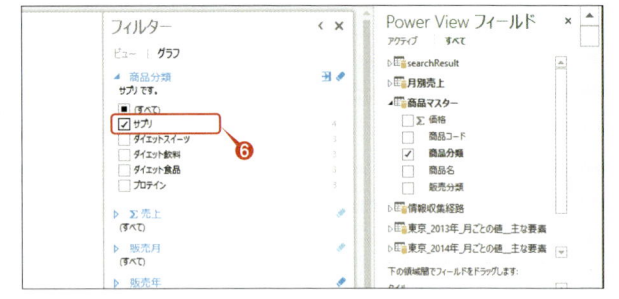

208　エクセルでできる！　ビッグデータの活用事例

6 凡例に「商品分類」を追加

❼ フィールドセクションで、[商品マスター]の[商品名]にマウスポインターを合わせたときに表示される、右端の▼をクリックし、表示されたメニューから[凡例として追加]をクリックする。

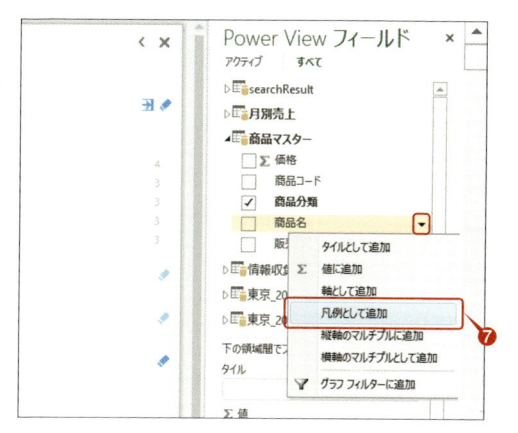

7 サプリの商品名による売上の把握

❽ 商品名によって、売上が積み上げ表示されるようになった。

商品名による気づき

商品でグラフを表示しても、イチオシのフォルスコリを含め、全体的に売上が変わっていません。これは、どこに原因があるのか、具体的な意見を調べてみる必要がありそうです。

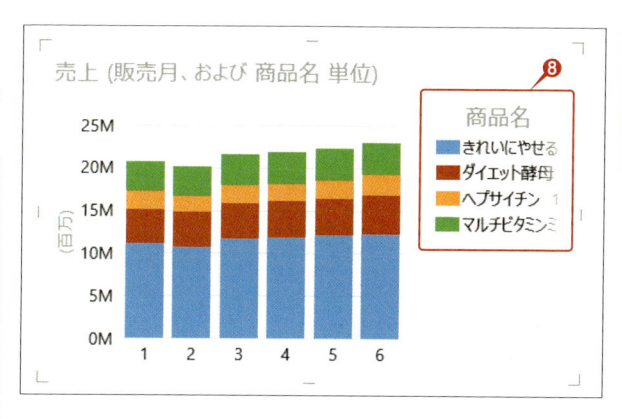

エクセルでできる! ビッグデータの活用事例 209

Part 6　ダイエットサプリの広告展開を考える

Twitterのつぶやきを分析する

どこに問題があるのか理由はわかりませんが、とりあえずTwitterデータを利用して新規のグラフを作成し、ポジティブとネガティブの割合を集計してみます。

1 フィールドの選択と設定

解説　新規でグラフを作成する場合

ここでは、新しいグラフを作成するため、一度何もないところでクリックして、フィールドが選択されていない状態で開始してください。

❶フィールドセクションで[searchResult]の[ネガティブフラグ]にチェックを入れる。
❷ビューに選択したフィールドのデータが表示される。

2 グラフの作成

❸[デザイン]タブで、[その他のグラフ]ボタンをクリックし、[円]をクリックすると、円グラフが作成される。
❹フィールドセクションで[searchResult]の[ポジティブフラグ]にチェックを入れる。

フラグによる気づき

このシンプルなグラフからは、予想していた以上に「ネガティブ」が多いことがわかりました。続けて、具体的なつぶやきの内容を調べてみます。

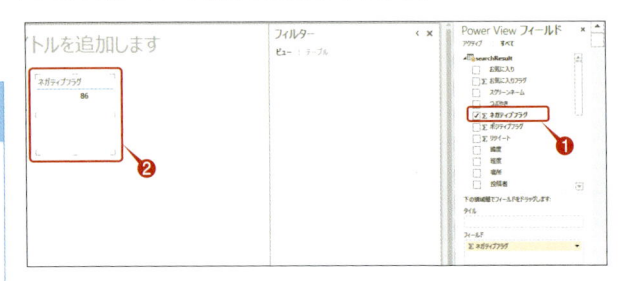

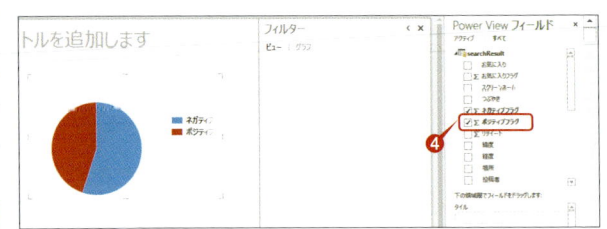

210　エクセルでできる！　ビッグデータの活用事例

3 ツイートの確認

❺ [ツイッター分析] シートを表示し、「つぶやき」を確認する。

ツイートによる気づき

ざっとツイートを眺めてみると、特に「みづらい」「わかりづらい」「ごちゃごちゃ」といったキーワードが目につくようです。何らかの問題があるとしたら、お客様からの問い合わせにも関係がありそうです。

問い合わせ状況を確認してみる

続いて、問い合わせの状況がどのようになっているのかを調べてみましょう。

1 フィールドの選択と設定

解説 新規でグラフを作成する場合

ここでは、新しいグラフを作成するため、一度何もないところでクリックして、フィールドが選択されていない状態で開始してください。

❶ フィールドセクションで [問い合わせ履歴] の [対応件数] にチェックを入れる。
❷ ビューに選択したフィールドのデータが表示される。

エクセルでできる！ ビッグデータの活用事例 211

Part 6　ダイエットサプリの広告展開を考える

2 グラフの作成

❸[デザイン]タブで、[横棒グラフ]をクリックし、[積み上げ横棒]をクリックすると、横棒グラフが作成される。

3 グラフの縦軸に「問い合わせ月」と「問い合わせ年」を設定

❹フィールドセクションで、[問い合わせ履歴]の[問い合わせ月]にマウスポインターを合わせたときに表示される、右端の▼をクリックし、表示されたメニューから[軸として追加]をクリックする。

❺フィールドセクションで、[問い合わせ履歴]の[問い合わせ年]にマウスポインターを合わせたときに表示される、右端の▼をクリックし、表示されたメニューから[軸として追加]をクリックする。

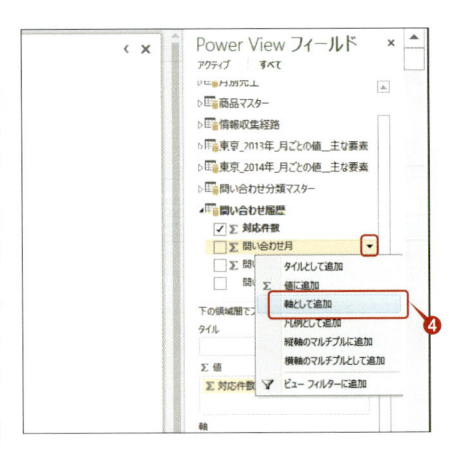

解説　軸の設定順序

ここでは、[問い合わせ月]→[問い合わせ年]の順番で軸を追加してください。

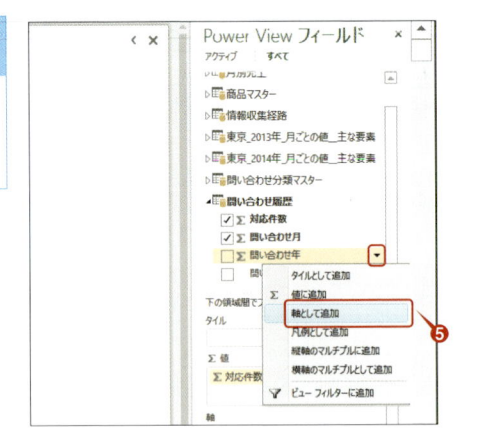

212　エクセルでできる！　ビッグデータの活用事例

4 グラフにフィルターを設定して、2014年のデータを表示

❻ フィルターエリアで[グラフ]を選択する。
❼ [問い合わせ年]フィルターを開く。
❽ [問い合わせ年]の右端に表示されているアイコンをクリックして、リストフィルターモードで表示する。
❾ [2014]にチェックを入れる。

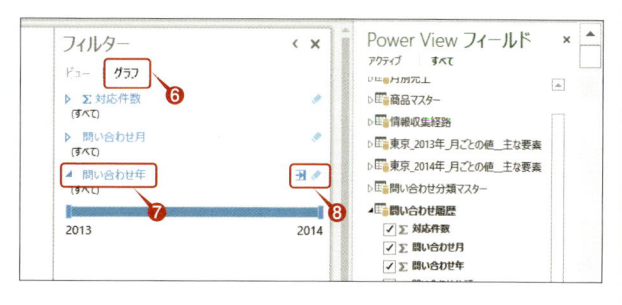

5 凡例に「分類名」を追加

❿ フィールドセクションで、[問い合わせ分類マスター]の[分類名]にマウスポインターを合わせたときに表示される、右端の▼をクリックし、表示されたメニューから[凡例として追加]をクリックする。

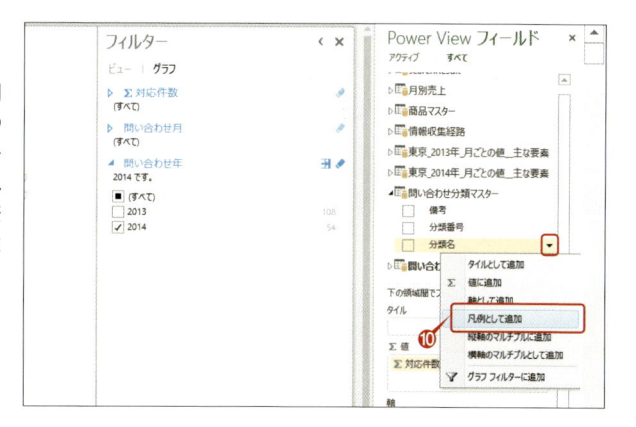

Part 6 ダイエットサプリの広告展開を考える

⑥ 問い合わせ分類による問い合わせ数の把握

⓫問い合わせの「分類名」によって、問い合わせ件数が積み上げ表示されるようになった。

対応件数 (問い合わせ月、および 分類名 単位)

分類名:
- サプリ商品に関する…
- ダイエットスイーツに関…
- ダイエット飲料に関す…
- ダイエット食品に関す…
- プロテイン商品に関…
- 健康に関するお問い…
- 商品の返品・交換に…
- 商品内容についての…
- 発送についてのご意…

分類による問い合わせ件数の気づき

この結果からは、6月に入って「商品内容についてのご意見」が急増しているのがわかります。おそらく、アクセスしてくれた人は増えたけれども、何かしらの原因で買ってもらえていないのではないかと思われます。先ほどのツイッター分析とあわせて考えると、どうやらサイトの作りに問題がありそうです。

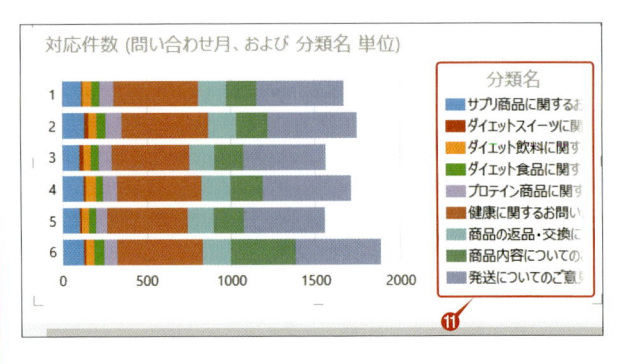

提出するレポートのまとめ

　ここまでの分析結果をまとめると、社長へ提案する分析レポートの内容の中心は、次の2点になりそうです。

1. テレビCMを放映するなら、若者をターゲットとして、Twitter等のSNSで並行して何かをするメディアミックス的な展開が必要である。
2. 宣伝をする前に、Webサイトの構成やデザイン、説明文などをすべて見直すべきである。

花子さんの出した結論

「なるほど、これで自分の中にあったもやもやが解消できた!」
ここまで分析してきたデータを見てもらえれば、いかにテレビCMで露出を増やそうとも、Webサイトの案内がわかりづらければ販売にまではつながらない可能性が高いし、テレビCMだけではターゲットである若者層にアプローチできる可能性が少ないことがわかってもらえるに違いありません。
社内はいま「歴史に残るようなテレビCMを制作して市場に訴えるぞ」という雰囲気に包まれていますが、雰囲気や意気込みだけでは成功を導くことはできないのです。
「よし、これで行けそうだ。なんとか社長に提案することができる気がする!」
花子さんは、分析レポートとして提出すべく、最後の仕上げとしてデザインの調整にとりかかりました。

共有編

Office 365 と連携する

Part 7

Office 365を利用して自分以外にも分析データを共有できます。ここでは、Office 365の共有方法について紹介します。

Part 7　Office 365 と連携する

01 Office 365との連携のしくみ

概要

このPartでは、ここまで作成してきたPower BIの分析結果などをSharePoint OnlineのPower BIサイトで複数のユーザー間で共有したり、Power BI Q&Aによってデータを問い合わせて表示したりする方法について説明します。

Office 365とは

　Office 365はMicrosoftが提供しているクラウドサービスです。Office 365経由で「**Office 365 ProPlus**」をダウンロード／インストールしているユーザーにとっては「何をいまさら」という感もあるでしょうが、簡単に説明しておきましょう。

　Office 365には、さまざまなサービスがあり、契約形態によって利用できる環境が異なりますが、Office 365にログインすると、メールサービスを提供する「**Microsoft Exchange Online**」や、プレゼンス情報やインスタントメッセージなどのコミュニケーションサービスを提供する「**Microsoft Lync Online**」を利用できるようになっています（次ページの表参照）。「Office製品が利用できる」というイメージが強いOffice 365ですが、実際にはそれだけではなく、むしろ**グループウェアとして、複数のユーザー間で共同作業をするのに適したサービス**だと言えます。

　その中でも最もカスタマイズ性の高いのが、「**SharePoint Online**」によるサイトアプリケーションです。プロジェクトや部署といったチームでドキュメントを共有したり、共同作業を行ったりするために、さまざまなアプリを利用できます。アプリはSharePointストアにアクセスして追加できます。

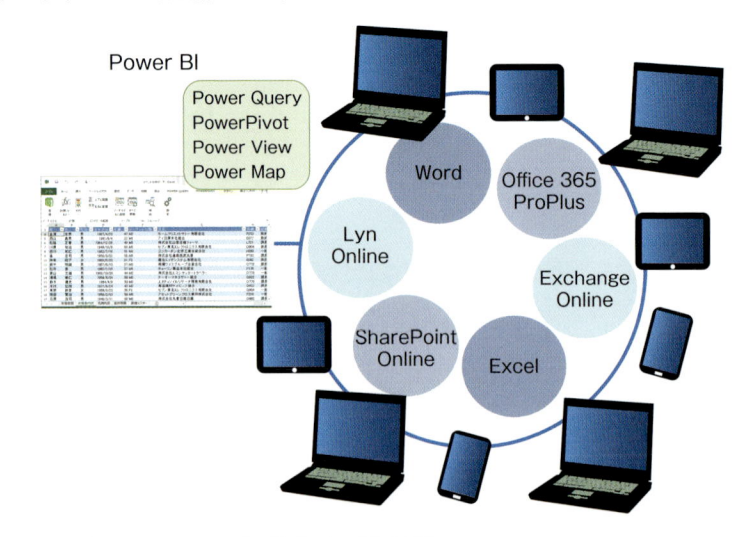

216　エクセルでできる！　ビッグデータの活用事例

使用できる機能	Small Business	Small Business Premium	Midsize Business	Enterprise E1	Enterprise E3	Enterprise E4
Office アプリケーション		●	●		●	●
Office Onlineによる表示と編集機能	●	●	●	●	●	●
Exchange Online※	●	●	●	●	●	●
SharePoint Online※	●	●	●	●	●	●
Lync Online		●	●	●	●	●
Active Directory 統合			●	●	●	●

※一部の機能はオプションなどの利用により使用が可能です。

ヒント Power BIを利用できるOffice 365は?

「SharePoint Online Plan2」が含まれるOffice 365およびPower BIライセンスを契約する必要があります。また、ExcelでPower BIによる分析を行いたい場合は、最新のExcelが含まれたOffice 365 ProPlusを含むサービスを契約する必要があります。
このPartでは、Office 365 Enterprise E3のトライアルバージョンを導入して、Power BIを利用する手順について説明しています。

チームでPower BIのドキュメントを共有するには

　SharePointでPower BIを利用するための前提条件は、SharePoint Online上にドキュメントを共有するためのチームサイトが作成されており、Webブラウザからアクセスするためのアクセス権限を持っていることです。

　以下は、SharePoint Onlineの標準のチームサイトです。このPartでは、新しいPower BIサイトを作成し、Power BIアプリを利用してExcelで作成したブックをアップロードし、複数のユーザーと共有します。

Part7　Office 365と連携する

02 Office 365 Enterprise E3とPower BIのセットアップ

操作事例

Power BIは、Office 365でPower BI for Office 365を追加することで利用できるようになります。ここでは、Office 365 Enterprise E3のトライアル版をインストールして、Power BIを利用するためのセットアップを行います。

Office 365 Enterprise E3の1カ月無料トライアルを申し込む

ここでは、Office 365 Enterprise E3のトライアルバージョンを導入します。まずは、1カ月無料トライアルに申し込みます。登録にあたって、クレジットカード情報は必要ありません。

1 Office 365のサイトにアクセス

❶ブラウザで、Office 365のサイト（http://www.microsoft.com/ja-jp/office/365/default.aspx）にアクセスする。
❷Office 365 Enterprise E3のトライアルバージョンをクリックする。

ヒント Office 365のサイト

サイトのデザインや構成などは、変更になる可能性があります。

2 アカウントのセットアップ

❸ユーザーの姓名、住所など必要事項を入力する。

218　エクセルでできる！　ビッグデータの活用事例

❹ユーザーIDに会社名をもとにしたアドレスの候補が表示される。

❺「ユーザーID」に、管理者のサインインに使用するユーザーIDを入力する。

> **解説　ユーザーIDの形式**
>
> サインインするために必要なユーザーIDは、「＜ユーザーID＞@＜会社名＞.onmicrosoft.com」の形式で設定します。
> 設定例：
> hanako@FujisoftNeoInc.onmicrosoft.com」

❻「パスワード」と「パスワードの確認」に管理者用のパスワードを入力する。

❼携帯電話番号を入力して[テキストメッセージを送信]をクリックする。

> **解説　認証コードの送信**
>
> 入力した携帯電話番号あてに、メッセージで認証コードが送信されます。

❽受け取ったメッセージに記載されている認証コードを入力して、認証を行う。

❾[アカウントの作成]をクリックする。

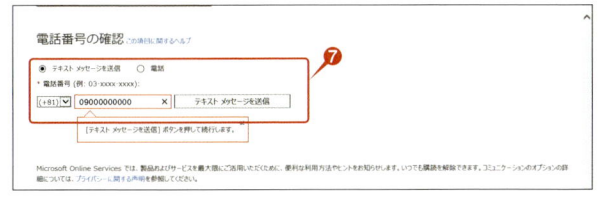

エクセルでできる！　ビッグデータの活用事例　219

Part 7 Office 365と連携する

3 Office 365への サインイン

❿ https://login.microsoftonline.comにアクセスする。
⓫ 上記で作成したアカウント情報を入力する。
⓬ [Sign in] をクリックして、Office 365にサインインする。

4 管理者用アカウントのパスワード再設定のための設定

⓭ 携帯電話番号情報を設定する。
⓮ 連絡用の電子メールアドレスを入力する。
⓯ [保存して続行] をクリックする。

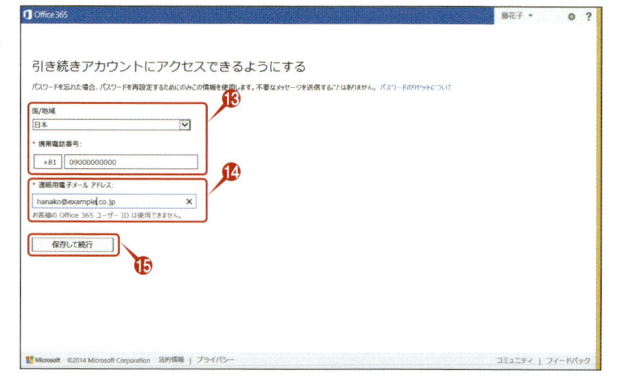

5 Office 365画面の表示

⓰ Office 365にサインインし、「ようこそ」というメッセージが表示される。

220 エクセルでできる！ ビッグデータの活用事例

Power BI for Office 365を追加する

続いて、「Power BI for Office 365」の試用版を追加します。

1 サービスの追加

❶[管理者]→[Office 365]をクリックする。
❷「Office 365管理センター」画面が表示される。
❸サイドメニューから[サービスを購入する]をクリックする。

> **解説 管理センターとは**
>
> 「Office 365管理センター」は、Office 365の運用に関する設定を行う画面です。サービスの追加の他に、ユーザーやドメインの管理、サービス正常性の確認といった管理操作を行います。

↓

2 サブスクリプションの購入

❹サブスクリプションの購入画面で、「SharePoint Online(プラン2)Yammer機能付きPower BI for Office 365」を表示し、[試用版]をクリックする。

> **解説 有償版を追加すると**
>
> 試用版が提供されていないサービスについては、[追加]をクリックして追加すると、料金が発生するので、注意してください。

≫ 次ページへ

エクセルでできる！ ビッグデータの活用事例

Part 7　Office 365と連携する

》》前ページから

❺注文の確定画面で、［無料トライアル］をクリックする。
❻注文の受領書画面で、［続行］をクリックすると、Power BIの追加設定が完了し、「Office 365管理センター」画面が表示される。

ユーザーにPower BIのライセンスを割り当てる

次に、ユーザーの情報を編集して、Power BIのライセンスを割り当てます。試用版では、25ユーザーライセンスを割り当てることができます。

1　ユーザーの編集開始

❶サイドメニューで［ユーザーとグループ］をクリックする。
❷Power BIのライセンスを割り当てたいユーザーを選択する。
❸［ユーザーの編集］をクリックする。

222　エクセルでできる！　ビッグデータの活用事例

2 Power BIライセンスの設定

❹ユーザーの編集画面で、[ライセンス]をクリックする。

❺ライセンスの設定画面が表示されたら、[Microsoft Office 365 プラン E3]の[SharePoint Online(プラン2)]のチェックを外す。

❻[Microsoft Power BI for Office 365]の項目にすべてチェックを入れる。

❼[保存]をクリックする。

❽ライセンスの設定が保存され、「Office 365管理センター」画面に戻る。

> **解説 複数ユーザーへのライセンスの割り当て**
>
> SharePointでPower BIを利用するユーザーが複数いる場合は、試用版のライセンス数の範囲内で、ユーザーに対してライセンスを設定してください。

エクセルでできる！　ビッグデータの活用事例　223

Part 7　Office 365と連携する

> ## Column 最新バージョンのOfficeをインストールする
>
> Office 365 Enterprise E3のトライアル版をインストールした場合、最新バージョンのOfficeをネットワークからダウンロードしてインストールすることができるようになります。お持ちのOffice製品がPower BIに対応していない場合（Office 365 ProPlusもしくはOffice Professional Plus 2013以外）は、この方法を試してみることをおすすめします。以前のバージョンと共存することは可能です。トライアル版を削除する場合はアプリケーションの削除から削除することもできます。また、有効期限が迫ると登録したアドレスにトライアル終了のアナウンスメールが届きます。購入せず有効期限がきれるとログインできなくなります。
>
> ❶左上の[Office 365]をクリックして以下のページを表示し、[Word、Excel、その他をインストール]をクリックします。 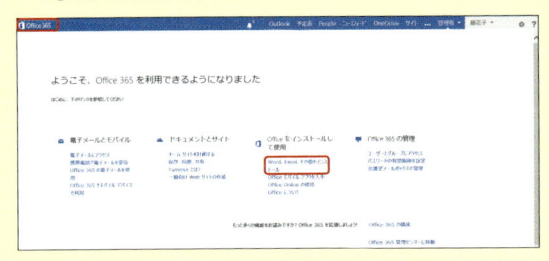
>
> ❷「ソフトウェア」から[Office]を選択して、バージョンなどを設定して[インストール]ボタンをクリックします。
>
> ●64ビット版PCの注意点
> インストールする先のPCが64ビットの場合は、[高度]をクリックしてバージョンを選択してください。OfficeのバージョンとPower BIのバージョンがマッチしていないと、Power BIを利用することができないので注意してください。 
>
> ❸[保存]ボタンをクリックしてインストーラーを保存してから実行するか、[実行]ボタンをクリックすると、Officeのインストールが開始されます。ネットワークの状況にもよりますが、インストールの終了までには時間がかかる可能性があります。

03 ドキュメント共有用にPower BI用サイトを追加する

操作事例

ここでは、SharePointでPower BIを利用したドキュメントの共有を開始する前に、Power BIの分析レポートを共有するための専用のチームサイトを作成する方法について説明します。

SharePoint標準のチームサイトを利用する

まずは、Office 365にサインインしたときに標準で作成されるサイトにアクセスしてみましょう。

1 サイトの表示

❶Office 365のサイトの上部に表示される[サイト]をクリックする。

> **ヒント 初回アクセス時**
>
> 初回にアクセスする際は、SharePointの初期設定などで、表示されるまでに時間がかかることがあります。「このページは表示できません」というメッセージが表示された場合は、しばらく時間をおいてからアクセスしてみてください。

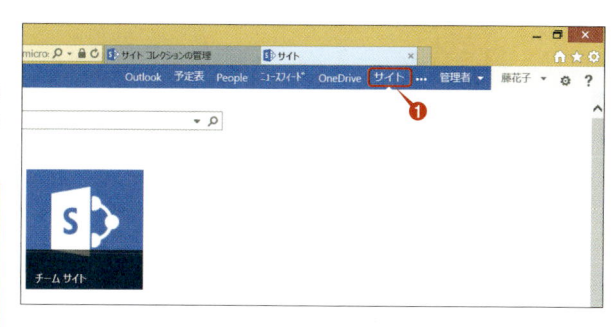

❷「SharePointを有効にご利用ください」というメッセージが表示されたら、[OK]をクリックする。

エクセルでできる！ ビッグデータの活用事例 225

Part 7　Office 365と連携する

2 サイトを表示する

❸個人用のSharePointサイトが表示されたら、[チームサイト]パネルをクリックする。
❹標準で作成されたチームサイトが表示される。

> **ヒント　標準チームサイトの使用**
>
> 標準のチームサイトをPower BIサイトとして使用することもできます。その場合は、次の『SharePoint管理センターでサイトコレクションを作成する』の手順を飛ばして、サンプルのインストールに進んでください。

SharePoint管理センターでサイトコレクションを作成する

Power BI用に新しいサイトコレクションを作成します。

1 SharePoint管理センターを表示

❶[管理者]→[SharePoint]をクリックする。

226　エクセルでできる！　ビッグデータの活用事例

2 サイトコレクションの作成

❷ [新規] ボタンをクリックして表示されるメニューから [プライベートサイトコレクション] をクリックする。

❸ 「タイトル」欄に新しく作成するサイトコレクションのタイトルを入力する。

❹ サイトのアドレスとして設定される文字列を入力する。

❺ サイトコレクションを作成するためのテンプレートを指定する。ここではシンプルな [チームサイト] を選択している。

💡ヒント　その他の設定項目

ここではサイトコレクションを作成するうえで最低限必要な設定についてのみ説明しています。必要に応じて、その他の項目を設定するようにしてください。

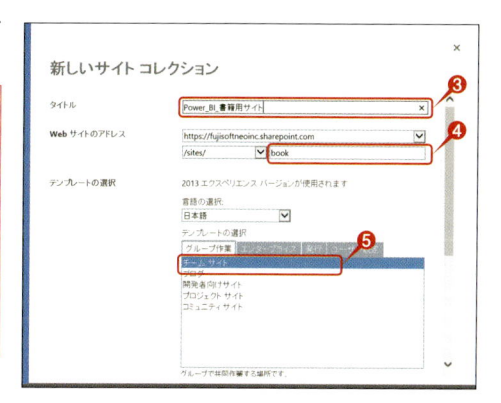

↓

↓

❻ タイムゾーンを選択する。
❼ サイトコレクションの管理者を設定する。

💬解説　管理者の設定方法

ユーザー名の一部を入力して [名前を確認] ボタン (👤) をクリックすると、ユーザーが検索され、自動的に設定されます。[参照] ボタン (📖) をクリックすると、選択画面でユーザーを検索して設定できます。

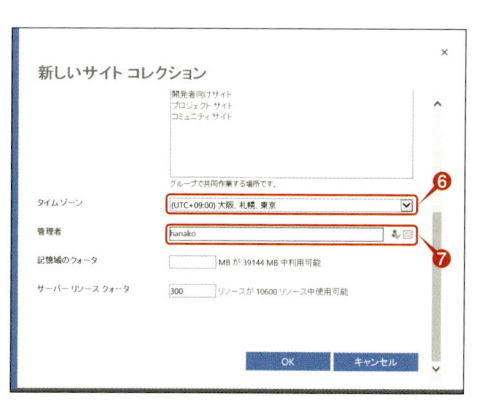

» 次ページへ

エクセルでできる！　ビッグデータの活用事例　227

Part 7　Office 365と連携する

》前ページから

❽「記憶域のクォータ」に、サイトコレクションに割り当てる記憶域のサイズ（ここでは800）を入力する。
❾設定が完了したら、[OK]をクリックする。

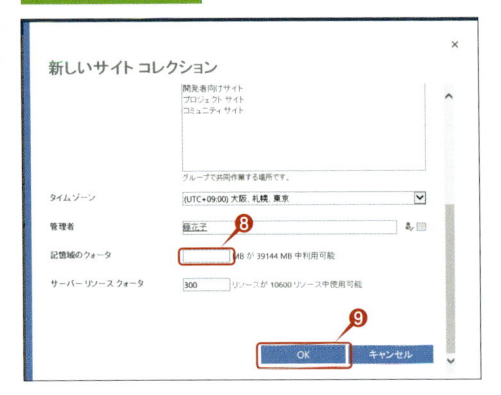

3 サイトコレクションの作成完了

❿一覧に作成されたサイトコレクションが表示される。

解説　サイトコレクションのアドレス

サイトコレクションが作成され、トップレベルのサイトが作成されるまでには、数分～数十分の時間がかかります。作成されたサイトコレクションは、「サイトコレクション」の一覧に表示されますので、アドレスを確認してください。

ヒント　サイトコレクションのプロパティ

サイトコレクション一覧に表示されているアドレスをクリックすると、「サイトコレクションのプロパティ」画面で、設定されている内容を確認することができます。ここで、[Webサイトのアドレス]をクリックすると、実際のサイトにジャンプします。

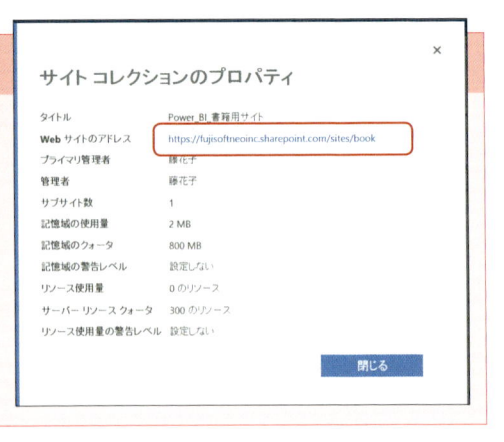

228　エクセルでできる！　ビッグデータの活用事例

ヒント　個人サイトにサイトコレクションのタイルを追加する

Office 365のグローバルナビゲーションバー［サイト］をクリックしたときに表示される個人のサイトには、上記の手順で追加したサイトコレクションは自動では表示されません。注目サイトとして、新しく作ったサイトを追加してみましょう。

❶注目サイトの［管理］リンクをクリックする。

❷［注目サイトの追加］をクリックする。

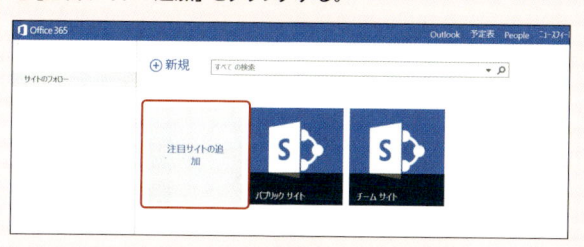

❸「タイトル」欄と「リンクの場所」欄に追加したいサイトコレクションの情報を入力して、［変更の保存］をクリックする。

❹［ここをクリック］をクリックして、注目サイトの編集を終了する。

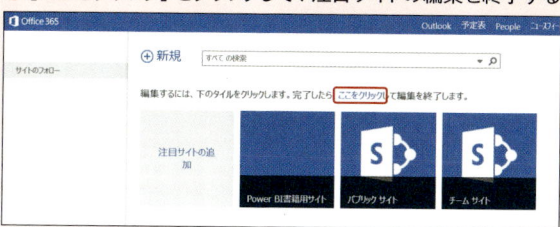

エクセルでできる！　ビッグデータの活用事例　229

Part 7　Office 365と連携する

Power BIサイト作成に役立つサンプルをインストールする

1 Power BIサイトへ接続

❶新しく作ったSharePointサイトを表示する。
❷サイドリンクバーの［サイトコンテンツ］をクリックする。

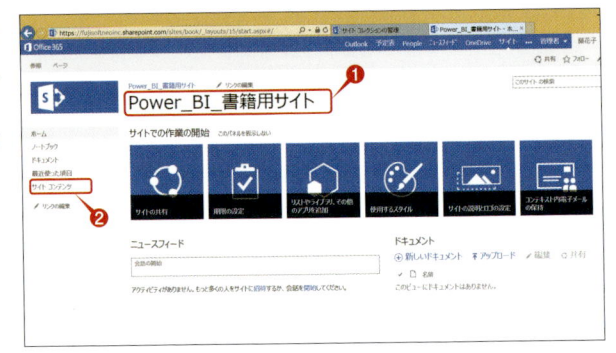

2 サンプルのインストールを開始

❸「サイトコンテンツ」画面が表示される。
❹［Power BI］パネルをクリックする。

❺［サンプルの追加］をクリックする。

> **ヒント　サンプルが不要な場合**
> ［自分自身のデータを使用］をクリックすると、サンプルをインストールせずに次のステップに進めます。

230　エクセルでできる！　ビッグデータの活用事例

❻サンプルのインストールの進行状況が表示される。

> **解説 インストールの進行状況**
>
> サンプルのインストールには、ネットワークの環境によっては時間がかかることがあります。インストール中に、Power BIに関する動画が再生されることがあります。

3 サンプルのインストール完了

❼サンプルのインストールが完了すると、「サンプルが追加されました。」というメッセージが表示される。
❽[閉じる]をクリックする。
❾完了すると、Power BIサイトが表示される。

> **ヒント ページが表示されない場合**
>
> 「Power BI」サイトが表示されない場合は、[F5]キーを押してブラウザーを更新してみてください。

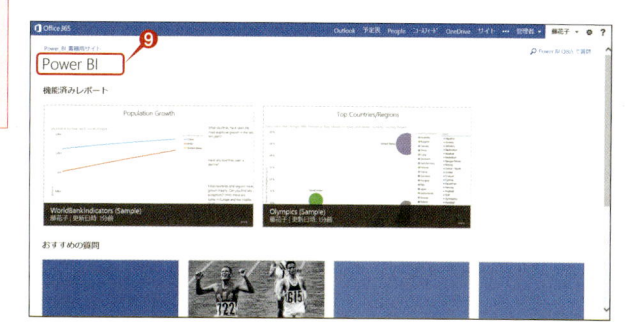

エクセルでできる！ ビッグデータの活用事例 231

04 Power BIサイトにドキュメントをアップロードする

操作事例

作成したPower BIによる分析レポートを、SharePointサイトにアップロードして、複数のユーザーで共有してみましょう。レポートは、適切なアクセス制限のもとで、インターネットを通じてどこからでも参照することが可能です。

ドキュメントをPower BIアプリでアップロードする

1 Power BIサイトへ接続

❶新しく作ったSharePointサイトを表示する。
❷サイドリンクバーの[サイトコンテンツ]をクリックする。

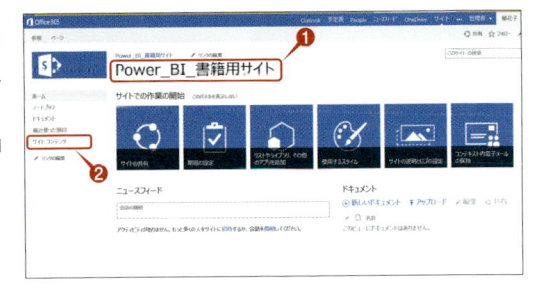

2 ドキュメントのアップロード

❸[Power BI]パネルをクリックする。
❹「Power BI」サイトが表示される。

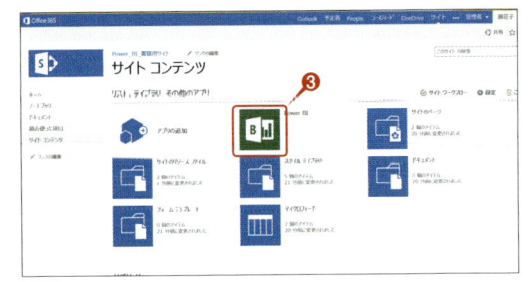

232 エクセルでできる！ ビッグデータの活用事例

❺画面を下にスクロールし、「ドキュメント」の[追加]をクリックする。
❻[ファイルのアップロード]をクリックする。

> **解説** フォルダーを作成する
>
> ドキュメントをフォルダーで管理したい場合は、[新しいフォルダ]をクリックして、先にフォルダーを作成してください。

↓

❼「レポートの追加」画面で、[参照]ボタンをクリックしてアップロードするファイルを選択する。
❽[OK]ボタンをクリックする。

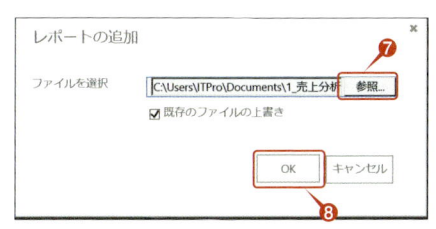

3 ドキュメントのアップロード完了

❾ドキュメントがアップロードされ、サムネイルが表示される。

エクセルでできる！ ビッグデータの活用事例 233

アップロードされた分析レポートを参照する

続いて、アップロードした分析レポートを操作してみましょう。Power BIサイトへのアクセス権を持ったユーザーは、インターネットのどこからでも分析レポートを確認できます。

1 Power BIサイトでコンテンツを表示

❶ アップロードしたドキュメントのサムネイルをクリックする。
❷ Webブラウザ上のExcel Onlineでレポートが表示される。

解説 Excelの操作について

ここでは、Part3で作成したコーヒーショップの分析レポートを閲覧しています。
通常のExcelと同じように、シートごとにデータが表示されており、切り替えて閲覧や操作ができます。
「Power View」シートでは、フィルターによる絞り込みや、地図上のポイントをクリックしたデータの切り替えといった、通常のExcelと同じような分析を行えます。

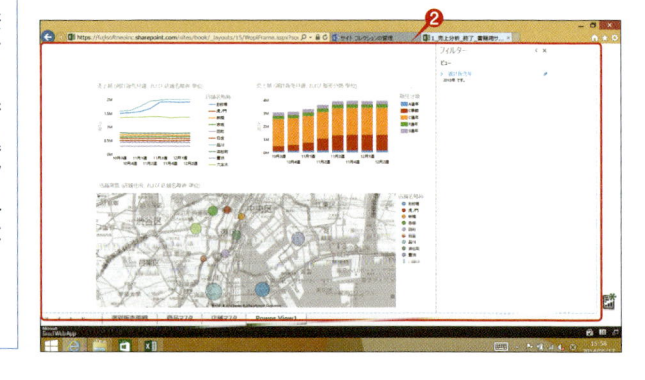

ヒント HTML5による表示

画面右下のアイコンをクリックすると、HTML5バージョンでドキュメントを表示できます。

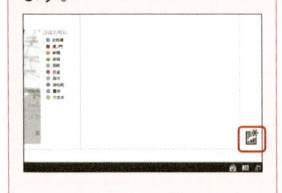

解説 Excel Onlineに地図を表示するには

ブラウザで動作するExcel Onlineで地図を表示するには、ブラウザの上部に表示された「プライバシーに関する注意」メッセージ欄に表示されている［コンテンツの有効化］をクリックして、Bingにデータを送信する必要があります。尚、送信される情報はブック単位で送信されます。情報内容はブックのの作成者やマクロの情報が送信されており、Excelのプロパティに記載されている内容を確認の上、送信してください。

Excelでドキュメントを編集する

SharePoint上のドキュメントを編集するにはいくつか方法があります。
右下にある[フルサイズでブックを表示]をクリックすると、ブックの編集メニューが選択できるようになります。

❶ [ブックの編集]メニューから[Excelで編集]をクリックすると、Webブラウザ上ではなく、ダウンロードしたデータを自分のパソコン上のExcelで開いて編集できます。[ブックの編集]と[コンテンツの有効化]をクリックして編集を開始します。

❷ [ブックの編集]メニューから[Excel Onlineで編集]を選択すると、SharePoint上にコピーを作成してExcel Onlineでドキュメントを編集します。

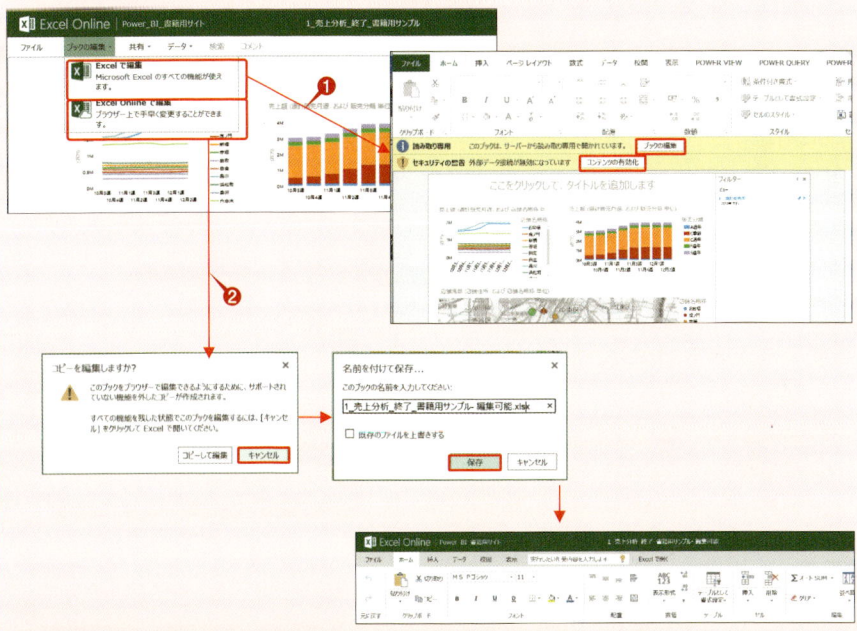

なお、自分のパソコンのExcelで編集するのは、Power BIサイトでドキュメントのサムネイルの右下に表示されている[…]ボタンからも実行できます。クリックして表示される操作メニューから[Excelで編集]をクリックしてください。このメニューからは、ドキュメントの[削除]や[お気に入り]などのメニューを選択することもできます。

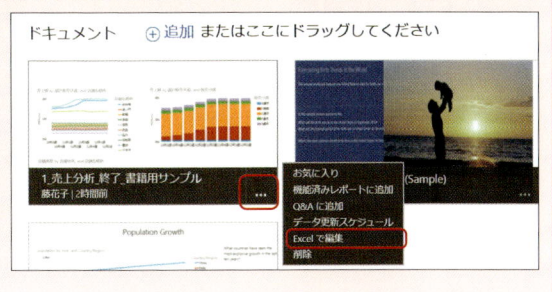

エクセルでできる！ ビッグデータの活用事例 235

Part 7　Office 365と連携する

05 Power BIアプリをインストールしてドキュメントを参照する

操作事例

Surfaceなどのタブレット端末に「Power BI」アプリをインストールすると、WebブラウザでSharePointにサインインしなくても、手軽にPower BIサイトの共有ドキュメントをダウンロードし、分析結果を表示することができます。

Power BIアプリをインストールする

Windowsストアに接続して、「Microsoft Power BI」アプリをインストールします。

1　Windowsストアでアプリを検索

❶スタート画面で[ストア]パネルをクリックして、Windowsストアを起動する。
❷「Power BI」というキーワードで検索し、表示された[Microsoft Power BI]をクリックする。
❸「Microsoft Power BI」の説明ページが表示されたら、[インストール]をクリックする。

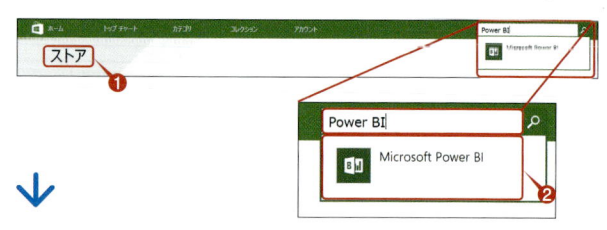

2　Power BIアプリのインストール完了

❹インストールが終わると、「Microsoft Power BIがインストールされました。」というメッセージが表示される。

236　エクセルでできる！　ビッグデータの活用事例

Power BIアプリでドキュメントを表示する

　タブレット端末でPower BIアプリを利用して、Power BIサイトで共有されているドキュメントを閲覧してみましょう。初回起動時は、アプリの簡単なセットアップが必要です。

1 Power BIアプリの起動

❶[Microsoft Power BI]タイルをタップして、アプリを起動する。

> **ヒント　アプリの一覧の表示方法**
>
> スタート画面にアプリのタイルが表示されない場合は、左下のボタンをタップして、アプリ一覧から選択することができます。
> ここではアプリの一覧から起動しています。

2 Power BIアプリのセットアップ

❷初期設定画面が表示されるので、[簡単設定の使用]をタップする。
❸アプリ画面が表示されたら、[サインイン]をタップする。

> **ヒント　[サインイン]アイコンでログイン**
>
> 画面右上のアイコンをクリックしてタップすることもできます。

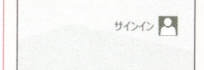

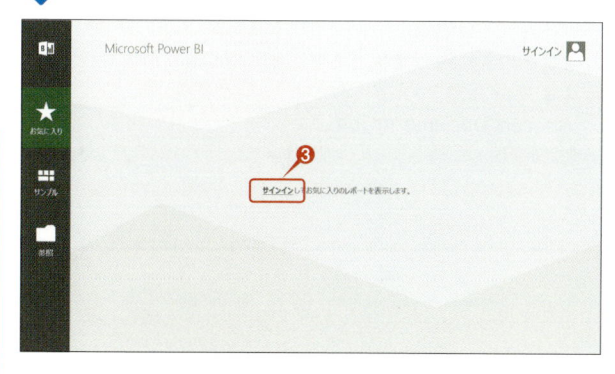

エクセルでできる！　ビッグデータの活用事例　237

Part 7　Office 365と連携する

3 Office 365アカウントでサインイン

❹Office 365アカウントの「ユーザー名」と「パスワード」を入力する。
❺[OK]をタップする。

> **ヒント　ログインユーザーの確認**
>
> サインインすると、画面右上のアイコンに名前が表示されます。タップすると、情報を表示したり、サインアウトを選択したりできます。

4 参照ドキュメントの表示

❻初期状態では、表示するドキュメントがないため、サイトを参照するか同期する必要がある。ここでは、[参照]をタップする。
❼「ポピュラーなサイト」として表示されたサイトをタップする。ここでは、本Partの手順で作成した[Power_BI_書籍用サイト]をタップする。
❽共有ファイル用フォルダーの[Shared Documents]をタップする。

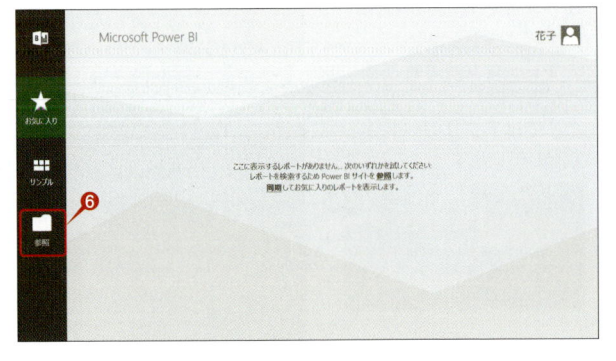

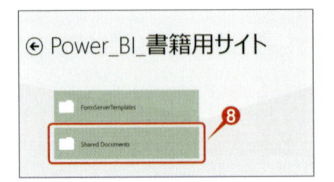

❾Power BIサイトにアップロードした分析レポートファイルをタップする。ここでは、本Partでアップロードしたファイルを選択している。

> **ヒント サンプルの表示**
>
> 独自の分析レポートをアップロードしていない場合でも、インストールしたサンプルファイルを選択して表示できます。

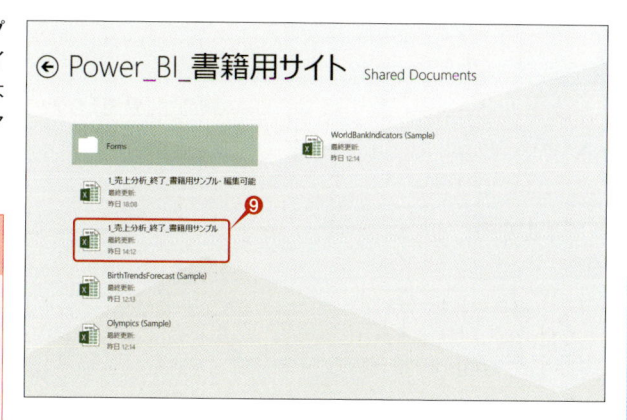

解説 直接URLを入力してアクセスする

[参照]の一覧に接続したいPower BIサイトやフォルダーが表示されていないときは、次の手順で直接URLを指定することもできます。

❶アプリ下部にツールバーが表示されていない場合は、画面上で右クリックします。
❷ツールバーにURLを入力して、[→]をクリックします。

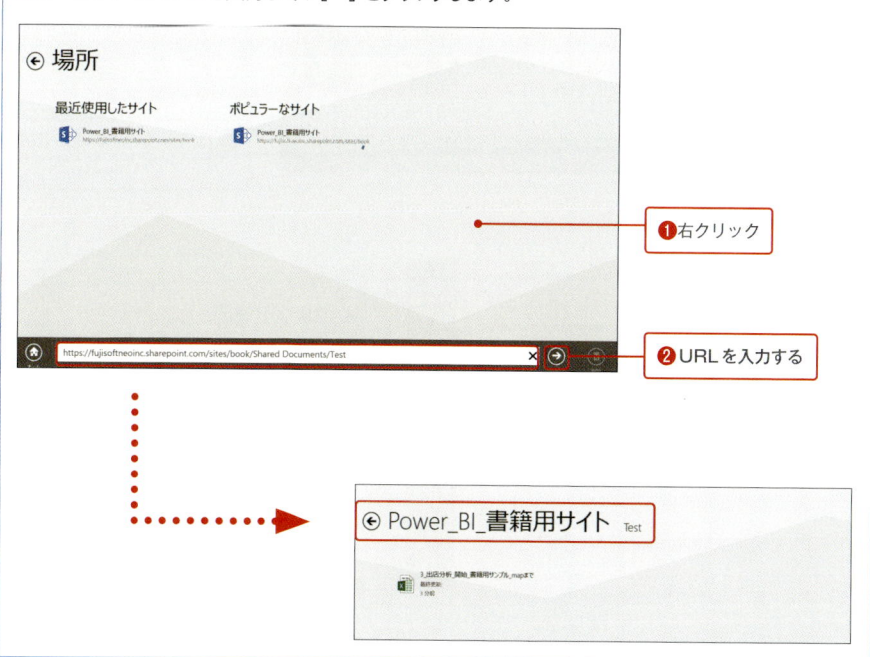

❶右クリック
❷URLを入力する

ドキュメントをお気に入りに追加する

一度参照したPower BIサイトは、ホーム画面で[参照]をタップすると、[最近使用したサイト]に表示されます。

ドキュメントをお気に入りに追加しておくと、毎回サイトをたどらなくても、簡単にドキュメントを開けるようになります。お気に入りに追加するには、ドキュメントを右クリックすると表示されるツールバーで[お気に入りのレポート]をタップします。

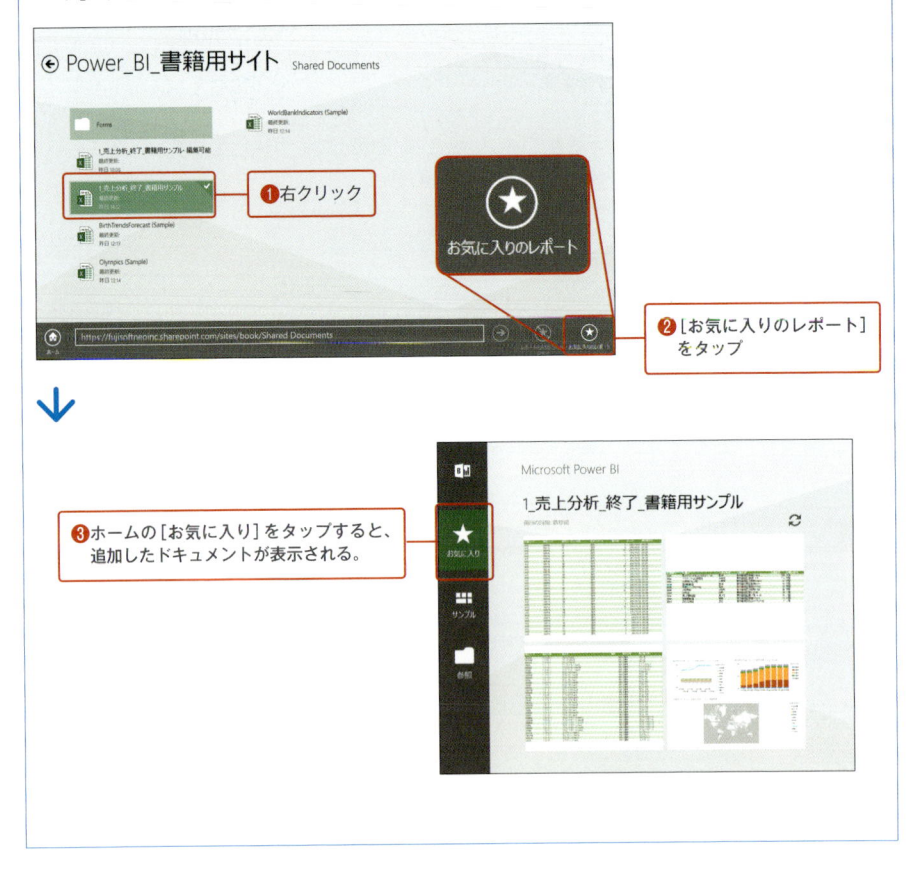

❶右クリック

❷[お気に入りのレポート]をタップ

❸ホームの[お気に入り]をタップすると、追加したドキュメントが表示される。

分析レポートを操作する

Power BIアプリに表示した分析レポートを操作してみましょう。

1 分析レポートの表示

❶複数のシートで構成されているドキュメントで、テーブルデータが表示されている場合は、画面上を左右にスワイプして、シートを切り替えて表示する。

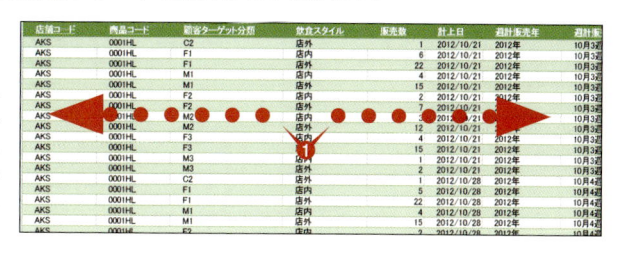

2 フィルターによる分析

❷Power BI for Excelで作成した分析レポートが表示される。
❸グラフを選択する。
❹フィルターアイコンをタップして、フィルターエリアを表示する。
❺[グラフ] フィルターを選択する。
❻[販売分類] フィルターを設定する。ここでは、[A通年] のデータのみが表示されるように設定している。
❼グラフにフィルターの設定が反映される。

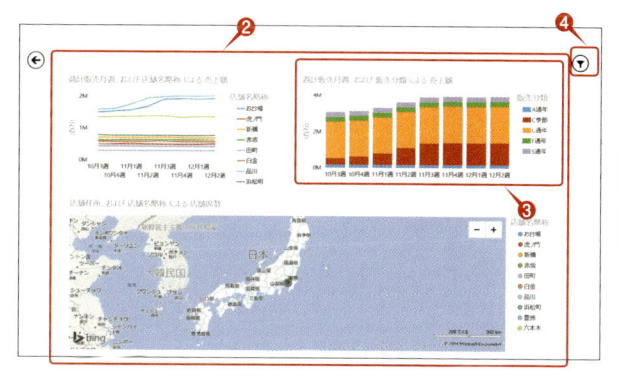

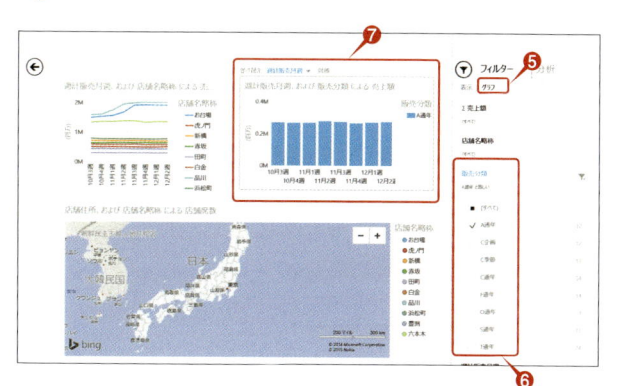

エクセルでできる！ ビッグデータの活用事例 241

06 Power BI Q&Aを利用してデータを問い合わせる

概要／操作

Power BIサイト上のブックを自然な言葉で検索して、その結果をグラフなどに反映して表示するPower BI Q&Aを活用することによって、データベース用語などの難しい言葉を使用することなしに希望する分析結果を導き出すことが可能です。

Power BI Q&Aとは

　Power BI for Office 365では、日常的に使用する言葉（自然言語）で質問を入力して、その結果を視覚的に見ることができる「**Power BI Q&A**」という機能を利用できます。ユーザーが求めている質問を正しく入力できるように、あらかじめ用意されている質問から選択することもできます。また、質問のキーワードと文字については、入力を補完してくれる機能があります。

　以下に、サンプルとしてインストールしたデータによるPower BI Q&Aの検索例を示します。

　Power BIサイトの「**おすすめの質問**」に表示されているサンプルをクリックすると、すでに用意されている質問事項の候補から選択して、データをただちに切り替えて表示できます。ここでは、「**陸上競技と水泳競技の年ごとのメダル数**」を問い合わせています。これらの質問事項は、Excelブックの内容に応じて設定して、パネルとして追加しておくこともできます。

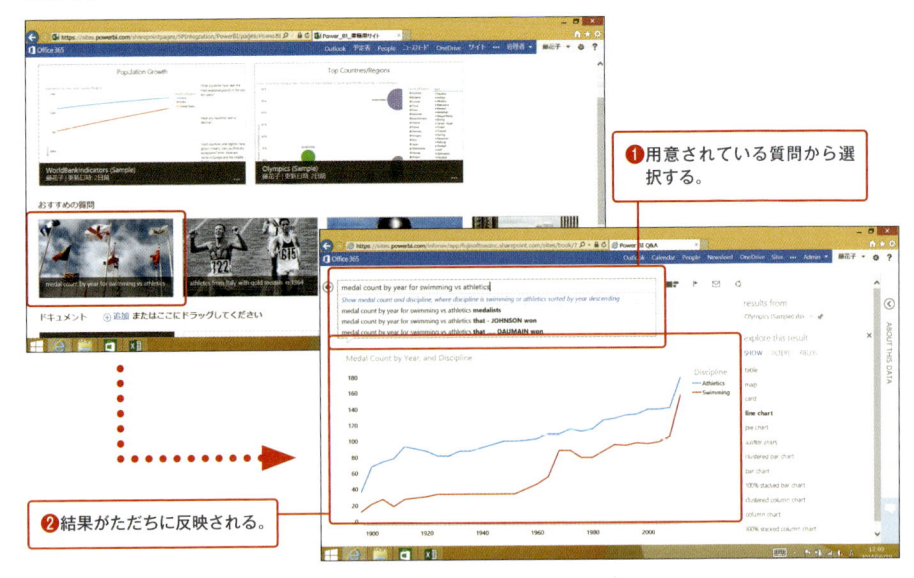

❶用意されている質問から選択する。

❷結果がただちに反映される。

残念ながら2014年7月時点で操作画面は英語のみですが、日本語のデータを用いて分析することは可能です。

PowerPivotで検索に使用する類義語を設定する

検索に入力するキーワードのために、PowerPivotで、Excelのデータモデルに対応する類義語を設定します。この類義語を「シノニム」といいます。

この設定は、ブックごとに行います。類義語はデータモデルを持つExcelブックに追加するため、あらかじめデータモデルを持つExcelブックを作成しておく必要があります。

データモデルの追加方法については、Part3を参照してください。

1　PowerPivotのテーブルツールを表示

❶編集したいデータモデルが含まれるブックを表示し、[POWERPIVOT]タブをクリックする
❷[管理]ボタンをクリックする。
❸「PowerPivot ウィンドウ」画面が表示される。
❹[シノニム]ボタンをクリックする。
❺表示がダイアグラムビューに切り替わる。
❻右側に「シノニム」画面が表示される。

解説　主類義語について

「シノニム」画面には、選択したテーブルやテーブルの列が一覧表示され、それぞれの下にその類義語が表示されます。
初期状態では、Excelによって自動的に生成された類義語が1つ設定されています。この類義語を「主類義語」と呼びます。「シノニム」が見つからない場合は、「詳細設定」をクリックしてください。

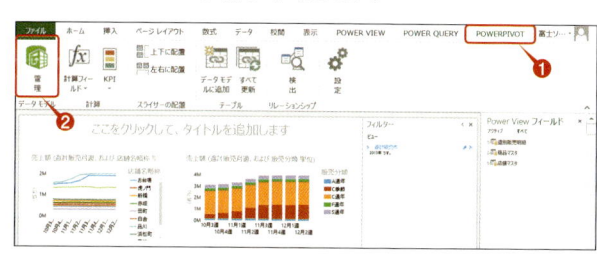

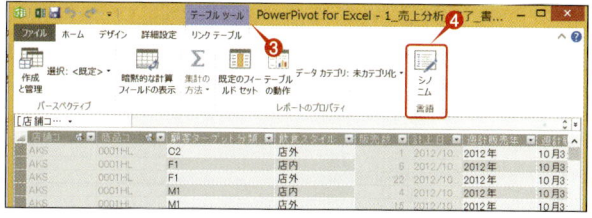

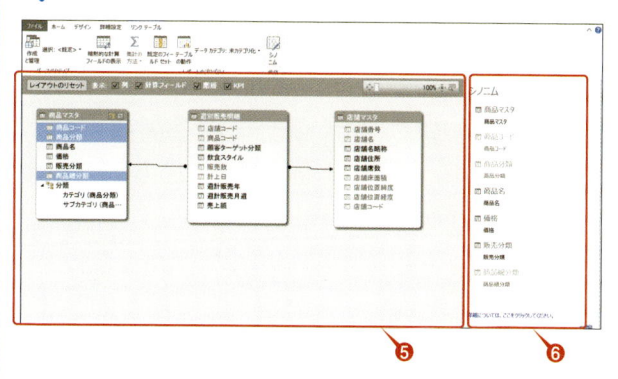

エクセルでできる！　ビッグデータの活用事例　243

Part 7　Office 365と連携する

2 類義語の追加

❼変更したいテーブルを選択する。
❽項目を選択して、主類義語の右側にカンマで区切って類義語を追加する。

3 保存して閉じる

❾[ファイル]→[保存]をクリックする。
❿[×]ボタンをクリックして「PowerPivot」画面を閉じる。

> **解説　ブックの保存**
> 類義語を追加したら、「PowerPivot」画面を閉じ、ブックを保存するのを忘れないようにしてください。

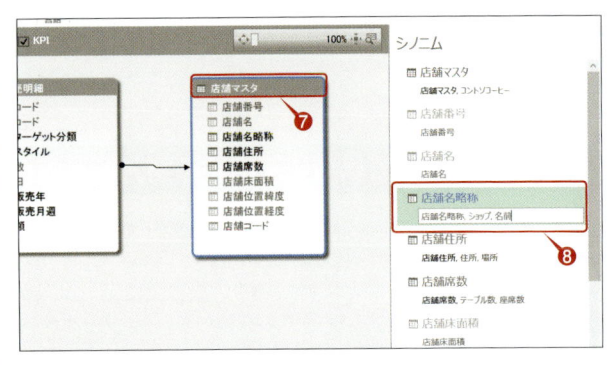

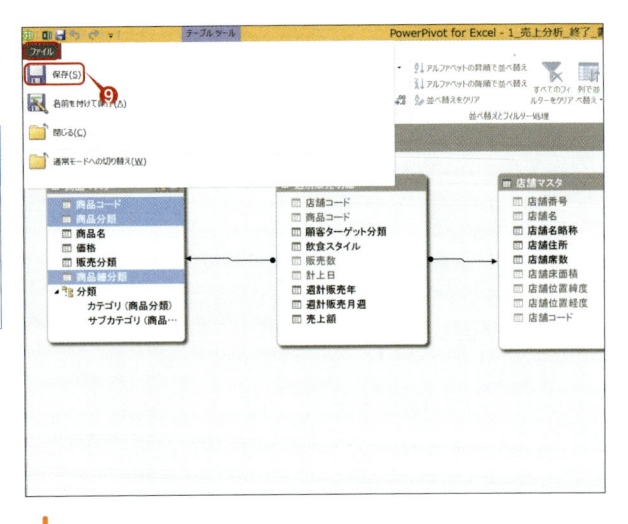

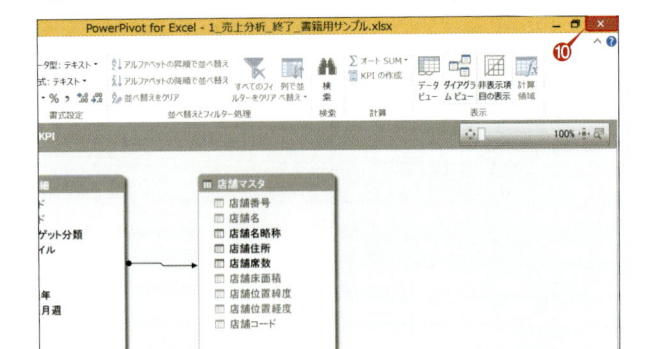

ExcelブックのPower BI Q&Aを有効化する

　Power BIサイトへ類義語を追加したブックをアップロードし、Power BI Q&Aを有効化します。

　Power BIサイトへのアップロード方法については、このPartの「04」を参照してください。

1　Power BI Q&Aの有効化

❶Power BI Q&Aに追加したいブックの右下に表示されている[…]をクリックし、[Q&Aに追加]をクリックする。

❷「Q&Aに追加されました」というメッセージが表示される。

エクセルでできる！　ビッグデータの活用事例　245

Part 7　Office 365と連携する

07 Power BI Q&Aで質問する

操作事例

それでは、Power BI Q&Aに追加したデータを検索してみましょう。Power BI Q&Aで質問する方法には、おすすめの質問として用意されているタイルをクリックする方法と、Q&Aの質問ボックスに入力する方法の2種類あります。

質問ボックスから質問する

1 Power BI Q&Aの質問ページにアクセス

❶Power BIサイトの右上に表示されている[Power BI Q&Aで質問]をクリックする。

2 質問の入力と回答の表示

❷質問を入力する。
❸質問に対する回答が表示される。

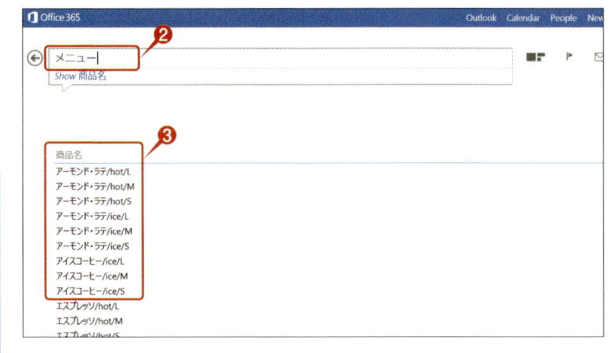

解説　検索式の表示

質問ボックスの下に、「Show 商品名」のような、実際の検索式が表示されます。この場合、「メニュー」という類義語のもとが「商品名」であることがわかります。

246　エクセルでできる！　ビッグデータの活用事例

解説 回答の視覚的効果

回答のデータに応じて、適切な視覚的効果のタイプが自動的に選択されます。ここでは、商品名がテーブルとして表示されます。

❹続けて、質問ボックスに文字列を入力する。

解説 単語の入力方法

単語はスペースで区切って入力してください。たとえば「メニューごとの売上」と入力してしまうと、結果は何も表示されません。

❺回答に応じた視覚的効果が表示される。

3 クリックによる質問項目の切り替え

❻質問ボックスに表示されている文字列上で、キーワードとなる部分（濃く表示されている文字）をクリックする。

❼表示された候補の中から、検索候補を選択する。ここでは［販売分類］を選択している。

❽回答のデータに応じた視覚効果が表示される。

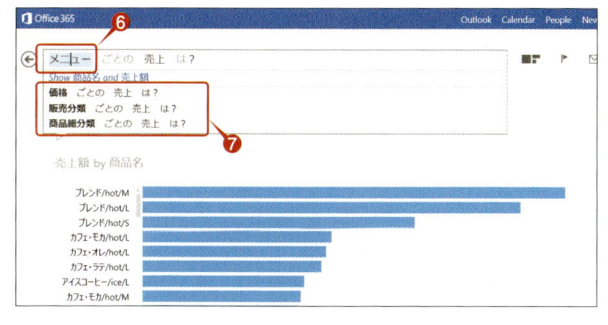

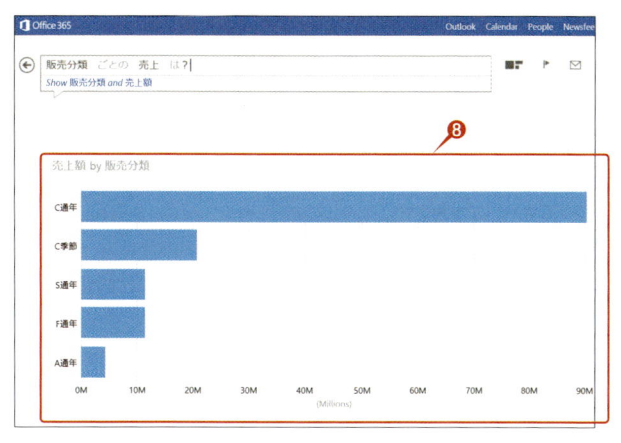

エクセルでできる！　ビッグデータの活用事例　247

Part 7　Office 365と連携する

Column　さまざまな検索方法を試してみる

使い始めてみるとわかりますが、Power BI Q&Aは、データベースなどの専門的な用語を使用せずにだれでも直感的にデータを検索できるのが大きな特徴です。
以下は、特定の店舗の情報を問い合わせる例です。質問ボックスには、データベースのマスターや列項目のほかに、店舗名のようなデータを指定することができます。この例の場合、[メニュー]と表示されている部分をクリックすることで表示する候補がリストで表示されます。ここでは「品川　の　メニュー　ごとの　売上額　を教えて」を選択しています。表示される候補の中から条件を選択するだけで、簡単に結果を表示することが可能です。試行錯誤しながら、いろいろなパターンで検索文字列を入力してみてください。

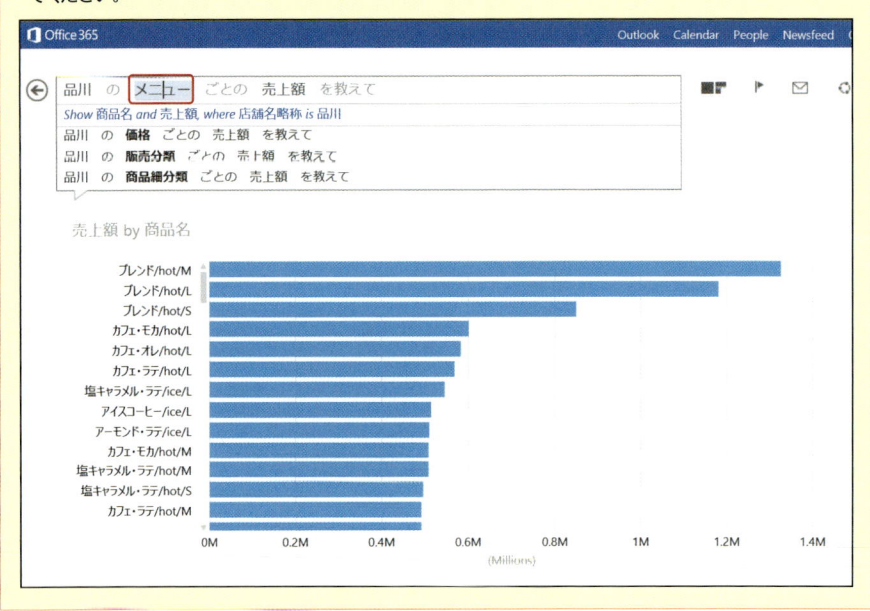

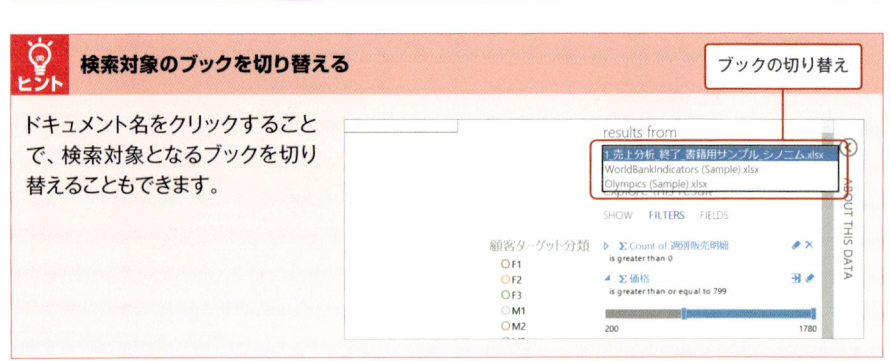

ヒント　検索対象のブックを切り替える

ドキュメント名をクリックすることで、検索対象となるブックを切り替えることもできます。

248　エクセルでできる！　ビッグデータの活用事例

解説 回答の結果を調整する

画面右側の設定項目で、Power BI Q&Aによる問い合わせの結果に対して、さらにグラフ種類の変更、フィルターによる絞り込みや並べ替え、表示項目の変更などを行うことができます。以下は、「SHOW」でグラフの種類を [line chart]（棒グラフ）から [pie chart]（円グラフ）に変更した例です。

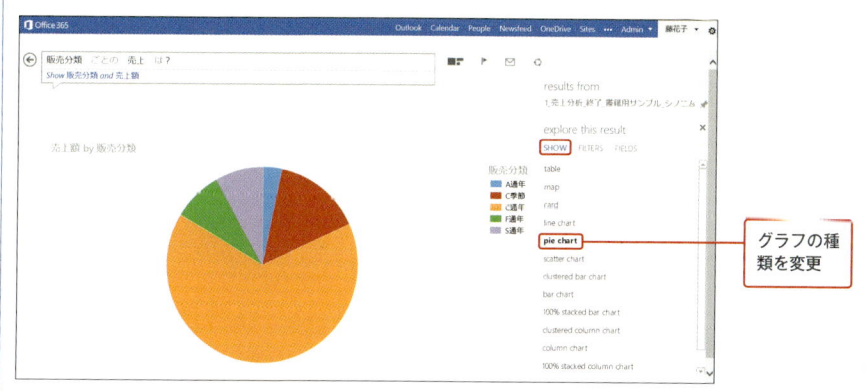

グラフの種類を変更

以下では、[FIELDS] で表示する項目を選択し、[FILTERS] で価格にフィルターをかけて絞り込んで表示しています。

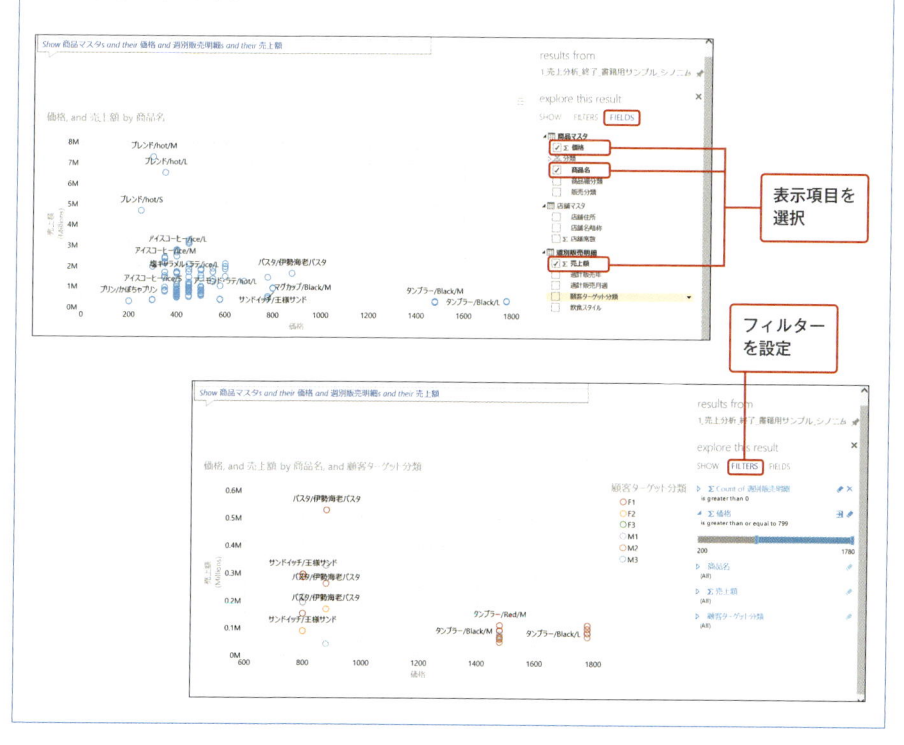

表示項目を選択

フィルターを設定

エクセルでできる！ ビッグデータの活用事例 249

Part 7　Office 365と連携する

おすすめの質問パネルを作成する

　サンプルに表示されているような質問のパネルを追加することができます。ここでは、このPartの「06」で追加したブックに対しておすすめの質問を作成してみましょう。このパネルは、Office 365やPower BIを使い慣れていないユーザーのために用意しておくと便利です。

1 質問パネルの追加画面を表示

❶Q&Aページで、右側に表示されている[+]ボタンをクリックする。

2 質問パネルの設定

❷「Feature a question」画面が表示される。
❸「Type a question」欄に質問を入力する。
❹パネルとして質問を表示するために、[Show on the Power BI site home page]にチェックを入れる。
❺パネルの背景色に設定したい色をクリックして選択する。
❻パネルに表示したいアイコンをクリックして選択する。
❼[Save]をクリックして、設定を保存する。

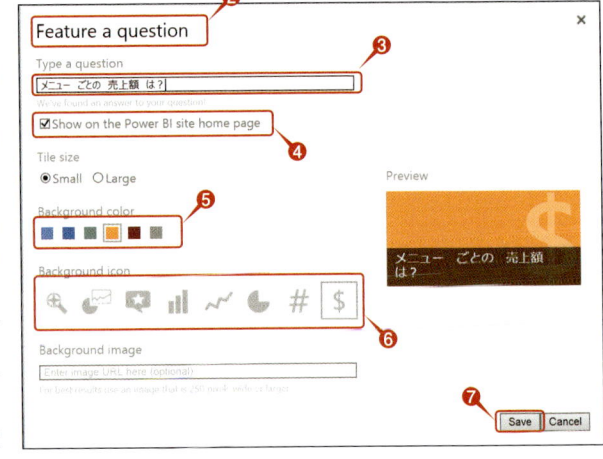

> **ヒント　プレビューの確認**
>
> 設定は「Preview」に反映されるため、見た目の設定を確かめながら設定できます。このほかに、「Backgrounds image」欄でパネルの背景に使用する画像ファイルのURLを指定することもできます。

3 質問パネルの選択

❽Q&Aページに作成されたパネルをクリックする。

4 回答の表示

❾パネルに設定した質問とその回答が表示される。

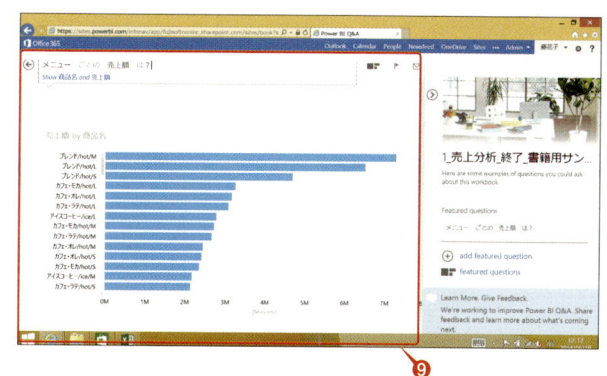

エクセルでできる！　ビッグデータの活用事例　251

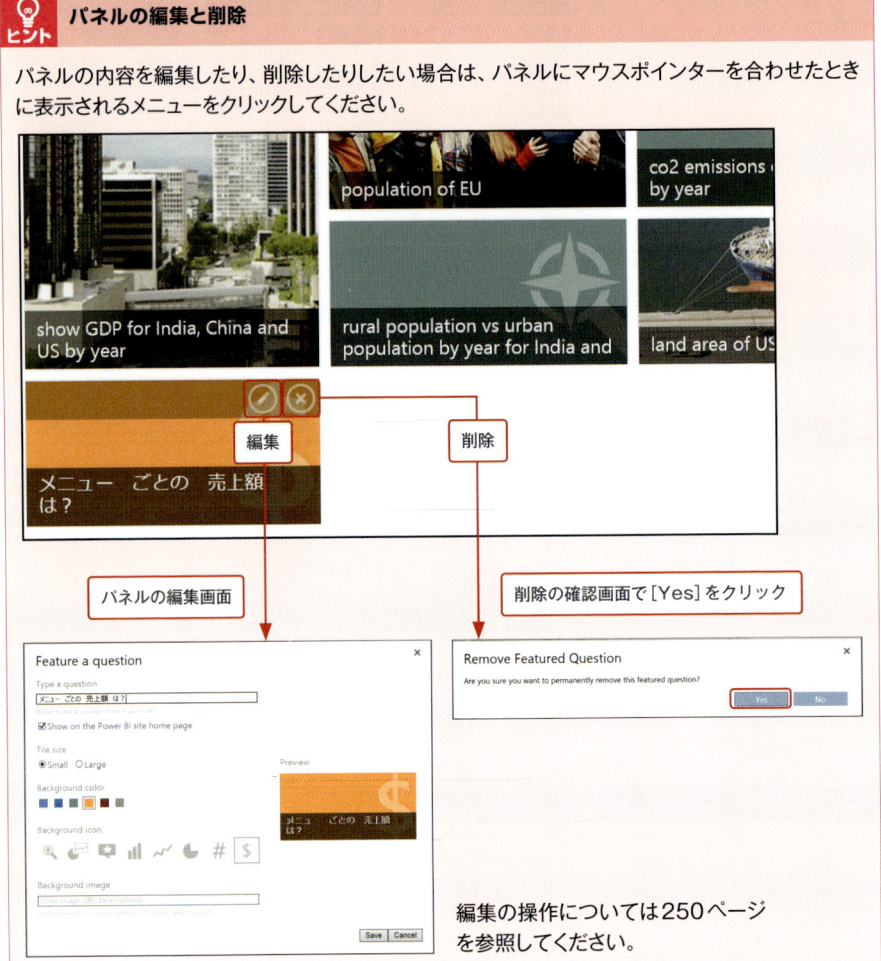

Part 7　Office 365と連携する

パネルの編集と削除

パネルの内容を編集したり、削除したりしたい場合は、パネルにマウスポインターを合わせたときに表示されるメニューをクリックしてください。

編集

削除

パネルの編集画面

削除の確認画面で［Yes］をクリック

編集の操作については250ページを参照してください。

252　エクセルでできる！　ビッグデータの活用事例

索引

数字、A～Z

.NET Framework 3.5 …………… 30
.NET Framework 3.5の有効化 …… 30
2013年の気象データ ……………… 179
2014年の気象データ ……………… 184
2-Dグラフ ………………………… 128
AND検索 …………………………… 52
BI ……………………………… 16、17
Bing Maps サービス ……………… 104
BIツール …………………………… 17
BIの構成 …………………………… 21
Excel Web App …………………… 234
Excelのバージョン確認 …………… 32
Facebook …………………………… 16
Microsoft Silverlightのインストール … 40
Microsoft Updateの有効化 ……… 41
Office 365 Enterprise E3の
　トライアルバージョン ………… 217
Office 365 ProPlus ……………… 216
Office 365アカウント …………… 238
Office 365と連携 ………………… 216
Office 365の認証コード ………… 219
Office 365のユーザーID ………… 219
Office 365の利用 ………………… 28
Officeストア ……………………… 48
Officeのインストール …………… 224
OLAP ……………………………… 17
OR検索 …………………………… 52
Power BI for Office 365 ……… 221
Power BI Q&A …………………… 242
Power BI Q&Aで質問 …………… 246
Power BI Q&Aを有効化 ………… 245
Power BI アプリ ………………… 236
Power BI アプリのインストール … 236
Power BI アプリのドキュメント表示 … 237

Power BIの構成 …………………… 22
Power BIのセットアップ ………… 28
Power BIの連携機能 ……………… 23
Power Map ………………………… 27
Power Map for Excelのインストール … 36
Power Mapの拡大 ……………… 123
Power Mapの起動 ………… 122、130
Power Mapの縮小 ……………… 123
Power Mapの操作 ……………… 122
Power Mapの有効化 ……… 39、122
Power Query ……………………… 23
Power Queryのアップデート …… 42
Power Queryのインストール …… 31
Power View ……………………… 25
Power View のフィルター ……… 26
Power Viewの有効化 …………… 38
PowerPivot ……………………… 24
PowerPivotの有効化 …………… 38
RELATED関数 …………………… 194
SharePoint ……………………… 225
SharePoint管理センター ………… 226
Silverlightのインストール ……… 40
Twitter …………………………… 16
Twitterアカウント ……………… 46
Twitterにログイン ……………… 56
Twitterの検索結果 ……………… 59
Wikipedia ………………………… 110

あ行

案件明細 …………………………… 138
インターネット調査 ……………… 206
インストール
　Microsoft Silverlightの～ …… 40
　Officeの～ ……………………… 224

Power BI アプリの〜	236
Power Map for Excelの〜	36
Power Queryの〜	31
Silverlightの〜	40
売上分析	68
お気に入り追加	240
おすすめの質問パネル	250

か行

回答の表示	251
カタカナへの変換	75
カテゴリ別の売上傾向	101
キーワード	55
気象データ	179
業種マスター	139
クエリエディター	23
クエリの共有	24
クエリの更新	24
グラフの拡大	100
グラフの作成	92
グラフの縮小	98
グラフの種類	66
結果のフィルタリング	61
検索結果の構成	60
検索結果をフィルタリング	61
検索条件	54
高度なフィルター設定	27
コーヒーショップの売上分析	107
コントソコーヒー	44

さ行

サイトコレクション	228、229
サイトコレクションのプロパティ	228
シート全体のフィルター設定	96
視覚エフェクト	26
視覚表現	25

質問パネルの削除	252
質問パネルの設定	250
質問パネルの選択	251
質問パネルの追加	250
質問パネルの編集	252
週別売上明細	70
小数	195
商品マスタ	71、172
女性の人口密度	116
人口密度	
男性の〜	116
女性の〜	116
数式の簡単設定	85
セットアップ	
Power BIの〜	28
ツイッター分析アプリの〜	48
セルフサービスBI	18
セルフサービスBIツール	20

た行

ダイアグラムビュー	80
ダイエットサプリ	168
男性の人口密度	116
地図のデザイン変更	130
ツイート取得件数の指定	58
ツイートの位置情報	60
ツイートの最大取得件数	58
ツイッター分析アプリ	46、174
ツイッター分析アプリの環境	46
ツイッター分析アプリの基本画面	50
ツイッター分析アプリのセットアップ	48
ツイッター分析アプリのテンプレート	49
月別売上	172
つぶやきの分析	52
データウェアハウス	17、22
データ型	195

データの結合	23
データの抽出	23
データの取り込み	73
データマイニング	17
データモデリング	76
テーブルツールの表示方法	77
テーブルの移動	82、144
テーブルの大きさ変更	82
テーブルの非表示	88
テーブルの非表示の解除	88
テーブルの表示	88
展示会イベント	132
テンプレートの構成	51
店舗マスタ	72
問い合わせ履歴	173
問い合わせ分類マスター	173
ドキュメント共有	217
ドキュメントのアップロード	232
ドキュメントフォルダーの作成	233
トライアルバージョンの導入	218

な行

ネガティブワード	47
ネットスラング	47
ネット用語	47
年代別情報収集経路	174

は行

凡例の非表示	125
凡例の表示	125
ヒートマップ	124
ビジネスインテリジェンス	17
ビッグデータ	16、17
ビューの切り替え	81、193
フィールドセクション	91
フィールドメニュー	93

フィルター	91
フィルターが反映される範囲	97
フィルターの活用	61
ブックの認証情報	57
フラッシュフィル	74
プロット	123
分析レポートの操作	241
ポジティブワード	47

ま行

マスタ	72
マニュアル	50
モデリングの順番	77

や・ら行

有効化	
.NETFramework 3.5の〜	30
Microsoft Updateの〜	41
Power BI Q&Aの〜	245
Power Mapの〜	39、122
Power Viewの〜	38
PowerPivotの〜	38
有償版の追加	221
来場者内訳	136
来場者数	135
ライセンスを割り当て	222
リレーションシップ	83
リレーションシップの作成画面	25
レイアウトセクション	91
レイヤーの削除	126
レイヤーの追加	126
レポートの基本構成	63
レポートの作成	62

●本書に関するお問い合わせ、ウェブ読者アンケート、新刊情報等のご案内は、下記URLより是非ご利用ください。

アスキーPCウェブ(書籍) URL http://asciipc.jp/books/

※お問い合わせについては、本書の記述を超えるご質問（ハードウェア、ソフトウェア、サービス自体のトラブルに関することなど）にはお答えできませんのでご了承ください。

Microsoft Windows、Microsoft Office、Excelは、米国Microsoft Corporationの米国およびその他の国における登録商標です。
その他の製品名およびサービス名は、各社の登録商標、商標または商品名です。本書においては™、®、©マークは省略してあります。

本書は、2014年8月現在編集部で確認した情報をもとに掲載しています。なお、解説中の操作手順やその結果、または紹介している製品やその価格、サービス内容について、事前のお知らせなしに変更されることがあります。あらかじめご了承ください。

ビジネス極意シリーズ
エクセルでできる！ ビッグデータの活用事例「Power BI」で売上倍増！

2014年 9月18日 初版発行

編　　　集	アスキー書籍編集部
監　　　修	マイクロソフト
監　　　修	富士ソフト
発　行　者	塚田正晃
発　　　行	株式会社KADOKAWA
	〒102-8177 東京都千代田区富士見2-13-3
プロデュース	アスキー・メディアワークス
	〒102-8584 東京都千代田区富士見1-8-19
	電話　0570-003030（編集）
	電話　03-3238-1854（営業）

※本書の操作解説等に関するサポートは、この電話では行っておりません。
ご質問に関しては「お問い合わせフォーム」（10ページ参照）をお使いください。

印刷・製本	凸版印刷株式会社

本書の無断複製（コピー、スキャン、デジタル化等）並びに無断複製物の譲渡および配信は、著作権法上での例外を除き禁じられています。また、本書を代行業者などの第三者に依頼して複製する行為は、たとえ個人や家庭内での利用であっても一切認められておりません。
落丁・乱丁本はお取り替えいたします。購入された書店名を明記して、
アスキー・メディアワークス　お問い合わせ窓口あてにお送りください。
送料小社負担にてお取り替えいたします。
但し、古書店で本書を購入されている場合はお取り替えできません。
定価はカバーに表示してあります。
なお、本書および付属物に関しては、記述・収録内容を超えるご質問には、お答えできませんので、ご了承ください。

ISBN978-4-04-866817-0　C2030
©2014 KADOKAWA CORPORATION　　　　Printed in Japan

●小社ホームページ　http://www.kadokawa.co.jp/

表紙イラスト・デザイン	ヒラノコウキ（株式会社ワンズマーク）
執筆・編集・制作	富士ソフト株式会社
校　　　正	酒井正樹
アスキー書籍編集部	桑野朋子
	安福聰